Marcia Tiburi

OLHO DE VIDRO

A televisão e o estado de exceção da imagem

EDITORA RECORD
RIO DE JANEIRO • SÃO PAULO

2011

CIP-BRASIL. CATALOGAÇÃO-NA-FONTE
SINDICATO NACIONAL DOS EDITORES DE LIVROS, RJ

T431o

Tiburi, Marcia, 1970-
   Olho de vidro : a televisão e o estado de exceção da imagem / Marcia Tiburi. - Rio de Janeiro : Record, 2011.

   Inclui bibliografia
   ISBN 978-85-01-09244-1

   1. Filosofia. 2. Televisão - Problemas - Filosofia I. Título.

11-1919.   CDD: 100
                                                                                                                                          CDU: 1

Copyright © Marcia Tiburi, 2011.

Imagem de capa: Branca de Oliveira — parte da série *in-ex-tensas*, 1mx1m, 2000.
Design de capa e miolo: Tita Nigrí
Índice remissivo: Silvana Gouveia
Editoração eletrônica: Renata Vidal da Cunha

Texto revisado segundo o novo Acordo Ortográfico da Língua Portuguesa.

Todos os direitos reservados.
Proibida a reprodução, no todo ou em parte, através de quaisquer meios.

Direitos exclusivos de publicação em língua portuguesa somente para o Brasil adquiridos pela
EDITORA RECORD LTDA.
Rua Argentina, 171 - Rio de Janeiro, RJ - 20921-380 - Tel.: 2585-2000

Impresso no Brasil

ISBN 978-85-01-09244-1

Seja um leitor preferencial Record.
Cadastre-se e receba informações sobre nossos lançamentos e nossas promoções.
Atendimento e venda direta ao leitor:
mdireto@record.com.br ou (21) 2585-2002.

EDITORA AFILIADA

Agradecimentos

Agradeço à Universidade Mackenzie, que hoje me acolhe promovendo minhas horas de pesquisa no curso interdisciplinar de Pós-Graduação em Educação, Arte e História da Cultura do Centro de Comunicação e Letras. Pela leitura dos originais, agradeço a Daniel Lins, a Elisabeth Brosen, a Francisco Fianco, a Alexandre Nodari, a Eduardo Guerreiro Losso, a Fabrício Carpinejar, a Ricardo Timm de Souza, a Fransmar Costa Lima, a Álvaro Valls, a Feliciano Filho e a Norval Baitello. A Evandro Affonso Ferreira, a Daysi Bregantini, a Wilton Azevedo, a Juliano Garcia Pessanha, a Aurora da Graça Almeida, a Eduardo Nasi, a Diana Corso, a Nadja Herrmann, Maria Tomaselli e Carlos Cirne Lima pela sempre rica troca de ideias. A Marianna Soares, a Cláudia Ribeiro, a Andréia Costa Dias, a Joelma Dvoranovsky, a Aline Peter Schneider, a Maria Elisabete Tiburi e a Cris Tiburi pelo apoio geral à escrita deste livro. A Branca de Oliveira, autora da obra que é imagem da capa, com quem também pude debater algumas das ideias aqui contidas. A Ivanildo Teixeira pelo trabalho atento de preparação dos originais. A Jaci Palma Júnior de um modo especial pela leitura, pela atenção delicada na finalização deste livro.

Agradeço também a minha editora Luciana Villas-Boas pelo carinho com que tratou meu tema, e a Magda Tebet por levá-lo à forma de livro tão atenciosamente.

Tanto a ideia quanto o projeto de pesquisa que originaram este livro não teriam surgido sem minha participação nos últimos cinco anos no programa *Saia Justa*, do canal de televisão a cabo GNT. Penso que esta seja a herança mais importante da minha experiência televisiva, a que socializa uma experiência pensada. Meu agradecimento à confiança de Letícia Muhana e Mônica Waldvogel e a todos que, produzindo nosso programa, me fizeram pensar tanto, em especial Ana Letícia Magalhães e Nilton Travesso.

Agradeço em caráter amplo a todos os meus alunos, que durante estes anos de elaboração ouviram muitas destas ideias, dando-lhes a chance de que não caíssem por terra.

Diante das metamorfoses pelas quais passa a televisão hoje, agradeço aos leitores que se dediquem a pensar o que este livro sobre o Olho de Vidro tem a dizer à atualidade de nossa complexa cultura visual.

Dedico este livro a minha filha Maria Luiza e minhas sobrinhas Milena e Geórgia, habitantes jovens, mas conscientes desta era de imagens e dígitos.

Sumário

9 **Apresentação**

11 **Olho de vidro**

13 **O discurso do meu método**

63 **OLHO**
Olho eviscerado
A partilha do visível
Mirabilia
Fome do olho
Videodrome – o vídeo e a carne

125 **TELA**
Prótese, superfície, tela
Medusa e máscara
Estado de sítio ou Diante da lei da opacidade
Lógica do espectro
Fahrenreit 451 – Tela e telespectador

191 **DISTÂNCIA**
Distância
Telespectador como testemunha
Corpo-espectador
Zapping – ação entre o olho e a tela
Esquizografia – *O Show de Truman*

267 POSFÁCIO
Uma filosofia efêmera da televisão diante
do estado de sítio da imagem

301 EPÍLOGO
Opticário ou Pequeno dicionário óptico

325 Notas

331 Bibliografia

335 Índice remissivo

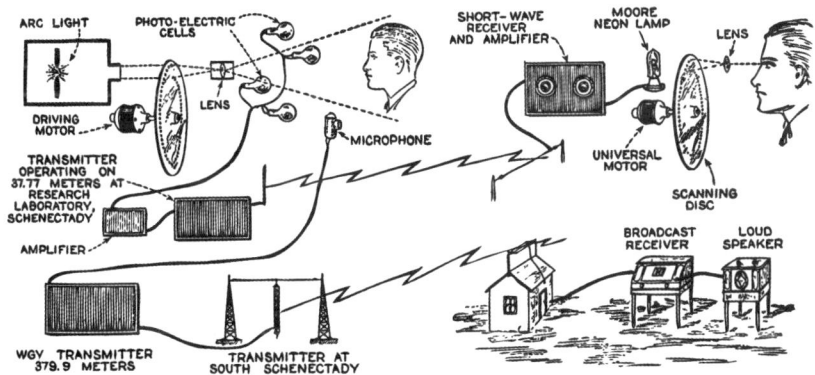

Apresentação

Olho de Vidro — A televisão e o estado de exceção da imagem tem a intenção de ser uma análise filosófica da televisão.

O livro inicia com uma exposição sobre as motivações autorais que o criaram, segue com três partes intituladas *Olho*, *Tela* e *Distância*, termos que funcionam como categorias a partir das quais se deve descortinar o fenômeno da televisão como prática estética.

Finaliza com uma discussão sobre as relações entre pensamento reflexivo e imagem a partir da oposição entre filosofia e televisão. Um dicionário de termos ópticos, o *Opticário*, oferece no epílogo uma reflexão quase lúdica sobre o que está envolvido nos atos ópticos que caracterizam uma sociedade visual.

A intenção fundamental que levou à escrita de *Olho de Vidro* não é apenas o desejo de pôr em cena a problematização do ser televisual, o que se pode chamar de seu estatuto ontológico, mas a formação da subjetividade do telespectador em tempos de aniquilação da figura livre e reflexiva do sujeito. Do mesmo modo, o livro não pretende ser apenas uma fenomenologia crítica do televisual ou uma fenomenologia do estado de exceção à qual se submetem corpos telespectadores, mas também uma lembrança de que é preciso trabalhar por uma política entre lucidez e sensibilidade.

Com isto, *Olho de Vidro* pretende ser, mais que um trabalho teórico, uma colaboração com os que estudam, fazem e assistem televisão. A intenção de mostrar o que é o olhar biopoliticamente controlado não é apenas teórica, mas sinal de um comprometimento ético da teoria. Que se possa pensar no significado existencial da vida no contexto da sociedade do espetáculo, eis o que, neste livro, surge como tarefa filosófica.

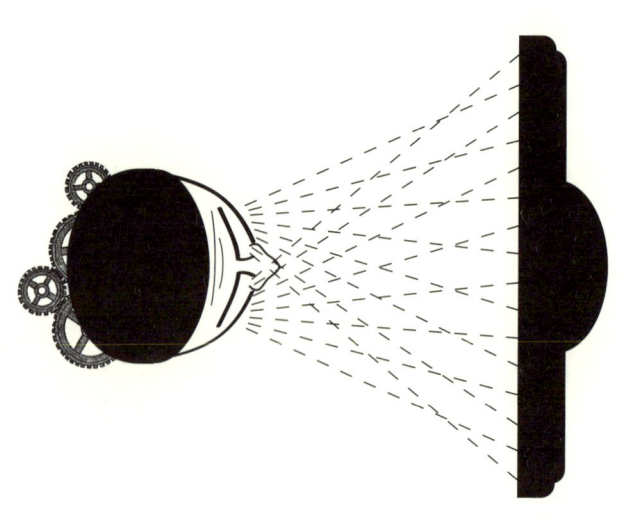

Olho de Vidro

Doll Face é um vídeo de 2005 de 4' e 12", de Andrew Huang, que narra o encontro de um robô com uma televisão.

O monitor da televisão está diante de uma caixa que se abre por meio de uma engrenagem autoativada. De dentro dela surge um rosto de moça delimitado entre queixo e testa, sem orelhas ou cabelos, adaptado a um mecanismo que lhe serve de corpo. A televisão é ligada quando o rosto direcionado para a televisão abre os olhos como um botão que se aciona sozinho. As imagens confusas da televisão fixam-se em um rosto igual ao do robô como se diante dela estivesse um espelho. O rosto de moça ligado à engrenagem mostra interessar-se pela imagem no monitor por meio de movimentos sutis da face que correspondem a sinais de inteligência e de afeto. Com as pinças próprias de seu corpo-máquina, ela libera do centro de sua cabeça um batom com o qual torna vermelhos os lábios, bem como outros apetrechos de maquiagem com os quais vai eliminando o tom de cinza que lhe é próprio enquanto copia o rosto colorido do monitor. A cada vez que o monitor se afasta confundindo as imagens, o mecanismo se expande para alcançá-lo, num evidente esforço de retomar a imagem espelhada de si mesmo. No meio do processo de maquiagem, uma das pinças coloca um olho de vidro em um dos globos oculares onde antes parecia haver dois olhos obscuros, não apenas cavidades vazias. O monitor se afasta algumas vezes enquanto o mecanismo corporal é incitado pela boneca a atingir uma altura cada vez maior que a aproxime do monitor. Seu rosto demonstra toda a noção do perigo que ela corre. O nível de dificuldade cresce e ela avança por pequenos impulsos que mostram a íntima relação entre o rosto e a máquina, até que, no último e mais vigoroso impulso, a engrenagem se arrebenta no ar e cai ao chão. O rosto de louça feito máscara partida ao meio jaz com o mesmo olho de vidro ainda intacto na cavidade ocular. Narciso morre enquanto ele mesmo é máscara diante da facialidade sem rosto da televisão.

O discurso do meu método

O conteúdo fundamental de uma época e os seus impulsos desprezados se iluminam reciprocamente.
Siegfried Kracauer, in O ornamento da massa

Em primeiro lugar devo pedir desculpas ao leitor pelo longo prefácio com que inicio este livro. Em segundo lugar, a quem não se interessa por motivações devo sugerir que salte esta conversa preliminar e vá para o primeiro capítulo, onde as questões são colocadas de um modo direto, livres da subjetividade falante deste trecho. Em terceiro lugar, se, munido de sua paciência, desejar passear nestas veredas, prometo só o que tenho a dar: o desejo de sinceridade intelectual. Boa leitura a quem considerá-la um valor.

Não posso esquecer o Brás Cubas de Machado de Assis – nunca o esqueço – a advertir que o melhor prefácio é o que diz menos coisas. Infelizmente tão prática ideia não valerá para as necessidades deste ensaio que requer uma justificação tão ampla quanto cuidadosa devido à natureza complexa do seu objeto e do seu propósito. Ainda que seja o simples desejo da narradora que lhe sustenta as páginas, forma e conteúdo que aqui se desenvolvem confundem-se ao que é preciso entender como dever de comunicar uma ideia em seu grau máximo de exposição, o que demonstra, por outro lado, que toda ideia tem um grau de segredo, um aspecto não declarável. Que toda ideia seja feita de um conteúdo inconfessável ou incomunicável que precisa ser levado em conta. A clareza tão elogiada na filosofia moderna não é mais do que este desejo de fazê-la chegar a alguém e a algum lugar. Assim, toda clareza possível depende da chance de expor inclusive o aspecto intangível de uma ideia, o que a motivou, o que depende de intenções, desejos e objetivos de seu autor – afinal, o que é um ensaio senão o pensamento livre no qual alguém se expõe como matéria de suas próprias reflexões? Certamente, os limites daquele que a expressa fazem parte do plano da exposição.

Daí que este texto não possa ser simplesmente reto, justamente por buscar ser claro. Ainda que o todo deste livro busque a filosofia, não escapará ao fato de resultar de uma experiência particular de pensamento que precisa posicionar-se como algo que se conta. O que segue, portanto, é uma narrativa filosófica dividida em partes que, espero, sejam interessantes a qualquer pessoa, embora fale a um leitor que, antes de ser sujeito relacionado à palavra escrita, é espectador e, principalmente, telespectador, ou seja, alguém formado a partir de uma experiência com imagens, e, principalmente, imagens que são teletransmitidas, ou seja, são mediadas por distâncias desconhecidas de quem as vê. Espero que este livro não seja vítima de um *zapping*, um folhear rápido de páginas avesso à atenção que sempre tem algo de fixo. Do mesmo modo, caso venha a ser agradável de ler, não espero que o seja por entretenimento, mas por amor à verdade esperada por todo direcionamento filosófico concernente a questões.

Caso o leitor deste livro não seja um telespectador, caso não ame e não odeie a televisão, estará ainda mais próximo da perspectiva da narradora, uma autora ligada à televisão, ao mesmo tempo que dela desligada. Eis que esta narrativa acontece de certo modo de assalto, posicionando-se em certa impostura, a de quem se autoriza a falar de um lugar indevido. De um deslocamento no qual a condição da pertença está questionada. Para que dizer o que se há de dizer quando se poderia passar muito bem sem que nada fosse dito? Uma das perguntas que possibilitam este livro é justamente esta: quem assiste a televisão conhecê-la-á melhor do que quem, não a assistindo, vê aqueles que a assistem? Em outra direção: quem assiste televisão não será antes assistido por ela? Quem olha? Quem vê? Este livro quer investir todos os seus esforços na tentativa de entender a estética e a política destas relações.

*

Durante esta pesquisa, cheguei a pensar que quase nada de novo podia ser dito sobre o objeto que já foi chamado de "máquina de Narciso" e de "máquina panóptica" por Muniz Sodré, assim como tem tudo a ver com certa "máquina de visão" das teorias de Paul Virilio. Um objeto que aparece a um pensador como Pierre Bordieu como algo muito perigoso, enquanto é, para Arlindo Machado, "o mais desconhecido dos sistemas de expressão de nosso tempo". Assim como do Ser Metafísico (posto em maiúsculas para demarcar seu caráter categorial) ao qual se dedicou Aristóteles na antiguidade, podemos dizer que a televisão é dita de diversos modos. Diferente do Ser, embora pareça ocupar seu lugar na estrutura simbólica de nossa cultura enquanto principal dispositivo e verdadeiro princípio de transmissão da imagem técnica, a televisão deve ser pensada no tempo de sua metamorfose histórica no qual se incluem os modos com que é vista e conceituada. Apenas neste sentido caberia perguntar sobre seu "Ser", enquanto algo que se dá na história da visão humana. E sobre o modo como, sendo dispositivo e guardando em si um conceito, sua compreensão ultrapassa o mero aparelho doméstico enquanto é, igualmente, bem mais do que o sistema burocrático-econômico-político de produção da imagem na atualidade. Embora a televisão seja a principal arma do que Guy Debord chamou Espetáculo, sendo ela mesma, em sua circunstância, o objeto ao qual estamos todos referidos mesmo quando tentamos dele escapar, ela termina por colocar-se não apenas diante de nós, mas "conosco", como o nosso mais fundamental dispositivo sensorial. Um dispositivo formador de comunidade. A televisão é, hoje, a principal arma de captura de nossa percepção para um sistema visual que sobrevive da vida da percepção. Entidade entre nós, sua aparição fantasmática exige posicionamento na medida em que se tornou, como princípio estético, o regulador de todas as relações humanas a que damos o nome de política. Chamarei, neste contexto, a atenção para a palavra "tele-visão", assim hifenizada, para designar o interesse desta pesquisa no ser do aparelho. Nossa pergunta, portanto, deve ser: que espécie de política surge sob a ordem estética da tele-visão? Mas esta política da televisão só poderá ser compreendida em sua relação com uma estética da tele-visão e uma ontologia da tele-visão. Eis a tríade que interessa investigar do ponto de vista filosófico aqui proposto com a intenção de responder à pergunta "qual é a experiência subjetiva vivida por aquele que vê eletronicamente à distância?".

A industrialização da experiência é o que está em jogo quando se trata da televisão. É essencial que, no mínimo, comecemos conversando sobre ela e sobre o fato de que a televisão que inventamos diariamente também nos inventa, seus telespectadores e produtores. A televisão é industrialização da imagem e, como tal, do sensível.

Deste modo é que, a exemplo de outros e por amor ao diálogo, eu gostaria de dizer o meu modo de pensá-la apesar do vasto trabalho que verifiquei já existir no campo das interpretações. Aqui, exponho mais uma tentativa, considerando que, quando se trata de televisão, o melhor modo de exposição de um pensamento é o ensaio. Mesmo contente com o que vi e li, devido ao grau de maturidade das investigações e das razões expostas na literatura e nas pesquisas sobre o tema, persistiu para mim a necessidade de me pronunciar do lugar ambíguo que ocupo, ora como pesquisadora, ora como objeto de minha própria pesquisa, já que, ao mesmo tempo, posso dizer que estou fora e dentro da televisão – como tantos professores e intelectuais – desde que me dedico à filosofia que se tornou, de certo modo, assunto de interesse no campo dos meios de comunicação de ampla difusão. Afirmo estar dentro e fora, assim como Brás Cubas acima evocado estava fora e dentro da vida, para já insinuar a ideia sobre a qual se deverá expor esta narrativa filosófica. Estar dentro e estar fora implica o estado de exceção como o espaço próprio ocupado pela narradora. Como tema essencial deste livro, no entanto, deixemos que ele se exponha a seu tempo.

Não vamos confundir a televisão com a vida de um modo geral, nem o contrário. Não deixemos escapar o que há de comum entre este objeto difusor de imagem – e criador de mundos – e a vida fora da imagem – e (e por que não?) a morte: quando falamos em vida, assim como quando falamos de televisão, estamos sempre nos referindo a algo abstrato e inespecífico. A vida reparte com a morte o campo aberto da existência, sendo a morte infinitamente mais certa do que a vida. Relacionar a morte à imagem não seria novidade, fato que enfrentaremos no desenrolar deste texto, mas que aqui interessa em um sentido imediato, como fator próprio da imagem à qual a vida televisiva – não a vida em geral – está circunscrita. Pois do que se trata é sempre de pensar esta angulação em que a televisão é nexo político, estético e ontológico entre vida e morte. Portanto, reguladora de relações, aparências e sentidos no campo da existência, sendo que a televisão é o grande objeto capaz de iludir sobre o que seja a existência. É por isso que o nexo entre a vida *tout court* e a vida televisiva precisa ser urgentemente pensado. O que chamo aqui de vida é, no campo da existência, o espaço do sensível, da experiência dos sentidos, da percepção, da compreensão do que em nós é corpo. A vida televisiva é a vida da imagem transmitida à distância enquanto determinante de uma experiência corporal. A experiência de uma estranha prótese eviscerada a que chamarei Olho de Vidro.

*

A pressa própria do desconhecimento confiante, parte de um suposto entendimento prévio sobre algo tão concreto como vida e televisão cuja relação é tomada aqui como objeto de investigação. Vida e televisão são duas coisas que, em princípio, são tomadas como o que não é preciso conhecer, por serem de antemão já conhecidas. Pelo simples fato de que somos viventes entendemos que sabemos tudo sobre a vida, assim como, pelo fato de poder assisti-la, pensamos saber muito bem o que é televisão. Cremos em nossa experiência imediata sem pensar que a experiência envolve a necessidade de sua compreensão. Somos vítimas de nossa própria prepotência gnosiológica, a qual convém chamar pelo termo nada elegante de burrice, e da prepotência da imagem que se oferece a uma atenção sempre desusada. A confusão entre vida e televisão se torna, nesta i-mediação, totalmente direta. A velocidade da televisão, o fato de que nela uma imagem se ponha diante de nossos olhos em instantâneos videogramáticos tem, assim, uma séria semelhança com a experiência a que chamamos vida e que, diante de nós (e dentro da qual estamos nós), desfila sem dar chance de que possamos saber algo além de que diante de nós se colocam imagens como fatos. A redundância com que brinco aqui é apenas para, divertindo-nos, levar-nos a pensar com leveza – aquela dita por Italo Calvino, a que faz voar para ver mais longe –, já que a conversa é longa. Assim como da vida podemos dizer que estamos dentro dela não podendo vê-la de fora, a televisão é aquilo do que estamos fora como se estivéssemos dentro. Todavia muitas vezes olhamos a vida como se pudéssemos de fato vê-la de fora, enquanto que, diante da televisão que vemos, portamo-nos como se estivéssemos nela, como se ela fosse a própria vida. É pela experiência da televisão que reduzimos a vida ao que se vê.

O fato é que estamos diante da televisão sem muita chance de entendê-la ou de entendermo-nos diante dela. Falta-nos distância para pensar um objeto tão doméstico, tão cotidiano, tão comum e que tem na administração estética da distância seu resultado e seu poder. Falta-nos distância, como não faltou, ao morto narrador machadiano, aquela distância para entender a própria vida. Tal narrador, o inestimável sujeito do conhecimento que é Brás Cubas, vem definir o tom do que se contará neste livro: ele é aquele que, morto, porém vivo, vivo enquanto morto, ocupa o lugar de exceção que confirma a regra alheia: ou bem se é morto, ou bem se é vivo. O que seria, por confiança à analogia, colocar a televisão no lugar da vida e esperar uma narrativa de quem a vê de fora, sendo que já esteve dentro?

*

Em um nível muito simples, este é o básico motivo que leva à escritura de um livro sobre televisão, um livro que nasce com uma contradição de fundo que implica o lugar mesmo daquilo que ele toma como seu objeto. Esta contradição não é mais teórica do que prática. Explico-me. Ora, quem teria tempo a perder com um livro sobre televisão desde que se a possa assistir? A pergunta, assim colocada, não tem valor mais que retórico, mas sugere-nos a questão sobre o provável leitor, se ele seria apenas aquele que, gostando de livros, poderia desconfiar da televisão. Ou seria alguém que, gostando de televisão, poderia querer saber ou pensar mais sobre ela. A posição desconfiada em relação à televisão que levaria a eleger outros meios de comunicação e expressão, tais como livros, não é a mais comum no Brasil, vide os altos níveis de audiência televisiva contra as baixíssimas estatísticas sobre leitura em nosso país. O que faz pensar que o desinteresse pela escrita é inversamente proporcional ao interesse sempre crescente pela imagem. A televisão está no centro de um sistema produtivo de imagens que significa muito mais do que podemos imaginar sem investigação. Ela implica produção de sentido, produção de interpretações, produção de corpos e ações. Não pretendo sustentar que uma coisa – o desprezo pela escrita – tem relação direta com a outra – o culto da imagem –, mas que é preciso pensar na mediação paradoxal que constrói esta cisão.

Ao se falar nesta contraposição, é preciso pensar em nossa relação com o tempo que é sempre uma relação com o espaço – da vida pública e da vida privada num emaranhado cujos nós não são facilmente desatáveis – no qual a televisão está inserida. A vida exige pressa e a televisão é a exposição de uma imagem no contexto do tempo da pressa, assim ela sempre ganha qualquer disputa com outros meios.

E, por falar em tempo, ainda o há para fechar o livro que nem bem abrimos e ligar a televisão, realizando assim certo temor desta que ora narra. Fechar o livro seria uma espécie de desencontro antifilosófico. Porém, e se, por acaso, antes tivermos paciência e nenhuma pressa em continuar? Sustentemos por mais algumas horas nossa atenção – haverá? – para o livro. Na contramão do mais comum dos tempos vivos e televisivos, aquele que é econômico em minutos, a narradora intromete-se no tempo tanto da vida quanto da televisão, e, enquanto aproveita outro tempo, o narrativo, para se desculpar, vai explicando-se sem pressa, correndo o risco, arriscando com certa propositura o abandono do leitor. Linhas, para que vos quero nestas horas em que a questão é "imagens". Mas não se preocupe, leitor, pois a eternidade só deve ter lugar – e mesmo assim sempre como uma mera ideia que nunca encontra sua materialidade real – em narrativas ficcionais. Aqui, é verdade, haverá um pouco de ficção filosófica, uma mistura do que penso com o que consigo estabelecer de diálogo com outros sujeitos dedicados ao objeto televisão, com fatos e questões que ultrapassam muitas vezes a minha própria capacidade de interpretar. Mas um ensaio é isso, uma exposição de ideias para fazer quem o lê pensar. Por isso, confio em "nós". Ao ensaio importa a liberdade do pensamento e sua recepção. Não mais que um jeito contemporâneo de falar de um objeto como a televisão, cujo caráter é, em ampla medida, intangível, ainda que altamente concreto e que, por isso mesmo, combinaria muito com uma metafísica, de cujos véus tentarei livrar o leitor, mas não sem antes mostrar sua tessitura.

*

Estabelecer limites de investigação para uma pesquisa como esta, assim como de exposição dos pensamentos, é algo sempre complicado, pois exige escolhas. Por um lado, há sempre livros demais para ler, pesquisas por acompanhar, o desejo de ser fiel ao debate já iniciado por tantos outros; na contramão, o teor vertiginoso e escorregadio do objeto não facilita as coisas. Escolher um lugar para começar é uma tarefa complicada que se multiplica: há o objeto, a justificativa sobre o que dizer dele e há o que de fato há que ser dito e que depende de uma eleição de método, ou seja, de caminho, dentre os muitos possíveis.

Apesar da vastidão do debate a ser pesquisado, comecei pelo mais simples que é o que se deve fazer quando se pretende ser metódico, ou seja, descobrir o que se pensa e como se pensa e expor com rigor. Foi o que Descartes fez em uma obra tão fundamental como o *Discurso do Método*, e que não foi tão bem compreendido como poderia em alguns de seus aspectos. Sobretudo, no que concerne ao caráter narrativo do que naquela filosofia é texto. Pois resolvi começar como ele. Não porque me contraponha às imagens sobre as quais este livro fala, nem porque deseje manter a histórica crítica do conceito ao mundo das imagens – e ao seu poder mistificatório –, mas porque quero olhar com distância para as distâncias produzidas pela televisão. Recolhi-me, assim, a um quarto aquecido para me entender comigo mesma e escapar das ideias prontas, tão fáceis de recolher no pomar de frutas ácidas do cotidiano. Estou escrevendo este livro em São Paulo, uma cidade fria em um país tropical abençoado por Deus e bonito por natureza, e o quarto é meu escritório onde o calor é do sol matinal, hora em que escrevo, e tanto mais o das ideias que me vêm à mente enquanto penso e, como que naturalmente, percebo que existo. Perceberia minha existência em outro lugar? Certamente, percebo que existo enquanto sou sujeito sensível, mas, como Descartes, preciso da razão que concebe minha própria percepção. Como ele, também eu precisei sair de um quartinho aquecido – o da própria academia – e dedicar-me ao convívio das pessoas, embora tenha por fim que retornar a ele. Volto, assim, para pensar e poder, como o filósofo cuja fantasmagoria me acompanha, expor as minhas razões.

Que não se perca de vista que a diferença de um quarto no século XVII e um no século XXI é que neste quarto, em vez da chama de uma vela e uma pena para escrever ideias sobre o que penso do meu próprio método, há, como não poderia ser diferente, uma televisão e um aparelho de DVD (se este livro persistir no tempo, como estas expressões soarão atrasadas...) que me permitirão, caso eu queira, ver imagens em movimento previamente eleitas. Digamos que eu esteja realmente neste quarto do século XXI. Deixei os aparelhos desligados para dar a sensação de calor que antes vem do excitante ato de pensar do que da tagarelagem dos aparelhos. Para alguns, isso poderia soar frio, mas não para aquele que se entrega aos prazeres do pensamento. Como Descartes, é certo que eu temia a companhia das gentes, seus preconceitos, ainda que delas tenha aprendido o substancial do que aqui vou expor. A esta companhia podemos sempre chamar, provisoriamente, de senso comum. Digo provisoriamente, pois muitas vezes desconfio de que este nome reproduza a verdade do fato a ser designado. Há mais por trás do comum do que o senso, e o senso é sempre bem mais do que um conjunto de pensamentos precários sobre os quais desenvolvemos um acordo tácito. De qualquer modo, o que há de verdadeiro no senso comum é seu caráter precário, que um dia deu a Descartes uma moral provisória com a qual é possível seguir levando uma vida simples, ainda que, por outro lado, possa ser filosoficamente consistente. Imaginemos, pois, o quarto aquecido, pensando que esta imaginação, mais que ilusória, oferece-nos um ambiente metafórico que permite o pensamento. No cenário deste ambiente doméstico aconchegante, alguns livros; todos sobre televisão, cultura de massas, indústria cultural, televisualidade, era digital.

※

Lidos alguns deles, não foi difícil cair imediatamente na mais básica de todas as desconfianças, sobre a qual devo começar a falar no processo de expor esta experiência de pensamento. Aquela que diz respeito ao tratamento por "telinha" dado à televisão por vários de seus estudiosos quando comparada à "grande tela" do cinema. O tom parecia disfarçar certo menosprezo intelectual pelo objeto em análise. Curiosamente, tal preconceito intelectual parece encontrar amparo no senso comum, campo onde viceja qualquer ideia boa ou má, desde que seja útil e aconchegante como qualquer resposta pronta. Do mesmo modo, o uso da palavra telinha é trivial entre profissionais de televisão. Um preconceito nada difícil de sentir, afinal, partilham-se ideias prontas de um modo geral – aquele que nega sem título de doutoramento sempre pode ser pejorativamente tachado como "do contra" – sempre que não se está no próprio quartinho aquecido avaliando o sentido do que é dito por aí; como em relação a qualquer preconceito, no entanto, não é tão simples aceitar que a televisão seja uma "telinha", ainda mais quando o termo é partilhado por lados supostamente tão separados por jargões sempre próprios e que não percebem como emprestam elementos uns dos outros. Parecia claro que para certo tipo de intelectual seria sempre difícil analisar a televisão, afinal, pelo caráter afirmativo do sistema televisivo e pelo espaço que ocupa na cena social, a televisão aparece não apenas como o oposto do trabalho intelectual, que se supõe dialogado e, sobretudo, livre, sendo, além de tudo, algo que em algum sentido com ele compete.

Dentre os livros que se amontoavam no meu quartinho – a televisão desligada, eu lendo – encontrei Dominique Wolton que eu havia emprestado da Biblioteca da Universidade Mackenzie, onde leciono para os cursos de jornalismo e uma instigante pós-graduação interdisciplinar em Educação, Arte e História da Cultura. Wolton, pensador importante para a questão da televisão, chega a falar em "ciúme" no universo das paixões que envolvem "intelectuais" e "mídia"[1]. Não sei se ciúme seria bem o afeto capaz de explicar a aversão que intelectuais brasileiros desenvolveram pela televisão. Inveja? Talvez sim. Mas apenas se pensarmos que a nova ordem é de fato a da pós-ditadura, pois desconfio que a cultura do ódio intelectual à televisão não se dá por motivos gnosiológicos, mas histórico-políticos. Não gostaria, no entanto, de falar de antemão de algo como inveja, embora ao longo deste livro – mais precisamente na primeira parte sobre o VER – ela seja uma das principais categorias ópticas que devemos investigar para uma compreensão da televisão. De qualquer modo, o que primeiro se deve colocar é que a relação está posta em uma polaridade que, mesmo infrutífera, grassa entre nós: o trabalho intelectual parece sempre a inacessível coisa de elites e a televisão a acessibilíssima coisa popular.

Falta uma noção básica do que seja televisão, a partir da qual poderíamos conversar, assim como falta uma ideia do que signifique o "acesso" como uma vantagem *avant la lettre*. O intelecto parece aristocrático e intangível, a televisão parece o que há de mais fácil para todos. Fácil preconcebê-la como algo banal no avesso de um sempre especial entendimento acadêmico das coisas. Entender até que ponto estas ideias são verdade, quando se percebe que a simplicidade do ato de ver televisão é, ela mesma, ficcional, é questão que importa quando está em jogo o modo de sua produção. Encurtar o caminho sempre pode ser o mais fácil: menosprezar a televisão, em um país em que o analfabetismo cresce pelo descaso tanto quanto pelo seu próprio culto, se coloca para muitos como um ato redentor do intelecto em si mesmo.

Não posso falar muito disso, pois sempre pensei como estes intelectuais, embora paradoxalmente nunca tenha me considerado "intelectual". A expressão "intelectual" mostra a divisão do trabalho sob a qual padece nossa sociedade de classes. Mesmo estando tão próxima do dito trabalho intelectual, por ser professora e gostar de escrever livros, penso que ele não é mais do que necessário comparativamente a outros trabalhos, e, como muitos, corresponde a ações também braçais (ler e escrever é um trabalho físico e mental...). Do mesmo modo, nesta avaliação eu poderia envolver minha formação nas artes. Em um mundo de rótulos que aprisionam e limitam, não me sinto à vontade para me comprometer apenas com um deles. O trabalho intelectual pode ser autoritário ou, ao contrário, servil. Prefiro, neste caso, denominar o livro que ora escrevo como trabalho teórico, já que ele se deu em função de questões, como veremos, muito práticas. Entendo o trabalho teórico como o polo dialético do trabalho prático que opera na busca por aproximação com o que lhe é oposto. O que se lhe opõe é tanto um esforço do sistema de poder quanto uma aceitação do senso comum, devido à má compreensão histórica e social – bem como do uso ideológico dos termos – do que se estabelece entre teoria e prática. Teoria é algo que só pode ser feito sob o desejo de que se possa corrigir este erro.

*

Continuando minha narrativa sobre o início desta pesquisa, devo dizer que a televisão não me despertara atenção senão como lugar público e de invenção coletiva da qual acabei por participar. Penso, neste aspecto, como o Prof. Arlindo Machado em seu lúcido trabalho *A Televisão levada a sério*, que *"a televisão é e será aquilo que fizermos dela"*[2]. Ela será um trabalho coletivo, como já o é. No entanto, por mais que ao dizer "fizermos dela" se suponha uma ação coletiva na qual está implicada a vida pessoal com toda a responsabilidade que compete a cada um que faz televisão – também quem a vê, de certo modo, a faz –, é preciso perceber que o verbo está condicionado ao futuro. Não se trata apenas de uma televisão que *é*, mas de uma televisão que *será*. Certamente, o futuro orienta o presente e este sempre se dá na intenção criativa do sonho, mas, ao mesmo tempo, o futuro é também o imponderável ainda que precisemos vê-lo como nosso "norte". Do futuro temos uma fantasia. A televisão relaciona-se ao futuro neste sentido, de ser coisa sobre a qual fantasiamos. É a percepção deste objeto presente e ao mesmo tempo dependente de uma ideia do seu potencial imediatamente futuro o que nos importa pensar. Que este objeto seja fruto de nossa ética, de nossa estética e, claro, de nossas fantasias, é o que está em jogo.

Por mais que a televisão venha a ser o que "fizermos dela", penso que comparar a criação televisiva com a criação em outras áreas pode nos ajudar a entender o complexo sentido deste enunciado que nos coloca – a nós todos – diretamente dentro do "coletivo" da televisão. Talvez, por fim, nos expulse dele. Mas vejamos. Não é difícil imaginar – e quando se trata de televisão o que fazemos de um modo geral é imaginar já que realmente não sabemos quase nada sobre ela – que a televisão não é, como a arte, algo que podemos simplesmente inventar ou criar. Parto do pressuposto claro de que a televisão é um meio expressivo como o é a arte, daí a possibilidade de compará-las, pela partilha que se dá entre elas. Que a televisão ou os produtos televisuais possam ou não ser arte, mesmo que não se possa estabelecer rigorosamente o que é arte – mas esta não é a questão que importa agora –, trata-se apenas de pensar nos caminhos da expressão enquanto potência criadora de cultura. E tratar da televisão como um campo do que devemos chamar de liberdade de expressão televisual. Importa, portanto, testar o caráter "expressivo" da televisão levando em conta aquilo que se deseja expressar, a individualidade histórica que na arte encontra seu ambiente natural.

A criação a que chamamos "arte" não nasce simplesmente como coisa distante de um sistema e de um mercado. Ou está neles, ou fora deles. Do mesmo modo, a televisão, refém da publicidade, faz parte de um sistema e de um mercado. Me parece que muito do que precisamos entender sobre televisão reside na tensão entre a possibilidade expressiva e a realidade do sistema ao qual damos também o nome de televisão. Que o caráter publicitário da televisão vença seu potencial expressivo é a questão que precisa ser pensada.

Pensemos nesta tensão. Pensemos na literatura e nas artes. Posso escrever meu romance e procurar uma editora que o aceitará ou não, dependendo da pertinência do que escrevi para o mercado literário de uma época, da sensibilidade literária do editor ou até de minha sorte como artista da palavra. Muito ou pouco afeto ao gosto público, posso sempre preservar minha subjetividade como criador da minha obra desde que eu queira e tome algumas providências para isso. Desejando, é claro, terei de pagar o preço. Mas vamos lá. Posso construir até uma narrativa sobre o que leva minha obra a ser o que me parece ser. Posso, inclusive, fazer diferente: deixar meu livro – ou minha simples "obra" – em uma gaveta, porque sou tímida, despreocupada ou louca segundo a visão mais pragmática que não vê importância na literatura. Posso fazer como o artista americano Henry Darger, que escreveu mais de dez mil páginas sobre uma mesma história, ilustrou-a e não fez nada com ela em nível público. A obra de Darger, que cito aqui como um exemplo extremo, é obra de arte no sentido mais estrito que se pode supor, embora não tenha uma recepção notável. Poucos a conhecem até mesmo nos Estados Unidos. Mas de que nos serve dizer isso? Que mesmo sem recepção alguma uma obra não deixará de ser arte. A obra de arte – ou o livro ou o ato de escrever – mesmo que não chegue jamais a ser aceita, reconhecida, sustenta-se em si mesma por ser a obra, o feito de alguém, ou sua simples experiência, por mais insignificante que possa ser para "outros".

Não estou sendo romântica ao falar de arte. Claro que hoje em dia posso, ao ter meu livro rejeitado, ou por simples gozo, preferir publicar meus escritos em um *site* ou *blog* que eu mesma construí com as ferramentas da Internet. Se eu quiser muito que meu texto adquira a forma de um fólio, não tendo um editor que o queira fazer com seus próprios recursos, posso eu mesma pagar por isso, mas digamos que seja inútil, pois a propagação pela Internet é mais barata e eficaz. Há algumas pessoas que, no entanto, por apego, por fetiche, por comodidade ou hábito, se aferram ao objeto, embora o livro possa hoje em dia ser tão somente virtual. Além disso, posso ter muitos leitores, ou um, ou nenhum e, mesmo assim, a minha obra não deixará de ser obra porque foi pouco ou irrelevantemente acessada quando comparada com artes ligadas às massas. Minha obra não deixará de ser obra porque foi pouco ou nada lida. Não quero com isso defender que uma obra "morta" é tudo o que se espera de uma obra. É claro que a obra guarda a sua própria vida, a potência de um dia ser lida, esteja na gaveta ou na Internet. Pois será a leitura que a fará viver. A leitura é por onde se dá a recepção de um livro. Não esqueçamos que o livro é *medium* tanto quanto a televisão.

Em se tratando de televisão posso fazer o mesmo: inventar meu programa do modo mais fácil possível, com minha câmera de celular, e lançá-lo a produtores que gostarão dele, ou nem sequer olharão para ele – do mesmo modo que muitos editores não leem os livros que recebem. Posso fazer como muitos escritores: não lançar meu programa em nenhuma televisão empresarial, mas em um *blog* ou no YouTube, como quem paga pela edição do próprio livro. A criação do meu microprograma – digamos que ele seja pequeno – preservará também a minha expressão pessoal, a minha subjetividade criadora. No entanto, se o meu programa não for ao YouTube, nem a um *blog* onde possa ser transmitido em tempo real, se eu optar por gravá-lo em um DVD e mostrá-lo na sala doméstica de algum amigo meu apreciador de meus inventos, posso dizer ainda que estarei fazendo exatamente televisão?

Esta pergunta é formalíssima, mas ao mesmo tempo necessária para delimitar o que estou buscando dizer. De que televisão se trata se continuarmos a considerá-la como um "meio expressivo"? Certamente não é daquela que está desligada no meu quartinho aquecido como o de Descartes e que, descobri apenas hoje, não tem cabo ou antena. Mas continuemos em busca e na exposição dos pensamentos, já que é o dever que temos de levar adiante.

A diferença entre as obras – entre meu livro e "minha" televisão – é que, para escrever meu livro, preciso apenas, além de minhas ideias, de minha autopermissão e de minha disposição temporal e prática (o que nunca é pouco), de um lápis e folhas de papel (claro que uma máquina de escrever ou um computador podem me ajudar muito, mas mesmo sem eles o livro poderá acontecer, assim como poderá acontecer com um *ghost writer* que eu posso contratar hoje em dia para escrever até poesia lírica...). Para fazer um programa, do mesmo modo, preciso no mínimo de uma câmera de celular – para falar do modo mais barato de ter acesso a uma máquina que captura imagens em movimento – e um acesso à Internet. Neste caso, estou fazendo não apenas televisão, mas televisão+Internet, o que é um pouco diferente de tudo o que já se viu até aqui e que indica o futuro. Muda pouco, é verdade, pois a televisão é um meio em plena metamorfose na medida em que é meio tecnológico e como tal nasce, cresce e se reproduz junto da tecnologia em seu processo histórico. Não é possível pensar a televisão longe da questão da tecnologia. Se pensarmos que em nossa cultura televisual a televisão como tela onde algo é mostrado e algo aparece é a medida de todas as coisas, antes é preciso lembrar que, muito antes da televisão, a tecnologia é a medida de todas as coisas.

Não é impossível, portanto, que o mero manuscrito de meu livro ganhe o editor e eu algum patrocínio para minha arte literária pelo simples fato de que um livro, antes de ser um fólio organizado e apelativamente vendável, é um conteúdo narrativo (poético ou não), baratíssimo de certo ponto de vista – ele exige, em princípio, apenas o trabalho intelectual-prático do escritor (autor-artista) e a criatividade de um editor –, enquanto que a televisão feita no celular, por mais criativa que seja, dificilmente passará na prova do sistema que exige uma grande elaboração tecnológica. O diretor pode achar que o meu *teaser* é bom, mas, até transformá-lo em "piloto" e "programa", entra em cena uma série muito complicada de equipamentos e relações entre seres humanos e máquinas e, muito mais profundamente, entre sistema e público, desejos e capital. Tudo o que desemboca na questão da forma que não pode se concluir em mero "vídeo", mas que precisa ser enlaçado à forma publicitária. Pelo fato de que a tecnologia da televisão não é apenas a de uma lâmpada acesa em minha casa, mas a de uma possibilidade de transmissão de uma imagem anteriormente produzida ou muito pouco "produzida", mas sempre "posta em cena". A elaboração tecnológica de que falamos quando da televisão vai da produção de algo a ser posto em cena ao outro polo do que significa televisão, a recepção. Entre o meu desejo de escrever um livro e a edição, a venda e os leitores, há um mundo, mas entre meu desejo de fazer televisão e sua realização há um abismo tecnológico administrado por um mercado que apenas pode ser ultrapassado pela democracia dos meios tecnológicos. Ora, a escrita é, entre nós, mais democrática do que a imagem, pelo menos do ponto de vista da tecnologia de sua produção.

*

Até aqui espero que esteja ficando claro que tento isolar o que é televisão de outras formas expressivas, pois não devemos nos contentar com os gatos pardos nesta noite na qual já basta esta tela no escuro. Nesta hora estando em um quarto aquecido e de bem com minha solidão, penso no que aconteceria a meus pensamentos se eu ligasse a televisão... a pergunta que me surge é se eu continuaria pensando e, logo, existindo. Sendo impossível ligá-la por questões mais tecnológicas do que existenciais, resta-me escrever sobre ela... Mas sigamos em frente. Se é claro que posso fazer um livro sem contar com a adesão de muitos leitores, do mesmo modo, o suposto programa de televisão criado por este "desconhecido" que eu sou pode ser apenas para entreter amigos ou alguns raros apreciadores de experimentos. Não será bem televisão se não usar a tecnologia adequada, que atinja o seu objetivo enquanto tecnologia, a de transmitir uma imagem para um público. Posso fazer o melhor programa de televisão, um piloto com forma e conteúdo encantador, e acabar por disseminá-lo entre grupos seletos de apreciadores de videoarte. Veja como sou otimista. No entanto, digamos que eu seja um *hacker* que, usando mecanismos de guerrilha comunicacional, consiga interferir na transmissão, por exemplo, do conhecidíssimo *Jornal Nacional*, e colocar em cena, digamos que apenas, a imagem da torneira da minha cozinha pingando, terei televisão. É neste ponto que precisamos chegar de uma vez, para que a leitura deste livro adquira sentido. O que desejo expor é um conceito de televisão a partir do qual nosso entendimento possa progredir. E eis que o conceito de televisão está aí impondo uma visão da própria coisa: televisão é imagem à distância. Como tal é necessária a tecnologia adequada. E é bom saber: se eu conseguir interferir nos satélites de teletransmissão, mesmo que para que meu único amigo apreciador da minha obra veja os meus trabalhos, também estarei fazendo televisão. Mas se eu não for um *hacker* guerrilheiro e for apenas uma moça em um quartinho aquecido com um aparelho de televisão sem antena e com uns livros sobrando ao redor, e, no entanto, tiver básicos conhecimentos de informática para operar um computador que, por prudência, possui um *modem* para conectar-se à WEB, e puder usar o MSN, um Chat ou Twitter, ou mecanismos similares para transmitir a minha própria imagem e voz à distância, sejam ideias minhas, sejam meus discursos, seja meu cotidiano, mesmo o mais banal e que menos interesse, estarei operando com o princípio da televisão tanto quanto se estivesse postando no YouTube a minha obra de videoarte para o grupo seleto que se interessa pelo que produzo.

No entanto, no meu caso específico aqui neste quartinho aquecido, não fui tão esperta. Esqueci a conexão com a Internet. Falta de habilidade com a tecnologia? Desejo inconsciente de desconexão? Resta-me a solidão das ideias e um livro por levar adiante. Pensando, encontrei esta ideia com a qual me ocuparei: a transmissão à distância que é a essência da televisão. Transmissão que não posso praticar e que constitui a base da forma televisiva a que chamaremos de conceito televisão. Entender a televisão na História seria entender a história da transmissão da imagem. A Internet é uma superespecialização do básico princípio televisivo a que chamamos teletransmissão e que difere do que chamamos de um modo geral de transmissão – um conceito hermenêutico bastante oportuno para falar da relação entre passado, presente e futuro – quando se trata de um livro ou de obras de arte em geral. A transmissão em um sentido hermenêutico é da memória, da sensibilidade, de afetos, das formas de racionalidade, em resumo, da linguagem. É, portanto, a transmissão de ideais, de valores, de crenças, de preconceitos, de ignorância. A televisão transmite porque é meio. O caráter de sua transmissão a coloca como formadora de história, assim como os livros e as obras de arte, mesmo que a história que ela forma seja, de certo modo, aniquilação da história tal como a conhecemos, na medida em que sua atuação se dá na experiência do tempo que é a do presente instantâneo. Se pensarmos por outro lado, o arquivo televisivo seria um espaço riquíssimo de acesso ao vivido em tempo presente, embora o arquivo televisivo possa ser o mais falso de todos os arquivos caso pensemos platonicamente que há um real verdadeiro falsificado por suas representações. Pensar a televisão como arquivo não poderia ser o mesmo que participar da confusão de um acesso ao real. O grande engodo da televisão é prometê-lo. Mas de pensar o modo como a televisão interpretou o tempo presente dado no arquivo como uma espécie de passado presentificado. Neste aspecto a televisão é herdeira da fotografia. A imagem técnica refere-se ao que foi tendo sido e tendo retornado sob o signo do que já não é. Olhar para a memória acumulada da televisão é, portanto, ter acesso privilegiado a um passado como tempo ido, quem sabe, mumificado, mas, de qualquer modo, guardado como presença viva desde dentro do lugar das coisas mortas que são as imagens técnicas.

Televisão é transmissão. Tal é a sua potência formal e sua atualização concreta. Do todo do que ela transmite pode inclusive veicular conhecimento. Sendo que sua definição não se dá pelo conteúdo, é preciso avançar mais na questão da forma desta transmissão. Eu com a minha obra – livro ou vídeo – posso transmitir mensagens, grandes ideias revolucionárias ou informações banais, o que for. A transmissão de um livro ou de um vídeo de arte ou um vídeo qualquer define sua diferença da transmissão televisiva pela compreensão do tempo. É que o tempo da arte e o tempo da televisão são consideravelmente diferentes, ainda que possam ser integrados pela decisão humana. Para ser televisão é preciso que haja transmissão de uma imagem por meio de uma tecnologia que permita a experiência de um tempo específico: o tempo real. O que podemos chamar de tempo real diz respeito à integração por convenção de horizontes separados pelo espaço e conectáveis no tempo. Do tempo, o real é aquilo que estabelece o elo, um laço que necessariamente une, como uma espécie de aliança, o que está fisicamente separado. A separação de corpos no espaço é unida no tempo real.

Se há muito além do que eu posso ver aqui do meu quartinho sem antenas nem cabos, posso me considerar vivendo em um tempo próprio, algo que ainda posso ter enquanto não estou em ambientes conectados. "Que atraso", podemos pensar, "que atraso não ter em casa um sistema de transmissão *wi-fi*." E se trata mesmo de atraso, sobretudo se penso no processo de produção de um livro ou de uma peça de videoarte: sua elaboração por parte do autor, sua diagramação ou edição, sua entrada na gráfica. Só que o que aqui seria gíria torna-se conceito. Como *medium* o livro carrega em si um tempo de atraso, um tempo desapressado em relação a outros tempos, um tempo que não disputa a dianteira, ao contrário. Todo o atraso pode ser relativamente solucionado eliminando etapas no processo de edição e publicação. Posso escrever um romance, publicando-o diariamente em um *blog*. Assim o aproximo do que, sendo tempo, caracteriza a televisão porque ela é meio. Vejo que aquela ideia de que a essência da televisão é a transmissão não serve muito se não penso no tempo da transmissão. Da forma, que é parte do tempo; do tempo, que é parte da forma. Assim como o livro, assim como a videoarte, a televisão é forma-tempo. Com este conceito penso que posso ir mais longe mesmo permanecendo neste quartinho aquecido a escrever meu livro e sustentando as formas do atraso, esta duração que não tem fim quando se trata de escrever um livro. Preciso, a propósito, concluir este que ora é suporte desta conversa, antes que minha editora desista do meu projeto. O sol entra pela janela e atrapalha a visualização da tela do computador. Penso se não deveria escrevê-lo à mão. Viro-me de frente para o sol, a parede está às minhas costas e a televisão, situando-se ao meu lado esquerdo, lembra um objeto de museu. Talvez o quartinho aquecido tenha algo de caverna platônica, impossível não lembrar dela quando se trata de assuntos de tela. Não seria má ideia doar meu aparelho de 1977 a um museu da comunicação, já que nunca mais poderei ligá-lo. Uma nova categoria existencial, a do fóssil tecnológico, da tecnologia morta, está em jogo.

O fato que faria dele televisão, a transmissão à distância, já não é possível. O meu computador, onde posso acessar o YouTube, é muito mais televisão do que o aparelho de televisão que não a pode transmitir. Se o aparelho não realiza mais a essência da transmissão televisiva que é a de entrelaçar mundos, podemos ainda dizer que ele é aparelho de televisão? Se interpretarmos "televisão" como partilha instantânea de um tempo em que se estabelece o acordo entre mundos separados no espaço, não. A ideia da transmissão "ao vivo" é a potência daquilo que o aparelho permite no tempo. Mas o "ao vivo" é secundário diante da potência da transmissão. É a partilha de olhares dirigidos a um mesmo evento, seja ele algo real ou não, o que a define. Pois se eu transmitir *a fond perdu* a um extraterrestre desconhecido que não possa dar resposta e assim constituir comunidade comigo quanto à transmissão efetuada, faltar-me-á o consenso em torno do que chamamos real. Claro que a esta altura todos estamos pensando em "massas" que estão em casa dormindo após a novela. Não precisamos delas por enquanto, apenas da compreensão de que o que chamamos tempo real não deve ser confundido com o "ao vivo". A televisão pode muito bem praticar o "ao vivo" sem que nada seja real. A simulação do "ao vivo" define sua industrialização e, por isso, que precise, como produto, ser vendido em larga escala. Guardemos que o real é uma convenção que exige um encontro de partes espacialmente opostas capazes de entrar em um acordo quanto ao que é criado; por exemplo, a ideia de que algo é evidente.

*

Eu disse "massas". Não gosto muito destas aspas, mas preciso delas enquanto não puder tratar com mais cuidado da pertinência do conceito deste grupo imenso de pessoas que interessa quando se trata de televisão. Por enquanto, pensemos nesta comunidade constituída no caráter coletivo do olhar televisivo e sua garantia de emoção oceânica. A impressão impagável de que o que se vê é real justamente por ser visto por todos é o que constitui o valor da comunidade a que chamamos de audiência. E, se todos veem, a garantia existencial de que não estamos sós vale mais ainda. Assim, o desejo de comunidade televisiva pode ser traduzido como um desejo de audiência. Não apenas o desejo de ter audiência, de ser visto, mas de ser audiência, de constituir a comunidade *voyeuse*, a comunidade ligada pelo olho ideal, o olho de vidro. A comunidade ideal do olho absoluto capaz de realizar todas as fantasias, inclusive a fantasia do real.

O fato de que a televisão seja mecanismo do mercado se deve ao seu caráter de órgão do olhar coletivo. Como a televisão é usada pelo mercado sendo ela mesma, enquanto vitrine, uma parte fundamental do mercado, ela precisa ser pensada de um ponto de vista econômico-político. Questões de produção, por exemplo, implicam o valor do produto e a chance de realizá-lo, sendo que a vitrine é o próprio produto em que conteúdos, mesmo quando importantes, são secundários. Não é possível pensar um programa de televisão sem "público-alvo", aquele que passeia pela rua do *zapping* e potencialmente pode parar seu olhar em um recorte previamente instalado como um diorama em que o sonho pode ser visto como algo tangível. A questão quanto a "quem é este público que assiste televisão?", o alvo do olho de vidro, não pode ser separada desta questão do mercado. O olho que me olha enquanto é vitrine me faz ver o mundo.

Televisão é, neste caso, questão do sistema que une produção, transmissão e recepção de uma imagem por meio de uma tecnologia da teletransmissão. Algo que me é dado a ver, mas só se me torna visível em um tempo específico que a televisão criou e que apenas ela administra. E este tempo é partilhado coletivamente como o espaço em que um mercado se tornou visual antecipando a experiência do mercado virtual da Internet. Os olhos estão para a TV como o dinheiro está para o mercado. A televisão não é, portanto, apenas tecnologia da imagem, mas de um determinado modo de transmissão da imagem que a define, mais além, como "tecnologia de contato"[3]. E isto significa que o contato é do telespectador com a tela, mas também com o outro com quem se partilha um olhar ideal. Não eu, porque no meu quartinho aquecido – sem antena, nem qualquer cabo – não haveria sentido em ligá-la.

Eis que "tecnologia de contato" define não apenas o que se experimenta, o fato de que, enquanto espectador, vejo alguém na tela com quem me identifico, mas o que se partilha com um outro que me serve de referência. Um outro que eu não apenas suponho, mas que – aprendi com minha experiência – está lá, em algum lugar, igualzinho a mim. É o sujeito que suponho seja meu par. A ilusão vem de um dado simples. Do "ao vivo" que, na televisão, é simplesmente simulado enquanto, ao mesmo tempo, é o que há de mais esperado pelo telespectador ávido de se tornar real por meio da comunidade do olhar ideal. Telespectadores não especializados na questão da produção não sabem que o "ao vivo" que eles veem não é ao vivo. Lembro do *concierge* de um hotel que me perguntou na ocasião de uma ida a uma cidade do interior se eu era a moça da televisão e como eu estava ali diante dele se também estava lá... e não era uma brincadeira. Ao mesmo tempo, se eu que escrevo este livro e faço tais considerações gosto de assistir programas especializados em mostrar a vida dos animais, que hoje são ofertados em videolocadoras, mesmo sabendo que neles não há nada de "ao vivo", agrada-me o fato de que pareçam ser. Não é, portanto, a mera consciência da ilusão que define que haja alguma diferença do desejo.

*

Não estou lá. Mas no meu quartinho aquecido sem televisão. Há quem diga não ser possível constituir um cotidiano "real" sem ligar a televisão. Aliás, se eu ligasse a televisão não me sentiria só, é o que me disse a minha vizinha e também a minha mãe, duas pessoas que contribuem muito para o meu conhecimento sobre o senso comum, aquele campo de linguagem, diga-se a propósito, onde se forjam questões falsas como "sentir-se só". O senso comum é, afinal, a coletividade que partilha uma ideia comum sem que esta ideia tenha sido construída com conhecimento crítico. Como instituição e como aparelho doméstico produtor de percepção, a televisão é responsável por sua produção. Muitas pessoas agem do ponto de vista do olhar televisivo que incorporaram a seu olhar sobre a vida. A questão da distância das coisas e das próprias pessoas aparece aqui, mas deixemos para o terceiro capítulo do livro.

Voltemos. Se eu ligasse a televisão, talvez não sentisse esta vertigem com o passado que, pelos livros, soa como um fantasma. Eu estaria com a televisão ligada no tempo presente. Porque sei que todos veem televisão e assim participo de uma comunidade transcendental do olhar. Diria que sou "uma" com a "humanidade" (mais aspas totalmente necessárias...) se quisesse citar aqui outro filósofo, Immanuel Kant, que sempre contava com esta ampliação comparativa do que eu sou enquanto indivíduo para o que eu sou enquanto espécie. A tecnologia da televisão – e sua criação pessoal e coletiva – permite que as imagens se coloquem dentro de um determinado tempo para quem assiste. A televisão consegue uma determinada postura pessoal – e coletiva – de quem a assiste em função da forma com que, por meio de sua tecnologia, insere os olhos e, por meio deles, os corpos no tempo instantâneo em que uma imagem é transmitida ao vivo. A televisão captura um corpo inteiro com uma imagem. Neste sentido é que se deve pensar que uma tecnologia de contato é uma tecnologia de relação. Não é apenas uma transmissão de imagens singulares ou plurais, mas a circunscrição de um corpo em um determinado tempo-espaço ligado a outros corpos por meio de um olhar que lhe dá a tão desejada impressão de realidade, ofertada, na verdade, como um sentido. A televisão recorta uma experiência e a oferece ao sentido mais banalizado de nossa percepção. É a condição de possibilidade de todo ato de ver que, parando à sua frente, torna-se olhar subjetivo pela introjeção do que ela favorece. Antes apenas se vê televisão, mas quando saímos de defronte dela podemos dizer que carregamos um olhar. Olhar é o modo de ver que foi aprendido em uma experiência. A televisão é cativeiro do olhar.

Bom ter em mente que a tecnologia da televisão, embora sirva na prática para um único indivíduo, foi desenvolvida para as massas; assim sendo, o que o sistema tecnológico prevê é o coletivo. Televisão é, portanto, imagem-tempo que se dirige tanto ao particular ideal quanto ao todo ideal.

Lembremos também que o tempo da televisão é potencial de sua condição de aparelho – que como tal interferirá na vida da qual ela fará parte. Aqui surge mais um problema. Se sou artista e crio um programa de televisão a ser apresentado em um DVD apenas na sala da casa de meus amigos, ou em um *blog* de pouco acesso, tenho que o meu trabalho não será mais televisão, mas arte. Esta arte pode até fazer parte da televisão, mas não será mais estritamente televisão. Caso chegue a uma emissora comercial, poderá ter a prova de que não servia para o que chamamos aqui de televisão, quando obtiver a resposta da audiência. Não podemos dizer que a televisão depende pura e simplesmente da audiência, mas que a audiência está inclusa no que devemos entender por televisão. Ela é o outro lado da produção, o campo amplo – e confuso – da recepção que define que a televisão é coisa para públicos numerosos que têm acesso à sua tecnologia de transmissão que é, de fato, o que a diferencia de tudo o mais. É este dado inarredável, e que irrita certos intelectuais, que também a define.

*

Estou, portanto, aqui sozinha, com livros e sem televisão. Tenho certeza de que a televisão é "coisa para todos". Mas é justamente por isso, por ser para todos, que ela é, de um ponto de vista do espaço que complementa o tempo, tanto terra de ninguém quanto espaço de liberdade potencial. Problema é o sitiamento deste território. O meu quartinho com livros é só meu, antes é esconderijo do que sítio. Um cativeiro autoeleito não é um cativeiro. Nele, fico com os fantasmas que escreveram livros, enquanto quem está diante da televisão fica com outros fantasmas, as imagens teletransmitidas. Mas não vamos acordá-los agora, pois há um capítulo inteiro neste livro dedicado à "lógica do espectro", sobre a qual não darei mais notícias até que se chegue lá.

Vamos ver as coisas pelo lado de quem vê de fato a televisão. Observemos a expressão "para todos". Ela define o anonimato do público a partir do qual é muito difícil estabelecer em que condições se pode dar uma interpretação tanto do público quanto do fato de que este público também seja agente da interpretação. Ninguém sabe muito bem o que dizer quando se fala de televisão porque, além de não entendermos o mecanismo, tampouco entendemos sobre quem vê televisão. Intelectuais e público em geral têm também esta afinidade, constituindo, assim, o senso comum que tantas vezes buscam negar. Usam conceitos imprecisos partindo do pressuposto de que todos entendem sobre o que se está a falar. Mas o que é a precisão do conceito senão a sua exposição? Concordo com Dominique Wolton, que resume bem o sentido da confusão que envolve todo o sistema televisual: *"a significação parcialmente aleatória da mensagem resulta de uma interação silenciosa com um público inapreensível"*[4]. Quem diz o que para quem quando se trata de televisão? Podemos dizer que a televisão é um mecanismo de comunicação se a coisa comunicada não está em jogo, antes muito mais a informação que saqueia olhares de seus corpos? O que dizer da televisão e dos televisivos sem ressentimento? Logo eu que fico aqui no meu quartinho aquecido lendo livros?

Não consigo deixar de pensar no livro que escrevo enquanto pesquiso outros livros aqui no meu quartinho aquecido. O dado fundamental da tecnologia precisa ser analisado mais um pouco, neste momento não só porque estou sem antena e cabos, nem porque gosto ou desgosto da solidão, mas porque acabou a bateria do meu computador e terei de seguir escrevendo este livro à mão. Se antes eu falava de um livro de um romancista ou poeta inspirado, agora estou aqui com meu ensaio e devo seguir escrevendo com o único lápis que me sobrou nesta casa de ferreiro. Alguns parágrafos atrás eu dizia que a tecnologia do livro define que, enquanto forma, ele é primitivamente tecnológico – prova disso que passei a escrevê-lo a lápis – enquanto a televisão é, enquanto forma, altamente tecnológica. Do jeito que a coisa vai, receio pela falta de energia e as minhas lâmpadas ainda acesas. Eu dizia que televisão e arte não são mesmo parecidas. A diferença não está na nem sempre avaliável expressão do sujeito com que trabalhei antes, mas muito mais na tecnologia usada em cada um dos processos criativos. Muito bem, isto já foi dito. O que não ficou claro é que a tecnologia em nosso mundo é medida por valores financeiros e econômicos, e, por isso, o fato de que a televisão seja tecnologia define também que ela se relaciona pelo menos por este fato – sem que precisemos tocar nas demais questões relativas à indústria – ao universo do capital. Um lápis ou uma caneta há muito são objetos de fácil acesso, por serem baratos, enquanto que computadores não são. Bom lembrar que a escrita já foi o mais importante dos meios de comunicação e, justamente por isso, foi como é até hoje ainda um instrumento de poder feito de conhecimento, história e lei que só existem por escrito no contexto da civilização. Se nem o acesso à escrita é fácil em um país como o nosso, o que dizer da produção audiovisual? Nosso analfabetismo é amplo, começa na escrita e chega à produção de imagens. Mas, enquanto o analfabetismo puro e simples é uma evitação ou impedimento da leitura, sendo também um dado do autoritarismo de nossa sociedade, o analfabetismo imagético não é uma proteção contra as imagens que está em todos os lugares no contexto da ditadura das telas, ao contrário, é o seu excesso e a impossibilidade de lê-las. A condição contemporânea da tecnologia e do acesso a ela também define o que é a televisão hoje. E o que ela é hoje, por mais que possa ser mudado amanhã quando realizarmos o que "fizermos dela", não poderá, nem deverá, ser simplesmente esquecido, mesmo que a seu mecanismo dependente e legislador do tempo presente não importe algo como a história.

Mas, se eu tenho um celular com filmadora que comprei a preço de banana, será que já posso me considerar alguém televisualmente emancipado? Se posso exercitar a transmissão em tempo real, tenho a posse instantânea da televisão. A sensação da democracia realizada no mundo da imagopolítica. No entanto, neste quartinho aquecido, procuro um celular na minha bolsa e encontro apenas uma caixa de fósforos. Começo a achar que estou no planeta errado.

A atual busca por inclusão digital sobre a qual tanto se fala hoje tem este sentido: se todos tiverem acesso aos meios, teremos democracia. Esta ilusão de democracia realizou-se pela indústria que produziu e, em sua aliança com o mercado, distribuiu em modestas prestações televisores às camadas mais carentes do planeta e de nosso país. A democracia pela coca-cola e pela televisão presente em qualquer deserto implica pensar o totalitarismo como o outro complementar da democracia.

Neste âmbito, o que me resta a mim que, sem televisão e sem celular com câmera, só tenho uma caixa de fósforos e nem sou fumante? "Que vida sem graça, a desta pobre escritora", pensarão alguns leitores que heroicamente chegaram até aqui. Será o niilismo, dirão, o ressentimento da razão contra os sentidos, o que provocou nela tantas noções negativas? Não será ela capaz de ver que, se todas as classes tivessem dinheiro ou outra forma de acesso concreto ao computador para promoverem sua expressão – desde textos até programas de televisão – pelo menos expondo-a na Internet, nosso mundo, que da televisão e da Internet depende há muito, seria diferente e, é claro, melhor?

Se fosse verdade, ou se chegar um dia a sê-lo, não será realmente algo democraticamente maravilhoso quando emissoras se tornarem empresas coletivas e colaborativas? (Quando uso a palavra democracia não a digo sem prazer, pois em que condições ela surge e quanto tempo poderá durar?) A televisão poderá se aproximar cada vez mais da arte à medida que se torne democrática no único sentido que interessa à realização da verdadeira democracia – ou da democracia ética -, o da partilha dos meios de produção e da liberdade total da expressividade humana. Devemos pensar que quanto mais tivermos acesso aos meios de produção do televisual, mais ele terá a chance de se tornar forma expressiva – a expressão é um resultado da partilha – na mão de artistas e pessoas em geral que tenham o desejo de se expressar televisualmente. A expressão é imponderável, mas o único modo de saber sobre ela é deixando que ela se mostre. E para que isso ocorra é preciso permitir o acesso, não ao que é produzido, mas ao que pode ser produzido por todos. O mesmo aconteceria com a literatura desde que cada vez mais pessoas se tornassem conhecedoras dos mecanismos da escrita até às potências estéticas e metafísicas da palavra. O mesmo se pode dizer da política: se as pessoas aprendessem o potencial do discurso e da ação. A arte ou o lixo oriundos do livre uso da produção que advém do acesso liberado poderão ser criticáveis ou não, mas serão respeitáveis de qualquer modo como efeito da democracia enquanto contexto da ação política como responsabilidade de todos em um convívio dado para além da violência. É a violência que impede a democracia, ao mesmo tempo que a luta contra a violência é democrática criação de suas próprias condições de possibilidade. Com isto quero dizer que o direito de ver televisão deveria ser o mesmo que o de fazer televisão, assim como o de usar a Internet é necessariamente o mesmo de participar dela e construí-la. E que, por fim, o currículo escolar deveria incluir "educação televisual" no contexto de uma educação política e econômica, bem como sexual, e não manter-se como o barco furado que nos leva para um fundo sem chance de salva-vidas.

As coisas não são tão simples quando penso o mundo lá fora aqui no conforto do meu quarto aquecido. Como Descartes, poderei confiar apenas em mim mesma, mesmo sem ter duvidado até o fim? Poderei concluir que ainda penso e logo existo em um mundo em que está em jogo o "vejo, logo existo" e, pior ainda, algo como "sou visto, logo existo"? Não podemos cair na ingenuidade de pensar que a televisão, assim como a escrita, não depende de uma educação visual. E que ela não está ligada a uma educação para o convívio e a compreensão das imagens, assim como a escrita depende de uma educação para as letras e as leituras. Não gostaria aqui de cair no velho – e infelizmente verdadeiro – clichê que reza que a educação seria a solução do mundo. Antes, este clichê adquire mais sentido quando se pensa que é preciso ver que a educação depende de uma cultura que a valorize, o que, infelizmente, não é o caso brasileiro. O aparelho televisual é apenas parte de um sistema, de um organismo que é preciso conhecer quanto mais ele seja refratário ao pensamento, à crítica e à democracia. Se há perigo nele, só poderá ser medido por isso.

A televisão, neste contexto, não pode ser pensada apenas como forma expressiva, ainda que pensar assim possa ser impulso para emancipá-la da submissão ao poder do qual ela é parte. Como tal, ela é campo de experiência histórica, social, econômica e política onde, por enquanto, tudo segue confuso em nível de linguagem, de estética e de ética. A televisão é veneno e remédio, o que os gregos, que não tinham televisão mas tinham a alegoria da caverna de Platão, chamariam de *phármakon*. Possibilidade tecnológica e modo de expressão formal, a televisão depende hoje de que possamos pensá-la, o que equivale a pensar no que vemos. E precisamos saber que o fato da transmissão de uma imagem a um outro que, do lado de lá, simplesmente vê uma tela e raramente pensa nisso que vê, se nos aplica. Se víssemos a nós mesmos. Se víssemos o que vemos...

*

O telespectador é o herdeiro inconsciente de tudo isso. Figura transcendental do conhecimento interrompido, vítima da distração que começa com o cinema e conclui-se com força na Internet, tendo garantido adeptos religiosos no tempo da televisão, o telespectador é hoje como o "eu" que, no tempo de Kant, acompanhava "todas as minhas representações", sendo que hoje restaram apenas representações à procura de um eu que elas mesmas solaparam. O que chamamos de Eu, a palavra que nos autodesigna num procedimento de autoenunciação, foi reduzido ao espectador em um mundo visual. Quem sou eu? Aquele que pensa e logo existe? Ou aquele que vê e, com sorte ou a vantagem rara do reconhecimento, é visto? Como figura histórica, no entanto, "eu" é corpo. O que nosso corpo humano, no qual, é bom não esquecer, estão inclusos nossos "olhos" que se relacionam a uma "imagem técnica", tem a ver com isso é uma das questões essenciais que este *Olho de Vidro* quer responder.

Meu lápis está gasto. Aponto-o para seguir mais um pouco. Como eu imaginava, a lâmpada queimou e preciso lançar mão do meu fósforo. A vida não parece ser tão ruim, não pelo menos neste momento em que procuro com a chama efêmera do fósforo e cheia de esperança por uma vela neste quarto tão aquecido quando isolado do mundo. Talvez já não seja quarto nenhum, mas uma nave que trafega movida pela minha própria busca.

*

Estou aqui há tanto tempo, não lembro quando cheguei. Pela distância e pela proximidade que tenho com a televisão, já não sou há muito tempo capaz de me expressar sobre suas questões apenas por meio de algo como um gosto ou desgosto. Não assistir televisão, pelo menos não como a maioria das pessoas que a têm como um hábito, faz com que eu não possa me posicionar simplesmente como telespectadora, ainda que se possa dizer que cada um de nós em tempos televisuais tenha em si algo de "telespectador". Do mesmo modo, vejo meu processo do ponto de vista de um testemunho. É claro que desejo eu mesma entender o significado da experiência vivida – como participante de um programa de debates, o *Saia Justa*, não como sua apresentadora – ao propor um livro como este. Não posso supor a compreensão de quem chegue a lê-lo. O senso comum é sempre autoritário, mede tudo por suas próprias conclusões. Já o leitor especializado é tão raro como o leitor ético, aquele que, prestando atenção ao que lê, é capaz de compreender também entrelinhas. É claro que espero este último leitor, a quem prefiro confessar meu posicionamento, ainda que o leitor preconceituoso seja igualmente bem-vindo. A confissão, é preciso lembrar, é tão cara a um pensamento irônico, como o de Nietzsche, quanto o é para a televisão, o mais anti-irônico dos meios de comunicação e, talvez, o mais cínico. Confessando-me não telespectadora, não estou, no entanto, sendo apenas irônica, nem gostaria de parecer cínica por pedantismo. Nem, do contrário, gostaria de cair na autodeclaração de ignorância quanto ao meio, na ausência de cultura televisual. Conhecer televisão, de modo algum, implica o fato de assisti-la.

Para que fazer uma declaração como esta em uma introdução a um livro sobre a televisão? Porque o projeto que aqui se inaugura é o de um livro filosófico sobre a televisão que parte da consideração de que uma história do audiovisual não é a história da ignorância, nem da falta de criatividade, nem do desejo de dominação puro e simples que instrumentaliza um sistema expressivo. O que seria da arte se a víssemos apenas como sistema? Ou do cinema se visto apenas como indústria? É claro que esta história não pode ser reduzida a qualquer maniqueísmo, como muitas vezes ocorre. Por isso, como livro filosófico, este deverá ser necessariamente irônico e não simplesmente histórico (ainda que a história nunca possa ser simples). Deverá partir de modelos e da escavação de conceitos contidos em seu material. Não poderá deixar de ser irônico, sob pena de não ser filosófico (mesmo se esta ironia se relaciona a certa ironia do destino). É preciso deixar claro, no entanto, que a ironia filosófica não é um riso sobre o outro, nem uma enganação gratuita, mas o único modo pelo qual é possível fazer pensar. A ironia de um indivíduo aciona necessariamente o pensamento alheio, no mínimo pela desconfiança quanto ao entendimento. Em filosofia este é o único método. Por isso, este livro não traz uma interpretação apenas, mas teorias e ideias com o propósito de fazer seus leitores pensarem.

Tal é a tarefa ética do filósofo. Não se confunda a ironia, portanto, com sarcasmo, com a mera zombaria. Muito menos com a diversão gratuita. Que se veja nesta sinceridade, pela qual sempre vale a pena pagar, o propósito do diálogo sem o qual nem a filosofia, nem a vida – nem a televisão – valem a pena.

Gostaria, assim, de deixar claro que a opção de confessar-me não diz respeito a um desejo de lavar as mãos, ou de não tê-las sujado ao assistir televisão; afinal, eu mesma estive nela de um modo que implica bem mais do que a metáfora das mãos. Lembro sempre do livro de Arlindo Machado enquanto escrevo estas linhas. Ao falar de Theodor Adorno, um dos pensadores mais importantes para a discussão sobre televisão, quem primeiro falou sobre Indústria Cultural, Machado afirmou que ele não via televisão para não sujar as mãos. Fazia coisa bem mais impura, conforme relata: *"não sou contra a televisão em si, tal como repetidamente querem fazer crer. Caso contrário, certamente eu próprio não teria participado de programas televisivos. Entretanto, suspeito muito do uso que se faz em grande escala da televisão, na medida em que creio que em grande parte das formas em que se apresenta, ela seguramente contribui para divulgar ideologias e dirigir de maneira equivocada a consciência dos espectadores."*[5]

Incrível como uma opinião crítica pode ser mal compreendida, ou mesmo que tenha sido bem compreendida, vê-se, em intelectual tão brilhante como Machado, certa irritação com o filósofo da teoria crítica. Ela não faz mal algum, pois neste Brasil opiniões corajosas são tão raras que, mesmo as com que não concordamos, é preciso aplaudir. Mas meu testemunho novamente entra em jogo: o que dizer de alguém que, como eu, escreveu teses de mestrado e doutorado sobre a obra de Theodor Adorno, o teórico crítico que cunhou a expressão Indústria Cultural, e depois passou um tempo considerável fazendo televisão? Portanto, o que faço eu na televisão? Assumo as palavras do meu filósofo de escola. Não gostaria de superestimar, nem exagerar, este tópico tão especial próprio ao meu método – o de não-ver-televisão – tanto quanto não gostaria de subestimá-lo. Por isso, devo simplesmente explicá-lo no que segue.

Certamente assisti televisão ao longo de minha vida. Lembro muito bem da televisão dos anos 70 e 80, quando fui criança e adolescente, bem como da televisão de hoje, quando tenho a oportunidade de me deparar com ela. Quando digo, portanto, que não posso me posicionar como telespectadora é porque não constituí com a televisão como "tela a ser por mim vista" um elo nos últimos tempos. Embora eu aprecie programas de diversos tipos, não foi possível constituir um hábito por vários motivos que, pela via negativa, me mostraram que esta minha falha é que gerava o maior mérito do que posso vir a dizer neste livro, eu que estou procurando – desde o meu quartinho cartesianamente aquecido – algo de novo, porquanto me levou a uma questão ainda não investigada. Ao perceber que precisaria ver televisão para escrever este livro, dei-me conta de que eu já via muita televisão de um modo geral, enquanto ao contrário jamais a via em meu ambiente doméstico, e que devia explorar teoricamente o fato de que também o "telespectador" se diz de diversos modos, e não somente a televisão. Percebi logo que o único espectador possível não é aquele que se depara com o que há de melhor, ou de pior, na televisão. Não é quem presta atenção ao que vê; ao contrário, o telespectador é aquele que, sem perguntar-se a si mesmo, obriga quem o observa a perguntar pelo sentido de sua dedicada atenção. A pergunta sobre como é possível prestar atenção naquilo que distrai envolve um paradoxo: o da desatenção concentrada, ou da atenção desconcentrada. Mais que atento ou desatento, o sujeito que assiste televisão é um atento-distraído. A distração/atenção ou atenção/distração é a postura típica do sujeito feito olhar que se dedica à televisão.

Enquanto escrevo este livro sou chamada à distração; mesmo não estando conectada a nada, sentindo-me livre das conexões, não sou, no entanto, tão forte para abstrair o barulho de motosserra com que cortam árvores na escola defronte de meu escritório ou do estudo ao piano do meu vizinho do andar de baixo. Conecto-me ao mundo lá fora por meio de meus sentidos. Mas é neste lugar no qual estou lançada na distância do mundo que sinto a vida tornar-se interessante. E é por ela que percebo a diferença com o estar no mundo que experimento diariamente e do qual a experiência de escritura deste livro constitui a novidade.

Mas comparo esta minha exceção produzida, este cativeiro eleito, ao lugar tão banal e insignificante de um tipo de telespectador do qual nenhum crítico ou teórico se ocupou até agora. Se a televisão é um objeto menosprezado, tanto mais este telespectador que me inspira e que eu mesma sou quando não me encontro protegida nas paredes do meu quartinho aquecido. Como muitos, não fui uma espectadora habitual de televisão, mas fui uma espécie de telespectadora espontânea, a espectadora por assalto, vendo televisão nos bares da universidade, nos saguões de aeroportos, nos restaurantes de hotéis, na padaria da esquina, no café do *shopping*. Foi justamente tal posição, na contramão de uma pesquisa sobre conteúdo e programação, que me situou em um lugar curioso de experiência que me importa trazer a este livro. Este telespectador inevitável que eu sou, incluído pela tela enquanto é excluído dela, é uma espécie de "espectador selvagem", um sujeito "perseguido pela tela", alguém que, por fim, não vê televisão quando vê televisão, e, querendo ou não, é sempre olhado por ela. É seu refém. Eis que este é o sujeito presente em todas as teses que aqui possam aparecer, pois ele encarna a figura do assaltado pela violência delicada da ditadura das telas.

A condição que mais me importou investigar em se tratando do sistema televisual foi, portanto, a do telespectador, com quem tive diversos contatos, tanto reais como por meio de pesquisas. Nem torturador, nem torturado, o telespectador é uma figura da dessubjetivação. E que eu mesma fui ainda que não "desejando" ser. Restou para mim que o telespectador pode tanto ser a cobaia dos experimentos do entretenimento quanto o sujeito lúcido que sabe que vê e como vê televisão. Devemos, pois, cuidar de entendê-lo de diversos modos. É, em qualquer caso, a figura política de um tempo sem política, o cidadão construído pelo olhar televisual que se faz corpo inteiro entregue à ordem da visão. Mesmo que a televisão seja a melhor do mundo, mesmo que a programação possa ser de arte e cultura, dirigida à educação e à crítica, é um fato de que o sistema televisual está implicado em uma construção corporal de um sujeito chamado "telespectador" a quem a televisão se dirige como operadora publicitária do tempo e do desejo de massas inteiras. Neste sentido, a televisão produz um tipo de comunidade específico, a comunidade inoperante[6], termo que tomo emprestado do livro de Jean-Luc Nancy. Mesmo quem escapa deste lugar – para o bem ou para o mal – dele não escapa. Eis o paradoxo que se quer investigar ao falar da estrutura de exceção da imagem televisiva. Se a visão do "televisual" constitui-se como criação cultural cuja naturalização no contexto da vida precisa ser revista, do mesmo modo este corpo que não tem a tela em mira está na mira da tela. Estar na mira da tela é tornar-se agente da própria passividade.

Entendo, pois, a televisão hoje de um ponto de vista da técnica, da estética e da política (incluindo nela a ética, sem a qual a política já é morta), e por isso tomo-a como um objeto de trabalho na medida em que é deste modo que entendo a investigação teórica. Gostaria assim de promover esta filosofia da televisão como uma discussão sobre o entrelaçamento destes níveis. Não seria, no entanto, ruim gastar todo o espaço de um livro discutindo o conteúdo de programas televisivos, o que teria o teor de um investimento mais prático quanto a uma análise sistemática dos conteúdos de televisão. Ela poderia até causar mais impacto nos leitores que conheceriam o objeto – a programação; mas a pesquisa seria outra e necessitaria de um posicionamento outro de investigação – de um telespectador não selvagem – que aqui prefiro tomar como problema a ser compreendido.

Não escrevi, portanto, este livro a partir de uma fenomenologia do telespectador-pesquisador, para a qual eu deveria supor uma outra experiência, mas tomando o telespectador como uma condição subjetiva e social a ser pensada nos tempos da morte do sujeito. Me interessou este "outro" e seu posicionamento, tanto quanto as práticas a ele dirigidas na medida em que ocupo o lugar de alguém que, apresentando e participando da produção coletiva de um programa de televisão, tem o poder – pessoal ainda que coletivo e ainda que relacionado a um sistema que nos antecede e que precisamos investigar corajosamente – de ação e omissão, criação e manutenção do que há de pior e de melhor a ser feito na televisão. Este livro, que pretende analisar a televisão de um ponto de vista filosófico, mas, mais delicadamente, estético-político, é movido, portanto, por um impulso ético. Fazer televisão diante da partilha dos meios de criação e difusão visuais – como o número infindável de vídeos (não mais apenas programas em formatos preestabelecidos) que hoje são criados e dispostos em um sistema como o do YouTube, por exemplo – é algo que obriga a rever o sentido da responsabilidade que ultrapassa a esfera da condição pessoal e atinge o âmbito coletivo. Neste sentido, penso a televisão como uma prática estética no sentido dado por Jacques Rancière às práticas da arte[7], mas aqui pensadas como práticas televisuais, cuja eticopolítica deve ser sempre repensada. Assim como a filosofia no Brasil foi aniquilada pela ditadura, do mesmo modo a televisão e suas potências criativas foram e são podadas em tempos sombrios. Hoje a filosofia é e pode ser cada vez mais nossa, assim como pode ser a televisão. Não quero dizer com isso que basta a palavra para a filosofia ou uma câmera na mão para a televisão, mas que a disponibilidade crescente dos meios técnicos é altamente revolucionária. Penso, portanto, em uma televisão que há de vir, uma televisão de hoje que é consequência de uma visão da televisão futura. Do mesmo modo, vejo a filosofia a partir de um princípio, o de que devemos inventá-la diariamente. Uma televisão que possa ser partilhada no mesmo sentido de um poder a ser partilhado, cujo nome é democracia, que, mais que forma de governo, é, sem dúvida, uma postura ética para com a sociedade. Mesmo que a democracia possa ser dentre as formas de governo apenas a menos pior, no entanto, como posicionamento particular, como ética, ela é sempre a melhor. Por ser o contrário do autoritarismo exercido em escala pessoal contra o outro particular tanto quanto contra o todo da sociedade. O poder da televisão precisa ser inscrito neste lugar. Ele não precisa ser eliminado, mas deve ser perfurado por práticas democráticas até que seja transformado em rede não pertencendo mais a um indivíduo ou grupo contra o outro, mas ao todo da comunidade, ou seja, dos indivíduos reunidos em nome de uma mesma potência criativa.

Certamente, as colocações acima têm certo ar de utopia. Mas a utopia sempre pode ser reinventada como uma espécie de "filosofia do futuro" que inspira a construção do presente. Mesmo que não seja mais que isso, já me parece suficiente para sustentar sua necessidade diante daquilo que Vattimo denominou "heterotopia"[8], a característica da experiência humana na ordem da estética total. A utopia não será mais do que heterotopia diante de heterotopias, o encontro de diversas formas de ver e fazer o mundo, a democracia elevada a nível estético e que devemos cuidar para que não se torne mera superficialidade com a qual tendemos a nos contentar em tempos pós-humanos.

*

No entanto, minha dedicação a esta pesquisa advém da simpatia pelo caráter de objeto menosprezado que a televisão necessariamente tem para a filosofia meramente acadêmica – esta metodologia de pesquisa sobre a história do pensamento hoje ainda tão autoritária como um coronel moribundo. Também eu – mesmo estando no meu quarto aquecido longe do mundo – ouvi suas lamúrias, também eu acreditei que desligar a televisão seria a grande saída para a emancipação social e intelectual dos brasileiros. Que a televisão esteja desligada para muitos talvez seja, no Brasil, mais força do hábito, mais falta de tempo para assistir do que desejo de negação. Para além de tudo isso, como meio de comunicação, a televisão pode ser um objeto tão curioso, e até mesmo estranho, quanto um livro, um disco, um filme. Requer, portanto, como cada um deles, muita atenção. Uma atenção que não se pode ter por meio da desmedida da fruição que se transforma facilmente em banalidade da percepção. Distração. É preciso ter atenção a isto, pois a anestesia estética provocada pela inflação imagética – o que Debray chamou inflação icônica[9] -, e até mesmo pelo excesso de concentração, pode ser traumática no sentido de tornar a percepção incapaz de atenção? O que é a distração senão a incapacidade de ter atenção enquanto, ao mesmo tempo, é uma estranha forma de atenção. Imaginem o que seria ver pinturas o dia todo? Ou ler o dia inteiro? Quem poderia preservar a própria percepção? O fato é que telespectadores de televisão passam muitas horas diante do aparelho, aprendem a viver com ele, são até mesmo programados por ele. E, provavelmente, não distinguem níveis de discurso ou de retórica, tanto de palavras e textos quanto das imagens. São vítimas do que Adorno entendeu como uma verdadeira confusão[10] que a televisão oferece pela rapidez com que muda diante de nossos olhos o espaço visível e, inclusive, o tempo. É certo que só podemos chamar de confusão a um modo de perceber ou, melhor ainda, a uma relação entre o modo como percebo – meu hábito perceptivo – e a objetividade das coisas que é facilmente intangível. Vemos que a televisão também administra o tempo pela manipulação – palavra que mantenho aqui na falta de alguma mais expressiva – da percepção da imagem dentro do tempo. Por fim, manipulação – videomanipulação – do corpo do espectador transformado em receptor à distância em tempo integral. Hoje não é possível negligenciar a discussão sobre a psicologia da percepção, sobre a persistência mental ou retiniana das imagens, sobre os efeitos subliminares, sobre a corporeidade passiva que surge na experiência televisiva. Quanto mais tempo se permanece diante da televisão, sobretudo as crianças, mais se tem a configuração da própria experiência existencial como televisual. A televisão precisa ser vista de um ponto de vista da experiência com tempo e espaço a que chamaremos "Espetáculo", para usar a expressão tão justa quanto irritante para alguns, e dos efeitos que o encontro com ela determina.

*

Assim, me parece necessário prestar atenção à televisão mesmo quando não a assistimos. Desconfiada quanto à tarefa de uma filosofia viva e alerta à sua própria tarefa crítica, decidi levar a sério a televisão e dar espaço à investigação teórica que poderia me fornecer a capacidade de duvidar que falta a qualquer um que pensa possuir a verdade do alto da estante de seus livros lidos ou simplesmente acumulados. Desconfiei que fossem possíveis respostas menos parciais e fatalistas diante do fato de que a televisão não será desligada e de que – talvez – esta realmente não seja a alternativa social e politicamente mais justa. Afinal, quem pode decidir sem incorrer em autoritarismo quanto às escolhas sociais? Mas quem pode afirmar que são escolhas e de que tipo? Quem poderá negar a democracia como escolha e espaço de expressão coletiva ainda que seja preciso criticá-la desde dentro? Por outro lado, quem, trabalhando no reino da comunicação e da crítica, tem o direito de se esquivar a refletir sobre sua ação? Quem, do mesmo modo, que se ocupe hoje em investigar e atuar pela democracia, nos laboratórios de democracia que são os meios de comunicação, poderá deixar de lado a relação do projeto democrático com sua própria decadência imanente?

Em outras palavras, a crítica à forma de governo "menos pior" não deve esquecer o flerte que a democracia faz com o autoritarismo sustentado no "tudo é permitido" e no "tudo é bom". Esta característica da democracia em seu fundamento mais básico é o que hoje sustenta a confusão com o autoritarismo.

Deste modo, mesmo não podendo me livrar do meu pessimismo teórico, continuo apostando no otimismo prático. Este livro é, neste sentido, como que a minha "educação sentimental" neste setor, a avaliação de uma experiência especificamente teórico-prática com a televisão para refletir sobre o que poderia acontecer e surgir como experiência narrável desde o posicionamento filosófico, aquele que busca pensar *in vivo* mesmo que diante de um cadáver em uma aula de anatomia. Um objeto que agora é da ciência, mas que um dia foi humano, cujo nome se perdeu e com ele a própria história, do qual só nos resta a brutalidade misteriosa e indigente, mas que poderá nos ensinar alguma coisa. Mas não olho para o meu objeto como um cadáver "diante" do qual simplesmente estou; neste meu caso, também é preciso pensar desde um "dentro" da televisão em relação ao que dela se pode elaborar como pensamento vivo. Somente tomando-a como objeto é que alguém dedicado a trabalhar com a televisão e, ao mesmo tempo, não abandonar o trabalho teórico, tem a chance de não ser o que Bordieu chamou de "*fast thinker*"[11], um pensador-ligeiro, um bom funcionário para o sistema, que participa do *quiz* com desenvoltura oportuna para o bom desenvolvimento do espetáculo. Assim como o fotógrafo que acredita em sua autonomia diante do aparelho é um ingênuo, e só é fotógrafo enquanto paradoxalmente preserva a própria autonomia.

*

Há ainda um palito de fósforo na minha caixinha e, por sorte, tateando no escuro encontrei uma vela na gaveta onde também senti com a ponta dos dedos objetos metálicos, papéis, uma caixinha de veludo que não pude abrir, alguns óculos velhos que guardo por amor ao passado, bisnagas de tinta e lápis que não pude saber coloridos ou não.

Acendo a vela e peço no tempo de sua queima que voltemos nossos olhos à consideração sobre a condição intelectual diante – ou dentro – da televisão. De um modo geral as análises dos intelectuais padecem de uma contradição: partem do senso comum de que estamos diante de um objeto de moral duvidosa. A contradição não é a moral a ser sempre questionada. Mas o acordo prévio com o senso comum, sendo que o senso comum, neste caso, não provém do povo, das massas, mas apenas do grupo acadêmico que, informando as massas, por princípio é também contra elas. Ou deixaram as "massas" de lado? Embora não baste para a intenção deste livro, é um fato que a televisão leva qualquer um que se dedique a pensar a também desconfiar de que ela não é só um objeto que vemos, mas um abismo de subjetividade oculta que ordena o mundo. Qual seria, portanto, a subjetividade das massas? Uma subjetividade amorfa já não seria exatamente "subjetividade". Fácil imaginar que a televisão é fruto de subjetividades dependentes e mesquinhas que orientam produtores imbecilizados sem nenhuma moralidade ou, ao contrário, com uma moralidade manipulada. Quem pensa de modo mais cuidadoso depara-se com o que na televisão pode substituir o pensamento, mas esta substituição do pensamento não pode ser imputada às meras personalidades sem ética de apresentadores, jornalistas ou pessoas em geral que trabalham como funcionárias da televisão. Como já foi dito, a televisão é um retrato da sociedade. Que a televisão não nos ajuda a pensar é uma regra que possui necessárias exceções. Mas quando uma imagem nos fez pensar? Raras vezes. A imagem sempre foi a dispensa do pensamento desde o mito e a religião até a representação política e artística; a imagem é uma espécie de pura ideia que carece de conceito e, portanto, de entendimento. O fato de que a televisão não nos ofereça, enquanto forma e enquanto "programa" cultural, elementos que exponham seu próprio funcionamento define que não temos chance de entendê-la. A televisão é, afinal, uma caixa preta. Embora ela tenha se constituído em um dos aspectos mais fundamentais de nossa experiência cultural e ainda que julguemos que ela, enquanto abismo de subjetividade oculta, entenda a cultura sobre a qual atua, é fato que sabemos tanto da televisão quanto sabemos do espectador que a assiste, tão pouco quanto quase nada. É preciso abri-la, mas isso só será possível com a chave do pensamento sem preconceitos.

A reflexão sobre a televisão no Brasil ainda é jovem, assim como o livre pensar, do mesmo modo a liberdade de criar contra a queixa de um mundo que não nos agrada e que muitas vezes não passa de discurso que faz gozar quem dele se serve.

Há sentido em perguntar sobre o que saberá o sistema da televisão acerca de si mesmo? Se a televisão é um objeto que constrói a história cultural inconsciente de todos nós, cuja compreensão flutua, quando muito, no reino das hipóteses, não será ela mesma o fruto de uma sociedade inconsciente de si? Se olharmos para nossa televisão com mais rigor, não aprenderemos a saber quem somos? Isso não é a verdade total, mas não deixa de ser também uma parte da verdade. Em busca da verdade, mesmo que seja só uma busca, perguntar é o caminho e não deve jamais ofender. Por isso não devemos temer perguntas de teor hipercrítico. Levanto algumas. 1 – Haverá em nossa sociedade donos dos meios de produção, portanto, donos do poder, que se servem da ignorância geral como caminho oportunista para a administração da comunicação, da informação e da própria cultura? 2 – O papel da análise e da crítica não será o de fazer-nos sair desta posição duplamente precária, a de pensar a televisão como um meio menor e ao mesmo tempo como um mero instrumento de poder como se outros veículos de comunicação antes não o fossem? 3 – A televisão continua certamente precisando de crítica do mesmo modo que certa crítica precária que não fundamenta mais do que o próprio ódio ao seu objeto: a liberdade de todos aqueles que fazem televisão entrará na conta da crítica precária?

*

Neste momento, podemos voltar à velha questão do que haveria para se dizer de novo. Esta pesquisa fez ver que mesmo a crítica precária já foi criticada pela crítica séria e a crítica séria já passou a um diálogo mais corajoso com a televisão. No entanto, não suficiente até agora para dar conta do objeto. Neste sentido, o livro de Arlindo Machado anteriormente citado é exemplar da crítica pertinente quanto à crítica. Ao mesmo tempo, a proposta nele contida de uma análise a partir da produção televisual, ainda que seja das mais oportunas já produzidas no Brasil, pois faz a crítica da televisão como um "serviço, sistema de difusão, fluxo de programação, (...) produção de mercado"[12], atinge a proposição de uma história analítica e crítica do audiovisual a partir de suas "obras". Trabalho relevante por indicar um caminho novo para a compreensão que a médio e longo prazo seria capaz, por sua proposição didática – afinal, o autor é um professor de televisão e cinema –, de produzir agentes televisivos corajosos e ousados. A proposta de Machado está para além da construção de uma teoria da televisão menosprezada a partir de olhares que veem nela somente circo e barbárie.

No estágio histórico em que estamos, a mera negação da televisão, portanto, já não nos diz nada, assim como a sua mera afirmação. A TV de hoje não é a mesma de ontem. O mesmo se deve dizer da crítica. É preciso entendê-las diante dos problemas que envolvem o campo obscuro das relações humanas com as suas próprias criações da qual a televisão é exemplo. Mas neste ponto, estaca zero, a pergunta retorna: o que dizer de novo sobre a televisão?

*

É, afinal, uma visão que, neste caso, se constrói na direção do que chamo Olho de Vidro. Filosofia é invenção de conceitos que fazem pensar. Assim, Olho de Vidro é conceito e, ao mesmo tempo, metáfora. Pensamento que é imagem – um modo de refazer o sentido da crítica como invenção do conceito capaz de abrir um objeto e construir-se a partir dele, ouvindo o seu rumor ou o seu ruído – e que nos fornece, assim, a chance de uma filosofia – um pensamento autoconsciente – que reúna o que na televisão se apresenta sempre como separado. A televisão se justifica como este olho que me olha sem que me veja, este olho paradoxal que, na verdade, não olha, nem vê e que, no entanto, me olha e me vê enquanto dele não posso tirar os olhos. Vejo porque sou visto, como quem deseja porque é desejado. Eis o enigma a ser desvendado quando tenho diante de mim um Olho de Vidro. Por que meus olhos se tornam tão facilmente cativos deste objeto morto e vivo é o que a investigação a seguir tenta entender.

Olho de Vidro nasce, pois, de uma curiosidade quanto aos problemas internos àquilo que chamarei em certos momentos do texto de Forma TV e às teorias sobre este objeto. Teorias que informam produtores e espectadores, apresentadores e investidores, cada um crendo fazer da televisão algo que a televisão acaba por fazer deles, como uma câmera de fotografar faz com o fotógrafo, como quem, ao usar a filmadora, pensa ser livre em relação a ela. Falamos da relação entre o ser humano e o aparelho em seu sentido mais amplo considerando a televisão como aparelho em construção e em vias de desconstrução epistemológica e social, ainda que avançando a passos rápidos no campo das subjetividades derivadas da relação ser humano-máquina. Considerando que a televisão não está pronta, mas é o que "fizermos dela", espectadores e produtores. Neste contexto, é bom lembrar que tudo o que se diga de qualquer objeto precisa ter em vista o caráter hermenêutico da análise que inclui a parcialidade daquilo que é dito. Mostrar o nascimento desta interpretação e tentar escapar de qualquer amarra, seja teórica, seja ideológica, bem como de qualquer evitação de comprometimento prático, me parece um primeiro dever intelectual que não pode ser negligenciado em tempos de miséria da crítica. É assim que pretendo pagar o preço teórico e prático do meu próprio movimento.

*

Neste *Olho de Vidro* não pretendo, portanto, estabelecer uma teoria crítica da televisão, coisa que já foi muito bem-feita por autores como Dominique Wolton[13]. Pretendo antes usar a ideia de que há uma imagem crítica – que busco com atenção conceitual – capaz de "abrir" a imagem televisiva e a imagem televisiva para compreender os caminhos pelos quais passa o olhar humano diante das telas, ao ser forjado nesta experiência. Pretendo, com isso, entender o que é hoje a televisão enquanto "Máquina" que é "ser" que é, ao mesmo tempo, "aparecer". Minha base, portanto, não é a história da televisão, cujo mapa temporal e espacial, dado por Arlindo Machado, eu não apenas aplaudo, como pressuponho. Interessa-me a investigação sobre a ontologia da imagem, sobre seu estatuto que agrega tanto a arte televisual, entendida como expressão da cultura e até de subjetividades artísticas notórias, quanto a indústria da cultura televisiva. Interessa-me bem mais permitir o trânsito entre duas posturas de investigação e análise bastante diversas quanto crítica e hermenêutica, o fluxo entre desmoronamento do objeto e do sujeito do conhecimento – que é o que podemos entender por crítica – e a compreensão que é simplesmente o resultado da experiência subjetiva que, mesmo muitas vezes sendo a mais tosca, vale por si enquanto se recoloca como objeto a ser analisado.

*

Antes de tudo, no entanto, este livro tributa a chance de sua aparição – a primeira intuição que o lançou em minha perspectiva – à *Filosofia da Caixa Preta, ensaios para uma futura filosofia da fotografia,* de Vilém Flusser. Gosto muito de mencionar Flusser, um autor que não gostava de mencionar ninguém. Este livro seria flusseriano se valesse a pena apostar em filiações. Mas as filiações exigem fidelidade a um pensador e isto vai contra a liberdade do pensamento. Por isso, em vez de imitar os autores de que gosto, prefiro citá-los aos montes. E preciso, por isso, citar a importância da *Filosofia da Caixa Preta* para este *Olho de Vidro*. E devo contar aqui uma pequena anedota. No período da pesquisa em que mais me interessei pelo pensamento de Flusser é que o nome "Olho de Vidro" me surgiu na intuição. Uma noite, há dois ou três anos, fui ao Instituto Goethe de São Paulo assistir uma palestra de Norval Baitello, um dos principais pesquisadores brasileiros da vida e obra de Flusser. Durante a palestra ele contou que Flusser tinha um olho de vidro. Meu pasmo foi tão grande que até hoje não sei se ele realmente disse isso ou se eu sonhei. Daí, não tive mais dúvida do meu título, embora tenha me distanciado muito de escrever um livro basicamente flusseriano como imaginei ao início.

Antes, eu gostaria de ter reescrito a filosofia da caixa preta como que a usando na qualidade de leitor óptico da televisão, mas aceitei o desvio que a própria pesquisa me impôs e que hoje dou à leitura. Um desvio que tange o conceitual: a forma desta Caixa Preta era luminosa e me olhava. Por isso: Olho de Vidro. Explico o meu fascínio e a minha dívida. A *Filosofia da Caixa Preta* resiste entre nós como a principal obra a discutir o problema das imagens na sociedade atual. A crítica à mística das imagens que está presente no texto de Flusser já teria aniquilado o pensamento reflexivo não fosse o poder de resistência da consciência que mesmo custando esforços diários, e nem sempre indo muito longe, não pode cancelar-se no contentamento com uma vida que não pode mais ser criticada apenas porque resiste à crítica. Esta é a vida das imagens. Trata-se, é claro, de um jogo de forças em que a força da crítica é desproporcional aos poderes que regem a vida, e no entanto se trata de resistir. O desafio, como já aparece em Flusser, seria reunir imagem e conceito. Justamente o que tento fazer ao chamar este estudo de *Olho de Vidro*.

Lendo *Filosofia da Caixa Preta* percebi anos atrás o óbvio: que a televisão era ela mesma uma caixa preta oculta em sua própria luminosidade e cuja escuridão merecia atenção. Qual escuridão? Havia alguma razão em aplicar a clássica metáfora do obscurantismo e do desconhecimento a um aparelho tão colorido? A invenção da televisão colorida no final dos anos 60 foi um momento dos mais essenciais na história do olhar, como deixou afirmado Régis Debray. Afinal, não seria o próprio olhar – enquanto conceito complexo – uma caixa preta? A própria filosofia quando tomada em bloco, como corpo fechado, não seria igualmente tão caixa e tão necessariamente preta? Podemos chamar a câmera fotográfica e a câmera de filmar de caixas pretas, mas talvez seja melhor dizer que "não são tão pretas", têm um "pretume" relativo a luzes possíveis, que permitem ver dentro e por dentro e saber o modo como funcionam os atos de fotografar e filmar. Dizer que a televisão era caixa preta era dizer que ela não era visível por dentro. Luz e escuridão são aqui tanto questões físicas quanto metáforas que nos permitem entender o processo do saber. Este saber possível é também a potência de acender a luz para saber como se forjam as imagens técnicas no contexto do mecanismo que produz a imagem ou que, na especificidade da televisão, a transmite. A escuridão destas caixas não só admite como permite a entrada da luz e, fazendo-se suporte desta luz, faz surgir a imagem. Trata-se, portanto, de promover a redentora invasão da luz. A luz da crítica contra a luz da televisão, a luta do negativo da crítica contra a positividade autocontente invadiria a caixa e modificaria o escuro. A condição de possibilidade física da imagem que é quase mágica seria finalmente invadida pela razão que tornaria visível o invisível. Assim como conta a história que o famoso filósofo cínico chamado Diógenes um dia saiu pelas ruas de sua cidade com uma lanterna à procura de um homem – hoje se diria ser humano –, deixando ver que todos os que se pensavam humanos não passavam de animais, devemos ver que esta história significa mais: Diógenes faz da cidade como que uma grande caixa preta que é preciso iluminar. É preciso tratar a televisão do mesmo modo, a ela que substitui o mundo como espaço e tempo, com o pouco ou o muito de luz, palito de fósforo ou holofote, de que dispomos no estágio atual dos processos televisuais.

Do mesmo modo, se a luz do conhecimento penetra a escuridão do não saber, uma nova imagem se forma. É esta imagem nova do mundo que o encontro entre filosofia e televisão deverá promover. O preto de uma caixa como a de fotografar é cortado pela luz, no encontro entre escuridão e luz surge a imagem. Na televisão não há entrada de luz. Ela é a própria lâmpada a produzir luz. A luz da imagem transmitida que é feita para ser transmitida. Luz plena de escuridão enquanto não se deixa conhecer. Lâmpada que não captura imagens, que as expõe, sendo que somente pode fazê-lo após a captura produzida por câmeras de filmar e fotografar. Estes mecanismos se rendem – ou amoldam-se – ao que chamaremos neste livro de Forma TV que nada mais é do que essa luz antinatural, essa luz da técnica.

A questão da luz e da sombra que um dia animou um filósofo como Platão, do mesmo modo que os filósofos do século XVIII, permanece em nossos dias na forma da televisão. Não devemos jogar fora a platônica crítica das imagens com tanta pressa, apenas porque nosso mundo é feito delas. Assim como o cinema se transforma em imagem crítica conforme veremos nos filmes que serão base da análise dos capítulos que seguem estruturando este livro, do mesmo modo, o devir da televisão poderá ser o da linguagem ciente de si mesma e capaz de libertar o sujeito de sua sombra. Eis a utopia que me move para além da teoria, ao confronto com a prática da televisão.

*

Assim, se a minha experiência de leitura com a *Filosofia da Caixa Preta* de Flusser tornou-se essencial na elaboração deste livro – a experiência de leitura como acontecimento pessoal –, do mesmo modo, outro evento implicado na realidade da minha própria vida tornou-se meu objeto de investigação. Mesmo envolvida com os estudos visuais e interessada no problema da imagem técnica, eu jamais teria dedicado tanto do meu ânimo à televisão se o destino não a tivesse lançado no meu caminho. Devo dizer que a experiência filosófica é sempre a do acontecimento da própria vida e que a autobiografia não é para o filósofo a narrativa dos fatos, mas do pensado do qual ele é o pensante, do que ele elabora na vida contemplativa, na vida teórica que caracteriza seu fazer como modo de existir. Neste sentido, a participação em um programa de televisão como o *Saia Justa,* com o qual contribuí desde 2005 a 2010, tornou-se elemento fundamental das minhas preocupações tanto teóricas quanto práticas no lugar de pessoa dedicada à filosofia e envolvida com um trabalho que, como qualquer outro, exige de qualquer pessoa aquilo que para um filósofo é sua obrigação, a autoelaboração.

Assim é que me pus a questão de como eu mesma poderia compreender minha própria experiência com a televisão sem dedicar-me à necessária investigação do processo político – e ético -, estético e ontológico que se verifica nesta experiência? Passei, logo que comecei meu processo com a televisão, a tratá-lo para mim mesma como um laboratório de pensamento. Ainda que o programa *Saia Justa* seja outra coisa que isso, este foi o modo como pude vê-lo, em sua riqueza e em suas vicissitudes. Assim, sob a pergunta "é possível ser filósofo sem viver a vida com base na pergunta pelo próprio significado da experiência vivida?" é que me situei no contexto do programa do qual partilhei a experiência. O programa *Saia Justa* tornou-se a porta de entrada desta reflexão, para mim seriíssima, a ponto de se tornar uma espécie de peça faltante no quebra-cabeça do que experimentei até aqui em minha vida de filósofa. Em certo sentido, entendo-o como uma espécie de herança do destino, ou sua ironia, a mesma filosófica ironia que serve para nos fazer pensar e que mencionei no começo deste longo prefácio (por sorte em vias de ser finalizado) sobre a qual não posso deixar de me pronunciar. Neste ponto, gostaria de explorar o fato de que para muitas pessoas a denominação "filósofa" soa muito mal, algo como que herético, e que, por isso mesmo, é que gosto de usá-la. Uma "filósofa" na "televisão" causa estranheza em dobro para as mesmas pessoas na contramão do posicionamento do intelectual que eu humildemente, e com o máximo de respeito, repudio. Ciente, no entanto, de que a filosofia é uma experiência tão pessoal quanto coletiva – assim como é a televisão -, mas que ultrapassa sempre a heterodeterminação, sigo com o meu propósito e encontro, por outro lado, a própria televisão como objeto filosófico e, neste caso, como o *experimentum crucis*, do qual este livro vem a ser parte do processo e, quem sabe, algum resultado.

Sobre este ponto é preciso dizer mais algumas palavras. A rejeição à heresia da palavra "filósofa" partilha curiosamente, no meio intelectual, a recusa à televisão. Proveniente de certos setores do meio acadêmico que surge na interpretação – e na ideologia – de certos intelectuais voltados à filosofia e ciências humanas, se baseia também na divisão dos poderes que têm entrado em choque no confronto entre o que se chama vulgarmente "academia" em oposição ao que muitos chamam também vulgarmente de "mídia". "Telinha", "mídia", o jargão do preconceito não tem fim. Sei o quanto se me impõe a pergunta sobre como eu mesma, uma professora universitária dedicada à filosofia e às artes, elaboraria o meu próprio posicionamento diante de uma geração que entendeu a separação entre direita e esquerda como correspondente à separação "academia" e "mídia". A pergunta não provém de uma crença no meu lugar de professora, que a meu ver combinaria muito bem com a televisão no quanto a experiência com o ensino carrega de "*performance*" e de "exposição", mas se me impunha de fora, como uma exigência diante da própria perplexidade de vários dos meus próprios pares. Perguntas, no universo da pesquisa acadêmica e dos argumentos, não devem ficar sem respostas. Por isso, este livro que me implica pessoalmente contra os preconceitos sempre existentes, apesar de certo arrepio que me causa a mim mesma – ainda que cheio de prazer – por tocar em tema tão controverso como a relação entre filosofia e televisão, precisa, mais do que tanger o problema, oferecer o próprio sangue no fio da espada, a navalha com a qual não apenas se separa o essencial do excesso, mas com o qual se afia o problema para que, ele mesmo analisado, se torne cortante.

Não falo em abstrato. Alguns anos atrás, questionada por um colega do mundo acadêmico sobre a minha coragem em participar de um programa de televisão, do que ele denominou o "mundo nazista da mídia", respondi-lhe, por ironia, que me sentia totalmente confortável, por antes já ter participado do mundo "nazista" da academia. Pura retórica diante de pura retórica, com a diferença de que a primeira se autodenominava como verdade. Hoje me parece mais urgente entender as instituições como mecanismos de poder cujos efeitos só podem ser amenizados desde que, como indivíduos, trabalhemos por sua partilha. Com isto quero apenas deixar claro que a questão que norteia este livro foi construída aos poucos no seio da própria experiência com certo sofrimento empiricamente verificável. Não apenas eu me vi, ao participar da produção e da apresentação de um programa de TV dentro deste local que eu entendera como "caixa preta", como descobri a relatividade do preto da caixa, pelo menos para quem como eu, dentro dela, sempre teve a liberdade de se expressar, ainda que nos limites formais que o mundo acadêmico conhece tão bem. É claro que toda expressão pode ser questionada, tanto mais o será na televisão cuja forma é sempre contestável, o que nos mostra a vasta literatura crítica bem acompanhada de acertos, mas também de muitos erros provenientes da interpretação preconceituosa sobre a qual falei até aqui. Toda expressão ocorre sempre em relação a uma forma que a limita, seja na poesia, seja na prosa, seja no espaço de uma tela em branco onde aparecerá o quadro, seja no palco, diante das câmeras, ou no desejo de ir além delas. Tal limite é, por isso mesmo, em grande medida, produzido pela própria expressão que busca a forma não como uma imposição externa, mas como a condição interna de sua possibilidade. A restrição objetiva da forma, no entanto, não pode ser ocultada. Trata-se da forma da televisão, como poderia tratar-se da forma do cinema ou da pintura: aquilo que impõe pensar o ser da própria coisa, aquilo que a coisa é não sendo outra. A reflexão sobre a relação com o que chamarei ao longo deste *Olho de Vidro* de "Forma

TV" é o que nos falta quando se trata de propor, como é o caso deste livro, um futuro em que telespectadores sejam emancipados.

Ao mesmo tempo que a crítica é, sem dúvida, o tom que anima este livro, por mais que eu tenha tentado livrá-la da adesão a posicionamentos previamente estabelecidos como direita e esquerda, dos quais me sinto livre por opção e por geração (meus pensadores mais próximos, Adorno e Flusser, foram tão criticados pela esquerda quanto pela direita e sobreviveram a este problema velho; estavam, portanto, à frente de seu tempo), ela não perde de vista algo que me parece politicamente mais urgente hoje: a esperança na conciliação entre o mundo das imagens e o mundo das palavras. Neste sentido, não tenho medo em afirmar o quão flusseriano – e, mais ao fundo, adorniano – este livro foi de início e permanece até o fim, não por corresponder à letra dos pensadores, o que não combinaria em nenhum momento com o pensamento selvagem que pretendo praticar, mas por tomar como valiosas certas intuições que marcam a crítica às imagens pela esperança na capacidade da própria crítica em acordar os seres humanos que convivem com imagens. Inclusive acordar para a possibilidade da imagem crítica.

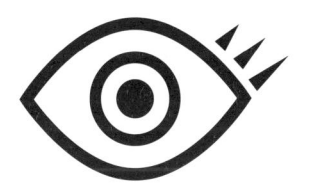

OLHO

**O homem que contempla é absorvido
por aquilo que ele contempla...**

Alexandre Kojève, *Introdução à leitura de Hegel*

Olho eviscerado

Eu queria uma História dos Olhares.
Roland Barthes, *A Câmara Clara*

O valor de culto não se entrega sem oferecer resistência.
Sua última trincheira é o rosto humano.
Walter Benjamin, *A Obra de Arte na Era de Sua Reprodutibilidade Técnica*

A televisão é a prótese visual universal.

Olho de vidro é o objeto que substitui o olho orgânico. A metáfora do olho de vidro vem dar notícia de uma perda e de uma substituição. De um oco e da oportunidade de fechá-lo. Vem, assim, dar notícia de um sujeito cego e que, no entanto, ilude que não o é. Aquele em cuja concavidade ocular uma prótese ilude a existência de um olho e o portador de uma experiência negativa que engana o outro de sua negatividade. Ora, para que serve um olho de vidro, senão para iludir esteticamente a outro que o caolho deseja manter na ignorância? Como um tampão que é, o olho de vidro também ajuda a manter uma aparência e, assim, livrar aquele que vê do horror do olho, ou do furo que está por trás dele. Olho é aquilo que ocupa o lugar de um oco.

Como olho que é, a televisão é aquilo que ocupa o lugar de um oco. Retirando o televisivo olho de vidro de nossa experiência nos tornaríamos caolhos existenciais?

Como olho eviscerado, a televisão faz parte da história evolutiva da visão. Antes de ser parte dos *media*, de ser meio de comunicação de massa, a televisão é, do ponto de vista de uma abordagem ontológica, um mecanismo de visão que nasceu no tempo da imagem técnica, tornando-se seu órganon fundamental. Neta da fotografia, filha do cinema e do rádio, a televisão é, no sistema de administração do sensível, o mecanismo poderoso e até mesmo a lógica que comanda o mundo da experiência visual, definindo-a como televisual. Assim como as artes da visão, da pintura ao cinema, foram um posicionamento autoconsciente dos recursos visuais e sua expressão, enquanto não deixaram de ser intervenções no ato de ver, a televisão precisa ser interpretada do ponto de vista da história da visão. As ciências da comunicação dedicam-se a entender a televisão, mas é preciso cada vez mais inseri-la no campo dos Estudos Visuais, compreendendo-a no contexto da experiência estética, tendo em vista que esta conexão com a estética determina o que nela é política.

Cerne da Indústria Cultural[14] nos tempos de valorização do visual como capital ao qual Guy Debord chamou Espetáculo, a televisão deve ser percebida, em primeiro lugar, como um mecanismo produtor de olhar. Ela é meio de produção e recepção. Um aparelho espaçotemporal onde perspectivas são construídas e, eventualmente, demolidas. Neste sentido, além de ser aparelho, como o entendeu Flusser[15], ou seja, máquina que nos determina, além de corresponder ao dispositivo, na linguagem de Foucault e Agamben[16] como mecanismo que organiza o poder, ela faz parte do que Emanuele Coccia denominou "paradigma da medialidade"[17]. É que o poder da televisão é o que advém da sua condição de aparelho e, como tal, faz dela o regulador da experiência daqueles que a ele se relacionam. Mas este poder só se sustenta enquanto advém de um ato corporal-gnosiológico (ato pelo qual não se pode separar o que se teoriza do que se faz), o de criar aparelhos que, imitando o corpo humano, substituem este corpo recriando uma referência para além dele que o comanda. Eis o que é uma prótese. A prótese sempre é uma imitação, uma cópia do corpo no sentido mimético, mas uma mimese como coisa morta. Aquilo que tem o poder de aconchegar o próprio corpo pela indiferença com o meio introduzindo nele a impressão de vida. A impressão é o sentido da prótese. Em uma sociedade que vive da administração do sensível, podemos dizer que poder é aquilo que impressiona.

A televisão é aparelho e é *"locus"*. É, portanto, mais que *"media"*, ainda que seja como *"media"*, ou meio, que ela define um determinado tipo de relação dos seres humanos com as imagens. Mas, se a televisão é meio, sua potência como meio é a de criar um campo. A este lugar ocupado por uma figura denominada telespectador como aquele que faz experiência da tela, podemos chamar "campo", tal como o definiu Giorgio Agamben[18]. Aqui adaptaremos o conceito de campo tanto como "paradigma biopolítico do moderno" quanto como "matriz oculta", ou seja, "nomos do espaço político em que vivemos"[19] – desde que a esfera pública se tornou acessível por "impressão" no contexto da vida privada – para o espaço doméstico no qual se circunscreve a relação televisiva. A televisão é o ponto de torção entre público e privado, o aparelho que estabelece a ordem oculta nele mesmo de uma relação entre as esferas por ilusão.

Seja a sala de estar, seja o quarto ou a cozinha, seja o saguão de um hotel, a sala de espera de um consultório ou do aeroporto, "campo" é o lugar onde um determinado tipo de experiência política torna-se possível por estar "circunscrita" dentro de limites possibilitadores. Tal é a experiência da vida nua da qual falou Walter Benjamin e que Giorgio Agamben tratou como vida exposta a uma violência sem precedentes da forma mais profana e banal[20]. Mas de que campo se trata quando se fala deste "campo da visão"? Do campo da visão que é libido, desejo, ideologia? Antes de mais nada trata-se de um campo sensível onde a própria sensibilidade é aprisionada entre correntes tão seguras como elos estéticos que sustentam uma política do desconhecimento. Assim, podemos começar afirmando que telespectador é o interno de um campo, como terra de ninguém, construído pela televisão, e que este campo está entre o olhar e a tela, no "tele", a distância cujos limites são "ver" e "tela".

Olho de Vidro é a metáfora para o aparelho, ou o dispositivo, que, ao controlar o olho humano, põe-se no seu lugar. Retomaremos esta questão no terceiro capítulo deste livro, embora seja necessário tê-la enunciada brevemente aqui para sinalizar aonde se quer chegar.

Que a televisão tenha a vigência de prótese define como se constitui este campo. O campo específico do olhar do qual não se pode dizer o que significa de fato que ele olhe, embora algo seja visto. É a condição de uma visão atuante enquanto cancelada que importa entender. O que aqui se deve entender por prótese diz respeito ao que de modo específico substitui o corpo, "faz corpo", dando a impressão de que este corpo não foi destituído do que nele vê. Ao corpo não falta um olho. No entanto, a potência do olho, o olho mesmo, está na posição de um *inside-out*. Esta substituição sustenta um engano por meio do qual uma relação com a imagem é estabelecida via negativa. A imagem está ali, como o olho está ali, no entanto, não se pode dizer que o olho vê, mas antes que, decodificando superficialmente o que se põe diante dele, ele mesmo assume uma imagem em sua superfície refletora. A imagem apenas reflete no olho de vidro. Se a imagem implica o corpo como vida animal ou "a vida sensível em todas as suas formas" tal como a definiu Coccia[21], não se pode falar de uma visão, mas apenas de uma imagem. A metáfora do olho de vidro vem dar conta de uma imagem com a qual o telespectador se relaciona, sem que esta imagem seja vista. Neste sentido, a prótese é uma determinada forma de aparelho que exerce a função de substituição, de repetição e de espelhamento. Sustenta a vida da imagem sem sustentar a vida da visão. Uma função de imagem enquanto esta imagem vem se colocar no lugar de um corpo que poderia ver.

Aparelho, por sua vez, é o que Vilém Flusser denominou como o "objeto cultural capaz de produzir bens culturais"[22]; diferentemente dos instrumentos e das máquinas, o aparelho é o objeto que tem a intenção de "modificar o mundo". Seu posicionamento ontológico é o de "dominar, programar, controlar"(sic)[23]. Flusser compreendeu o aparelho muito mais como brinquedo do que como instrumento, sendo aquele que o manipula muito mais um jogador do que um trabalhador. Flusser entendeu que quem brinca tenta esgotar o programa contido no aparelho. Brinca, portanto, "contra" o aparelho, num jogo do qual sairá perdedor na medida em que o aparelho é sempre mais rico de possibilidades do que a capacidade de manipular daquele que Flusser chamará "funcionário". Relacionando-se ao aparelho flusseriano, o que aqui chamaremos de prótese é este aparelho feito órgão, não simplesmente algo a que o ser humano se relaciona como funcionário, não apenas algo que o manipula ou pelo qual ele é manipulado, mas algo ao qual se relaciona de modo sensível como uma relação de corpos, como uma relação em que o corpo encontra seu próprio órgão exposto. Prótese é meu órgão alienado de meu corpo e, portanto, presença inquietante do que é o meu mais familiar tornado estranho. A televisão, portanto, pode ser interpretada pela categoria freudiana do *Unheimlich*[24], o estranho que é familiar, a estranheza inquietante, o sinistro. Olho de vidro não é outra coisa do que metáfora capaz de situar a experiência de aprisionamento do olhar neste familiar-estranho.

No filme *O Cheiro do Ralo*, de Heitor Dhalia, baseado no livro homônimo de Lourenço Mutarelli, o personagem principal é negociante de antiguidades e quinquilharias em geral. Seus clientes são pessoas em dificuldades financeiras; de certo modo, espertalhões como ele mesmo. De um deles, compra um olho de vidro e, no contexto de certo enlouquecimento ao longo do filme, passa a afirmar que aquele olho é de seu pai. Logo compra também uma perna mecânica e, de posse das duas próteses, passa a crer que está reconstruindo o próprio pai. Logo, no entanto, descobre o poder do olho. Usado por ele como uma prótese manipulável, o olho promete cumprir o que sua mera visão não consegue realizar. O gesto não poderia ser mais claro: ele aponta o olho para o que quer ver enquanto ao mesmo tempo parece esconjurar, seja o rosto de um cliente indesejável, ou, em linha transversal, o contrário, a desejável bunda da moça de nome impronunciável que trabalha na lanchonete onde ele costuma lanchar. O filme opera na contraposição entre bunda-rosto. O desejo do protagonista é risível, mas devemos levá-lo a sério. Trata-se de uma tara por ver a bunda da moça que, no enredo, se estabelece como cerne da experiência de seu enlouquecimento. O rosto da moça se torna marcado pelo silêncio do plano quando ela pronuncia algo como "Edilvânia" e que só podemos saber caso sejamos exímios leitores de lábios. Este silêncio vem dizer que ela não importa além de sua bunda, mas também que seu próprio rosto tem o caráter de bunda. Como se sua boca fosse o ânus.

Está em jogo o desejo de ver a bunda, mas muito mais o desejo de ver algo nela. Trata-se do desejo do olho de ver o olho. Pois que a palavra que usamos para bunda esconde, na verdade, outra coisa que ver, a saber, o orifício anal, que popularmente chamamos também pelo termo "olho". Por isso, o nome da portadora da bunda é impronunciável, tanto quanto é excluído como palavrão no processo da fala. Só será sabido por quem, surdo de tanto desejar ver, surdo pela fixação no ver, for capaz de ultrapassar o silêncio do inconfessável, souber ler os lábios da mulher reduzida à própria bunda. Edilvânia – ou o que quer que seja – torna-se análogo de "cu".

O olho aparece no filme como um objeto de fetiche e fetichizante. Por meio dele o protagonista se separa do mundo, enquanto ao mesmo tempo o domina. Como tara, o desejo voyeurista do protagonista é uma espécie de escatologia pela qual o olho deseja ver-se a si mesmo. Escatologia de certo modo apavorante, não é outro o estatuto desta visão. Christoph Türcke afirmou que o pavor "é o reivindicador de atenção por excelência. Presença absoluta que faz com que tudo empalideça"[25]. É o modo como a bunda aparece no filme reinando imperativa sobre a ordem do desejo. Desejo que não se separa de um horror declarado a todo momento pelo personagem principal: o que emana do "cheiro do ralo" do banheiro contíguo à sala de negociações. Ora, o que é o ralo, senão o lugar por onde tudo escoa e de onde "emana" o odor de algo tido como uma espécie de continuação da função anal?

Uma triangulação é evidente: ralo, olho de vidro, bunda da mulher de nome impronunciável. A esta triangulação podemos nomear com uma palavra sintética feita de outras: a palavra "holhor", reunião de horror, olho e olor. A palavra é uma brincadeira, mas guarda a experiência subjetiva revelada no filme: algo emana – não o que se vê, nem o que se deseja ver, mas o que se dispõe a desviar do visível e, mesmo assim, permanece "pré-sentido". Algo emana, é o miasma do que não podemos ver fazendo-nos desejar ver enquanto ao mesmo tempo evitamos que apareça e, ao mesmo tempo, se mostra em instância inavaliável, a do cheiro. O cheiro é fantasma que atormenta tanto quanto desejar ver a bunda da moça de nome impronunciável é o tormento que leva o protagonista à loucura. A atenção ao ralo é da ordem do pavor, tanto quanto o desejo absoluto por ver a bunda de nome impronunciável. O ralo é, ao mesmo tempo, um desvio, pois o protagonista se refere a ele dizendo "este cheiro que você está sentindo vem do ralo" como quem diz "não vem de mim". Ao negar, praticamente denuncia "está em mim". O ralo é, assim, álibi do olho, o que nos informa que algo está sendo feito por um com o aval ou a proteção do outro.

Este horror do qual o olho é a vítima é, ao mesmo tempo, o que obriga a desejá-lo. Órgão que impõe desejos, o olho é também o órgão que nega o desejo. Ao perceber o que dele não pode ser digerido, estamos diante do insuportável da emanação do qual, ao mesmo tempo, não é possível fugir, posto que o desejo se situa ali onde está o pavor. O miasma do qual seria desejável fugir encaminha tudo para ele mesmo. O protagonista deseja consertar o ralo para evitar o cheiro, mas sucumbe a ele na cena em que se lança com o rosto – o nariz, os olhos, a boca – sobre o orifício.

O desejo voyeurista torna-se uma espécie de gozo completo, mas não se separa de uma aventura inesperada, a de cair no abismo do espelhamento do que, sendo visto, vê, do que, vendo, é visto. Tal é a função da televisão. O olho que vê a si mesmo. Espécie de caráter anal da visão. Da visão que retém a si mesma, que espera fazer-se a visão em si mesma, como a versão perversa do puro olho do mundo schopenhaueriano, alcança-se não o mundo a ser visto, mas a visão que, sobre o mundo, torna-se apenas sua própria repetição. A compulsão a ver torna-se compulsão a ser visto, mas nem ver, nem ser visto são mais possíveis.

A questão do "olho de vidro" já havia sido posta em cena em *História do Olho*, de Georges Bataille. Uma narrativa que liga olhos humanos (seja o de Marcela morta, seja o de um toureiro eviscerado) aos ovos de animais, aos testículos de um boi no desenrolar de uma trama sexual bizarra na formação sexual de adolescentes. O livro termina dizendo *"um condenado à morte que, abordado pelo capelão um momento antes do golpe do cutelo, o repeliu, mas arrancou um olho e o ofereceu como jovial presente, pois o olho era de vidro"*[26]. Neste trecho final do livro, Bataille investe na exposição dos motivos pessoais que o levaram a escrever *História do Olho* e ensaia deslocando a questão narrativa para a questão – desejo do pensador que ultrapassa seu controle formal – do que só pode ser avaliado reflexivamente. Bataille declara que o horror do olho é um dos mais primitivos da condição humana, da ordem do horror aos insetos. No entanto, ele diz que *"a respeito do olho parece impossível pronunciar outra palavra que não seja sedução, pois nada é tão atraente quanto ele no corpo dos animais e dos homens. Porém a sedução extrema está no limite do horror"*[27]. Faz ver que este horror mistura-se a um prazer. Onde costumamos ver em Bataille um pensador do sexo, vemos muito mais um pensador da abjeção ocupado em entender até que ponto o horror é fascinante. O fascínio pelos filmes de terror que encanta adolescentes talvez seja um jeito de exorcizar as novas angústias que advêm com a ordem sexual que caracteriza a idade. Em nosso tempo, no entanto, o fascínio é com algo bem mais banal. O horror de ver o olho torna-se fascínio pelo olho controlado que é, em nossa cultura, exposto na forma da televisão. A televisão tem, ela mesma, o estatuto de um olho, de algo que me transmite uma mensagem ao ver-me. O que nela é olhar é a pressuposição de que estou ali, telespectador, a vê-la. Porém se, lembrando Stevenson, Bataille vai nomear o olho a "guloseima canibal" é porque, não podendo ser mordida, acaba por devorar aquele que tenta mordê-la. Como na boca silenciosa e falante da mulher sem nome, se a boca fala como um ânus, ela também fala como um olho. Nesta passagem de ida e volta entre boca e olho, se o olho fala como a boca é porque faz sua função, também a de comer. Assim é que podemos falar de uma fome do olho. O olho é órgão devorador. Devorador do mundo enquanto a ele se abre. Devoração é a fome em seu gesto de descontrole: fome elevada à barbárie.

O olho orgânico é um intangível à mordedura (ao desejo de Simone, em *História do Olho*, pelos olhos, testículos, ovos), é ele que devora sem ser devorado. Digo que alguém me "come com os olhos" e digo que "como algo com os olhos". Mas este poder não acaba aí. O olho irá devorar aquilo para o que olha por um processo de apropriação da coisa na forma de uma imagem. Esta imagem que nasce de uma relação do olho com o mundo e que encontra modos de se expor, seja na pintura, no cinema, na televisão, passa, pela difusão, a ser paradigma. O que vejo me pertence quando posso vê-lo. Mas se, e apenas se, posso vê-lo. Tal é a ilusão que me mantém na ordem do ver-televisão como quem deseja ver este olho que não se mostra como canibal. No entanto, como simulacro, o olho deixa de ser horrível quando se faz *olho de vidro ofertado ao capelão pela mão do condenado* num gesto de uma ironia de certo modo impotente. Assim, pela televisão, é que o horror ao olho é exorcizado, mas apenas porque foi banalizado. O olho, tanto quanto a boca e o ânus, é o aberto a partir do qual tudo se dá. Aberto, por sua vez, é o lugar em relação ao qual estamos dentro mesmo quando estamos fora. A estrutura do estado de exceção sobre a qual retornaremos no final deste livro define-se pelo espaço aberto, terra de ninguém onde a imagem é tornada refém.

Na escala das coisas horríveis, o olho está, para Bataille, no topo, como lembrança de um "olho da consciência" análogo aos "mil olhos da multidão". Neste ponto, a televisão, ao administrar audiências, é o olho que tudo controla ao controlar a imagem em relação à qual o mundo fora dela se refere. Controla o que posso ver, o que devo ver. Enquanto telespectador, tenho a televisão diante de mim como olho de uma consciência perversa, aquela que me tira de minha consciência sem mostrar que a perdi. A televisão apresenta a consciência como algo de antemão substituído pelo olho da consciência que ela é. Deste modo, a televisão é também uma prótese da consciência. Sendo ainda a "expressão de uma cega sede de sangue", a televisão, e toda a violência imagética que ela mostra, é sustentada pelo desejo do horror que seria a devoção do telespectador ao pavoroso – numa relação ao estilo do que Kant chamou sublime e que deveria ser analisado com relação ao extasiamento pelo banal.

No entanto, mais do que relação com o horror na forma de conteúdos horríveis, é a disposição à forma do horror que está em jogo para o telespectador capturado física e imageticamente diante dela. Cabe pensar como a televisão torna o grandioso banal e o banal grandioso capturando olhares sedentos de sangue, seja ele violência ou simplesmente a expressão da vida que na televisão é aplainado a um "ao vivo". As incontáveis televisões ligadas em todas as residências do mundo dão a dimensão do aprisionamento ao qual se submete a condição humana na figura de seus indivíduos. Se no passado o ser humano foi visto como *Homo sapiens, ludens, oeconomicus*, não importa, estamos na era do *Homo videns* e, como consequência, do homo-vídeo. A televisão em relação ao universal da condição da espécie é aquele olho obsessivo, o grande olho que um dia foi olho de Deus, olho que persegue o criminoso no pesadelo de Grandville narrado por Bataille. Um criminoso que será pego mesmo que não tenha cometido nenhum crime além de abandonar a vida na unidimensionalidade do visual.

Aquele que vivesse na total unidimensionalidade do visual seria o telespectador puro. No extremo, ele habitaria o circuito fechado – o campo – que se faz entre olho e tela como um zumbi aprisionado ao visual. A hipótese de um telespectador puro nos serve aqui apenas para isolar o caráter do telespectador, já que tal figura não se localiza na realidade. Telespectador puro seria o portador ideal do olho de vidro que, concreta e historicamente, explica a televisualidade tornada esquematismo. A subjetividade vitimada pelo que dela mesma foi eviscerado na forma da televisão como *inside-out*. Como telespectador, estou dentro daquilo que está fora de mim, e estou fora daquilo que está dentro de mim. Esta subjetividade não simplesmente alienada, mas devolvida a si na forma de uma alienação escamoteada, é a subjetividade do que, em nós, é telespectador. O aparelho televisivo é o dispositivo que arranja esta subjetividade.

É neste ponto que se pode falar de um olho fascista. A ideia de um olho devorador que tudo quer abarcar virou realidade em nossa sociedade de vigilância, de televisões e monitores por todos os lados a vender-nos imagens declaradamente pela brutalidade da persuasão e da sedução. Trata-se de um olho perverso, marcado por sua posição absoluta, de por meio de si mesmo definir a forma do mundo sem admitir contestação. Trata-se de um olho autoritário que impera sobre outros proibindo-lhes existência. Que, mais que reconhecimento e aceitação, exige obediência. Mede-nos de cima a baixo. Que alguém possa pensar de outro modo, que haja outra interpretação, eis o que o olhar fascista nos proíbe. Em palavras simples: proíbe "outra visão". Toda outra visão que possa surgir à sua revelia apresenta-se, assim, como resistência.

A partilha do visível

Interessa analisar o elemento que, no contexto do aparelho e do meio feito campo, constitui seu caráter de visão. Podemos dizer que a virtude do aparelho é a visão, que sua capacidade como aparelho é a de *videre*, que teleologicamente o que a televisão almeja é "fazer ver". Dar algo a ver sem que necessariamente se exija que seja compreendido apenas porque foi visto. Sob tais condições a imagem tem o teor da verdade que, como afirmou Nietzsche, vale apenas por ter sido repetida. Dizemos televisão para o sistema em que transmitir imagens à distância é possível porque há um aparelho receptor das imagens à distância. A televisão é este sistema de transmissão que envolve necessariamente a recepção daquilo que foi transmitido. Define-se, assim, seu estatuto. A intenção inscrita na potência do aparelho é sempre transmitir uma imagem, mas para que isto seja possível é preciso um olho disponível à imagem. O que nela é *tele* depende assim de *videre*. E, como tal, implica seu sujeito na primeira pessoa do verbo: *video*. Só há televisão porque a potência de ver me coloca diante dela e, nesta posição, me encerra em um campo em que o que vejo antes já foi visto, medido e organizado, nos limites do campo, pelo mecanismo de produção do olhar. A televisão começa por ser campo de visão em que ver não é uma atividade subjetiva.

Entendendo o olhar no amplo sentido estético do entrelaçamento de percepção e recepção, ver torna-se a condição de possibilidade do olhar. Digamos que o olhar está para o ver como a sexualidade para o sexo. Visão e sexo seriam objetividades enquanto olhar e sexualidade seriam subjetivos, seriam elaborações interpretadas. Certamente há um olhar que impõe um ver e um olhar que surge do ver, assim como há uma sexualidade que impõe um sexo e uma sexualidade que resulta de sua prática. Ver é o verbo da experiência televisual, pois que o olhar que antecede o ver o almeja e o olhar que dele resulta não existe sem ele. Ver seria, assim, o olhar abstraído de subjetividade, posterior e anterior ao próprio olhar. Se o olhar é o que podemos analisar, pois podemos descrever sua antropologia, a metafísica, a estética, a política, se o olhar é o *histeron proteron* (o anterior que é posterior, o primeiro que é último) qualificado fenomenologicamente pela descrição de sua experiência, ver, no entanto, é a ação abstraída de sua qualificação, momento aberto da experiência, o que no olhar está em suspenso, ver é o verbo que designa algo essencial do olhar: o que nele é o impossível. Trata-se do que Didi-Huberman definiu como a cisão: "que separa dentro de nós o que vemos daquilo que nos olha". Quando "o ato de ver só se manifesta ao abrir-se em dois"[28]. O resquício não qualificado da experiência que me coloca no lugar em que, se vejo, é porque sou mero corpo. Eu e não-eu, minha designação e a ausência de designação e, no entanto, o visível como um estado da matéria pronto a capturar a mosca, imagem nietzschiana para o pretenso sujeito do conhecimento, aquele que orbita limbicamente em torno de seu próprio voo. Enquanto o que olha me congrega, fazendo-me coisa inscrita na comunidade ideal do olhar pressuposta pela televisão, ao ver, sou separado do que poderia olhar, sou capturado pelo que me olha e, sem garantia, me perco de mim. O risco evidente é o da dessubjetivação, da perda da autonomia da ação. Ela não chega a se constituir na TV. A rigor, o olhar é que me olha enquanto a mim me é dada a chance física de meramente ver, chocando-me com o que diante de mim não se descortina, mas se impõe fazendo-me, diante de meu objeto, pré-sensível, pré-qualificado, o agente de um embate corporal do qual sairei perdedor. O encontro do sujeito telespectador com a televisão é corporal e é atravessado por um nível transcendental de experiência. Pois se todo visível é talhado no tangível, como afirma Didi-Huberman recuperando Merleau-Ponty e James Joyce, se todo ver implica um tocar, se o visível está incrustado no tangível, ver *diante* da televisão, ver *a* televisão, é, muito antes um "ver-televisão", constituindo-se como a experiência metafísica por excelência, da qual o tangível, que nos inscrevia no real, não como uma alucinação, mas como potência de sua materialidade, foi extirpado. O olho de vidro é, na contramão do órgão, o inorgânico enquanto puro órgão. Eis seu paradoxo. O estatuto da visualidade televisiva é o da visão do intangível, da não tatilidade. É que o *ver-televisão* é, em certo sentido, pré-linguístico como que lançamento no Impensado, na imediatidade como um espaço assegurado. O imediato não existe na esfera da linguagem, mas a imagem televisiva é a forma de linguagem que nos lança na ausência de linguagem, não na memória de um paraíso sem palavras, mas no descompromisso entre o ver e o agir. A imagem televisiva é, enquanto anterior à materialidade apreendida pelo táctil, certo efeito de excesso de certeza que se apresenta no circuito de um plano óptico, por ser excesso de certeza é que ela dispensa o pensamento. A televisão é a visão enquanto se apresenta como fenômeno total. Vejo o que se separa de mim pela tela vitrificada e, nem por isso, aquilo que vejo é simplesmente imagem, mas a imagem que, iludindo o real, o faz real como o de mim separado. A televisão não é a moldura, nem simplesmente a tela, mas o "espaço-tempo" — antes catódico, hoje tela de cristal líquido ou de diodos emissores de luz — que condiciona a experiência. Assim, a imagem televisiva é aquela da qual a tatilidade foi extirpada fazendo-se pura visão sem olho, sendo ela mesma o olho, pelo qual eu-olho, aquela que se apresenta a mim como um puro ser visível. É a ideia da metafísica platônica, o puro *eidos*, intangível, imortal, eterna e atemporal. O ver-televisão é, assim, muito mais contemplação que se dá com um terceiro olho, nem o olho da alma da metafísica platônica, nem o olho do corpo que é sua contraparte igualmente metafísica, mas a do olho técnico, o olho transcendental, aquele que acompanha todo o meu ato de ver na totalidade da experiência. Pela televisão, minha visão é ela mesma uma experiência da própria perda da experiência da visão que escoa como que pela fresta de uma porta, pelo buraco de uma fechadura, a da tela que medeia, como espelho, o mundo atual do mundo representado. Esta mediação que é a televisão é, no entanto, produtora de ausência do que eu poderia ver, mas sob a condição de que algo seja mostrado enquanto esconde outro algo.

A imagem é a verdade que, na tela, circunscreve o limbo que habito enquanto vejo: espaço sitiado da visão. Uma visão que implica o corpo humano na sua condição de vivente, seja o meu, seja o coletivo, o corpo feito de uma ordem visual à qual ele se submete como um escravo ao seu senhor. É da percepção hegeliana[29] desta questão que se trata: entre tela e visão verifica-se a dialética entre senhor e escravo como sistema do televisual ao qual damos o nome de televisão. No entanto, esta dialética é negativa. A dialética hegeliana implica o reconhecimento que não é possível no contexto da relação estabelecida como televisão. É o movimento do reconhecimento que é abortado no projeto da relação televisual, pois que falta a mediação da consciência (no sentido de uma *consciência-de-si* tal como se expressa Kojève em sua leitura de Hegel).

    Vejamos com um pouco mais de atenção o primeiro momento tético desta dialética, a visão. A filosofia foi para Platão uma visão do *eidos*, a forma mental que implica a ideia a ser conhecida enquanto "vista"; algo, portanto, que se dava a ver (*ideîn* foi traduzido pelo vocábulo latino *videre*). Teoria vem do grego *theóría* que significa o ato de ver. Relacionada ao verbo *theâsthai*, ato próprio do observador, teoria implica um espectador. Sabemos que os antigos gregos entendiam a filosofia como contemplação, como visão de ideias ao contrário da visão de meras coisas – foi o que aprendemos com o platonismo. O pensamento é visão das coisas, mas também visão de si. Dizer que a filosofia é uma busca por ver a visão, contemplar o contemplado, teorizar a teoria é afirmar seu caráter de metateoria. Neste sentido, fazer filosofia é trabalhar com os modos de ver e do ver a si mesma na direção de "ver mais", pressupondo-se que o ver implica o não visto e o invisível que se espera capturar em sucessivos atos de descortinamento. Filosofia seria a capacidade de ver na contramão da televisão que, cativando o ver, promoveria uma espécie específica de cegueira, a cegueira pela imagem. Não se poderia a rigor falar de cegueira, mas muito mais de uma visão que vê enquanto é cega. Se a visão filosófica fosse a visão da verdade, a visão televisiva seria bem mais do que seu contraditório, o seu contrário com o qual ela estabelece tensão, uma espécie de antivisão. A televisão como sistema, assim como experiência, está, pois, como a dialética entre visão e antivisão. A conclusão não é apenas a síntese, mas a perda. Perder seria sair do círculo anal, aceitar a perda e, assim, abrir-se para além da prazerosa escatologia à qual o espectador confina seu próprio olhar e, junto dele, seu corpo.

O cego não pode ver, mesmo assim ele é o portador de um olhar como sedimentações do que a ele se nega. Sua história poderia ser vista como a do acúmulo de visões perdidas, tanto quanto das outras percepções que dispensam a visão intangíveis à ignorância sensível em um mundo de *voyeurs*, mas que constituem o amplo espectro do que chamamos de olhar, feito que é da multiplicidade das impressões dos sentidos. O que chamo aqui de olhar se confunde com o todo da sensibilidade, sendo seu filtro seu recorte visual. A palavra olhar nos informa da consciência como forma de experiência que nosso corpo ocupa no cenário do mundo. Mundo entendido como o universo da percepção individual, como o que é sempre "meu" ou próprio de alguém. Pela palavra olhar reconhecemos a chance de nossa informação sobre as coisas que existem, do mesmo modo sobre nosso direcionamento a elas. Olhar é visar que pode ser compreendido como condição subjetiva-objetiva encarnada por um indivíduo ou grupo. Ver é muito mais e muito menos uma condição somática. Vejo sob a condição física da visão. Vejo dentro dos limites de um corpo que é anatomia, uma espécie de corpo extenso, um corpo que, sentado no sofá de uma sala, ou na lanchonete mais simples, se reconhece no que Walter Benjamin chamou a "mera vida"[30], aquela que, sendo sacralizada, também "carrega a marca de sua culpabilidade". A mera vida do telespectador que seria resgatada de sua imobilidade apenas pela criação de uma visão que, autoconsciente de si, não se transformaria simplesmente em olhar, certa de que, ao ver, teria conquistado algo, aquilo que a incluiria justamente em uma espécie de paradoxo lúcido: o alcance do que foi perdido. A maior conquista que um telespectador poderia alcançar seria, portanto, a percepção do perdido como consciência, já que a percepção imediata da perda, a percepção de que ver é perder, está obstruída pela profusão imagética. Ver é um ato de percepção possível e impossível enquanto se realiza pela irrealização. O telespectador portador desta experiência satisfaz-se na própria perda daquilo que vê enquanto não sabe que ver é perder. Ele sente não apenas a visão como um gozo, mas a própria perda como a realização almejada sem que, no entanto, saiba dela. Assim como a memória do sonho precisa de um instante de despertar que providencia a consciência do ocorrido e, a partir daí, a memória, o que neste sentido significaria perder algo do sonho enquanto algo seu poderia ser retido, no caso pela construção de uma memória, a visão televisiva implicaria, para tornar-se consciente de si, um despertar, uma parada no processo da visão. Parar de ver, mesmo que instantaneamente, seria a chance de pensar. No entanto, esta paragem no processo que carrega o telespectador no roldão da máquina televisiva precisaria da qualidade temporal que a interrupção apenas providencia enquanto ela é resistência na reflexão.

Se a televisão é mecanismo da indústria cultural, isso vem significar que ela libera os telespectadores do próprio olhar, mas jamais advertindo-os do que perdem, pois informa-os com seus conteúdos e formas dando-lhes a sensação de uma totalidade de sentido ofertada à visão que, órgão da percepção que constrói o ser, é órgão do encontro. A televisão é inibidora do encontro enquanto o ilude.

A televisão oferece uma perspectiva de mundo que não é apenas estética. Assim como qualquer imagem, ela nos oferece um mundo interpretado para a uniformização do ver. À dimensão coletiva do ver é que podemos chamar olhar. As experiências humanas dependem de tal modo do caráter coletivo do olhar a ponto de dizermos que o outro é o referencial existencial de qualquer indivíduo desde o encontro com os olhares familiares até as ordens tribais da cultura. É neste sentido que podemos dizer que, embora o olhar seja uma questão de ordem psicológica, ele é, antes de tudo, político. Diz respeito ao que poderemos chamar uma partilha do visível, no mesmo sentido que Jacques Rancière chamou "partilha do sensível" aquele "sistema de evidências sensíveis que revela, ao mesmo tempo, a existência de um *comum* e dos recortes que nele definem lugares e partes respectivas"[31]. Tomemos a televisão como um lugar do "comum" e a pergunta sobre o sentido pelo qual podemos participar da partilha. O que significa "tomar parte" enquanto ela é o aparelho central do que chamaremos de registro visual?

Há tempos que é preciso pensar no sentido de um "comum", mas, sobretudo, no modo como podemos "tomar parte" na construção deste coletivo que está implicado em nosso próprio olhar. Em cena, temos sempre a política que subjaz à estética. A questão, portanto, é a da democratização da televisão que precisa ser compreendida como prática estética necessariamente política. Toda comunidade espera um sentido, desde que "sentido" é o que sustenta o que pode haver de "comum". A prática estética que é a televisão define-se pela tentativa de inscrever um sentido na comunidade, de determinar o comum, de administrá-lo. Na contramão a crítica à televisão não pode restringir-se à disputa pelo sentido desde que não é possível simplesmente fazer dele um regime. A crítica à televisão deve ser, portanto, uma análise do regime, da regulamentação interna da forma para abri-la, não simplesmente com vistas à sua sobredeterminação.

A democracia como *o que é simplesmente oferecido a todos facilmente* confundindo-se com a administração do caráter coletivo do olhar é o que importa ao projeto de uma sociedade como televisão total. Uma concepção fraca de democracia pensa antes no que se pode distribuir do que no que se estabelece como partilhado. Nos encaminhamos para esta "televisão" total como panoptismo, como espetáculo, como histeria da imagem a ser vista mesmo que incompreendida, do olho que tudo vê sem nada ver. A libertação do ver televisivo se daria pela superação do caráter de audiência do olhar.

A tradição do pensamento platônico fez do olhar algo incorpóreo. Trata-se de, por meio de sua análise e crítica, devolver o olhar ao corpo. Devolver o olho eviscerado, enquanto o olho de vidro nos coloca na experiência, sem retorno, da reintegração impossível entre o ser e a técnica, entre o orgânico e o inorgânico. Olhar é, do corpo, o que se pode partilhar na medida em que Eros – o Deus que é potência de ver além do corpo – é partilhável; olhar se pode definir como a experiência do que, sendo corpo, vai além dele e se transforma na bem polida esfera de vidro com a qual podemos preencher o buraco vazio em nosso rosto. A televisão opera uma devolução do olho ao corpo de certo modo perversa posto que ela mesma foi responsável pela extirpação do órgão e sua recriação artificial com vistas a uma substituição protética. O olho diante da televisão é, assim, como na metafísica de Schopenhauer, o "olho único do mundo" que abstrai de um corpo e de seu desejo numa inversão perversa em que a superação do indivíduo é, ao mesmo tempo, a sustentação de um sujeito livre de vontade, mas na verdade, aniquilação de si mesma[32]. O olho abstraído do corpo na pureza transparente do vidro é mais do que uma figura de linguagem que pretende a exposição do desejo.

Mirabilia

Dois lugares do ver definem nossa experiência visual: o êxtase e o terror. De um lado, o fascínio erótico de algo que a tradição chamou "o belo"; de outro, o fundo abissal do que parece ser a morte que conhecemos pela antecâmara do horror. Ambos atraem o olho, este órgão da curiosidade movido a magnetismos – o que vemos é o que nos olha como se chamasse, como se atraísse. Ambos são efeitos a nomear com o termo *mirabilia*. Narciso foi sua vítima ao confundir a visão do que fascina com a visão de si, ao confundir o dentro e o fora na experiência da imagem especular; Perseu, no lugar oposto, evoluindo da crença no olhar, sabendo de seu caráter perigoso, saiu vitorioso ao cortar a cabeça da Medusa. Consciente do poder do espelho – de remeter o que é à sua imagem –, fez dele um instrumento, prova de que desconfiou do olhar do ícone, desconfiou do olho-que-me-olha e, na desconfiança do poder catóptrico, que para ele não passava de um objeto, e fundamental como arma, era, no entanto, secundário ao olhar de Perseu que, voltando os olhos da Medusa para si mesma, fez com que experimentasse seu próprio poder como imagem. Nada mais do que uma queda do olho no olhar, do abismo do ver a si mesmo na tão desejável quanto horrorizante queda no abismo. Outro nome para isso é projeção.

A Medusa tem o mesmo destino de Narciso, a morte pelo próprio olhar que é morte pela crença de que a máscara sobre o rosto seja a substância da existência. Não apenas porque a morte seja o destino dos mitos diante da razão, mas porque é da natureza do olhar fazer morrer o fenômeno pelo esquecimento do seu caráter de imagem e, sendo fenômeno para si mesmo, sucumbir diante de si. Imaginamos a ignorância de Narciso, ou sua ingenuidade, identificamo-nos com ele, mas não pensamos na ignorância da Medusa surpreendida, traída, no ato de ver-se a si mesma. Perseu seria, entre Narciso e a Medusa, a figura de uma consciência filosófica, a que sabe do espelho e que, com inevitável astúcia, mantém-se viva diante da potência aniquilante da imediatidade, ou, mais ainda, da projeção que é bem mais a forma da imagem técnica do que o espelho. Como em Flusser: "As imagens técnicas não são espelhos, mas projetores." Algo do olho da Medusa se projeta. E se torna projeto em nós: a pedra. A consciência filosófica é a que não deixa morrer o fenômeno pela distância que a consciência, a que podemos chamar mediação, produz diante dele.

Se a imagem advém como fenômeno, a constituição do que aparece a uma consciência, a imagem televisiva seria uma espécie de inconsciência, de paradoxal imediação no seio da medialidade. A televisão se sustenta como aparição do limbo em que o fenômeno não chegou a ser, e, não tendo chegado, deixou de ser, podendo, no entanto, ser experimentado. Daí seu caráter de fantasmagoria. A fantasmagoria é sempre experimentada como paradoxo em que a imagem não é enquanto é, existe não sendo, é o que vemos, mas não existe no sentido de uma consistência material, ainda que se possa falar de sua consistência ontológica.

O olho é o órgão do desejo como desejo do outro, desejo como demanda de comunidade, em uma sociedade escopista como a contemporânea sociedade digital na qual a individualidade óptica – a diferença como corte no desejo como instituição coletiva – sobrevive, muitas vezes, como excesso ou problema. Dizer que o olho é o órgão do desejo é afirmar sua participação na regulamentação da experiência deste sentido. Se há um regime dos sentidos, é porque os sentidos obedecem a ele sem admitir o que quebra a sua ordem. Na verdade, o excesso – mesmo na forma de "incitações visuais"[33] – é o que é dado a ver, mas não pensamos assim. Entre o que desejamos ver e o que vemos, temos as pouco avaliadas condições de possibilidade do olhar.

Sabemos sobre o desejo de ver pelo foco que fazemos sobre as coisas, um foco que é criado coletivamente, e do qual nos separamos apenas quando, com uma outra luz, a luz própria, nos separamos do conjunto do desejo coletivo para afirmar a nós mesmos como negação do todo. Não apenas o mundo vira sombra quando, olhando, fazemos foco, mas a natureza do olhar coletivo se mostra em seu caráter de sombra. Exposta na história das representações, sobretudo na história das artes, esta capacidade de criar foco, a possibilidade de recortar, define a história das coisas vistas. Desde a mão do homem no fundo da caverna até o Cristo Pantocrator das igrejas românicas, passando pelos trípticos medievais, pelos retratos das aristocracias, até as imagens de Frida Kahlo sobre sua própria dor, sempre, em qualquer caso, o que temos na imagem é a demonstração de um foco criado pelo artista, este gênio produtor do olhar e da visão. Foco é a forma da relação que define uma potência da imagem entre a coisa vista e o visível.

No tempo daquilo que Debray chamou Iconosfera, a idade dos ícones, a imagem era a aparição de um transcendente, de uma mensagem advinda de outro tempo e lugar e que punha em cena uma verdade, uma ideia na forma de *eidolon*, de imagem propriamente dita. Era iconológica da imagem, a imagem era o que em sua mudez mostrava a totalidade do sentido, acessível apenas por meio dela. O que Roland Barthes chamou *punctum*, ao falar da relação emocional que ele tinha com algumas fotografias, tem sua pré-história na vida imagética do ícone. *Punctum*, ou "picada, pequeno buraco, pequena mancha, pequeno corte...", é, para Barthes, "o que me punge (mas também me mortifica, me fere)"[34]. O foco que, na coisa chamada imagem, chama a atenção de quem a pode ver. "Foco" é o nome do poder da visão quando não se perde no universo das sombras. Fio decisivo da luz contra sua potência espectral. A visão sobre as coisas funciona como a lâmpada ou a luz da vela; no centro frio da luz nasce a razão que ilumina com mais força quanto mais se refere ao centro do turbilhão da luz. Pensar a visão é, assim, ter em vista um foco. Do mesmo modo, naquilo que o mesmo Debray chamou de Grafosfera, ou tempo da arte, primeiro foram as pinturas e esculturas a fazer este papel de foco, até que chegamos, com a fotografia e o cinema, a uma outra fase, a da imagem técnica, mas ainda se trata de arte, e a mesma função de circunscrição de um foco é mantida e com um rigor cada vez mais decisivo na própria definição da arte. O que era um quadro na pintura o é também no cinema e na fotografia, mas nestas últimas o foco torna-se algo da ordem da técnica, o que vem mudar por completo o sentido do que se fazia antes.

Refazer a história do olho seria a tarefa de quem quer compreender a televisão enquanto fenômeno de um tempo. Como mecanismo que faz parte da história da óptica, seu avanço não pode ser compreendido longe do processo da busca do efeito capaz de encantar o olho, órgão próprio do feitiço. O termo fetiche, tão caro a Freud quanto a Marx, define a existência de um desejo ao qual se tem acesso pelo olho. O que Debray chamou de "felicidade vídeo" seria a grande enganação do desejo escópico, ao mesmo tempo que sua realização. Daí que, em um mundo do "tudo-a-ser-visto", marque "tanto o declínio do olhar como seu triunfo"[35].

Aquilo que Muniz Sodré chama "efeito de vitrine"[36] e que Paul Virilio expõe como uma espécie de transformação do mundo em vitrine, ou seja, o mundo exposto atrás de um vidro por meio de um mecanismo óptico-eletrônico[37], não é outra coisa do que este potencial eviscerado do olho, feito para o olho como modo de dominá-lo, mas antes de tudo como modo de encantá-lo. Se há a vitrine é porque há quem ou o que possa, dedicando-se ou jogando com ela, fascinar-se. Aprendemos a nos fascinar muito antes da televisão e, neste sentido, apenas podemos dizer que a televisão é a superespecialização de um jogo que vem de longe e que nunca esteve isento do poder que é próprio à relação enquanto tal, jogo de forças, desde que se define por meio dela o que é a política. O que tantos autores críticos da televisão até hoje compreenderam como o panoptismo televisivo, aquele efeito de controle sobre espectadores, precisa ser inscrito na história da fascinação pelo fantástico. Se o efeito especial do cinema, durante tanto tempo, foi o foco da produção do desejo de ver, a televisão talvez seja apenas menos cheia de efeitos especiais, na medida em que se dedica a efeitos de realidade e, neste jogo, consegue trair o fantástico que tanto interessa aos olhos. Além disso, a televisão produz uma dupla traição. Promete que o fantástico existe como real e, neste ponto, produz efeitos morais duvidosos.

O fascínio pelo fantástico tem uma história. O olho é atraído pelo que se dispõe a ser seu objeto. A palavra atração é sugestiva. O que atrai promete como um clamor, um chamado tão obrigatório a seguir quanto ausente de garantia. Assim é que o atraído pode ser igualmente traído se o objeto da atração devém figura ativa que sujeita o próprio olhar, fazendo do olho atraído o objeto daquilo que ele mesmo vê. A relação é natural, essencial, entre o que é visto e o que vê. O que chamo de sujeição seria a absorção de um em outro que impediria a relação pela fixação do poder em um polo. Toda crença sustenta um poder. O olhar se move pela crença no que se oferece a ele e se dirige ao incrível – o espantoso enquanto visível – para reafirmar-se. Mas por que o olhar crê? Porque a visão é o órgão da crença que as religiões administraram por inversão e que a história da ciência – da filosofia ao empirismo – tentou inverter sem sucesso. O que não se podia ver tornou-se a crença quando era acobertado pelo visto e, enquanto tal, negado. A história do olhar se confunde com a da crença, tanto quanto com a história do ceticismo. É o olhar que prova o in-crível para torná-lo crível. O olhar sempre se dirige a estas potências da visão e da in-visão. Ao mesmo tempo que é capturado por algo que está fora dele, dirige-se ao que o captura, tanto para afirmar o objeto visto quanto para afirmar-se a si mesmo, hora em que se perde. Pois o olhar jamais pertence absolutamente àquele que vê. Antes é construído em sua relação com o visível.

Assim podemos entender a afirmação de Didi-Huberman ao dizer que "o que vemos só vale – só vive – em nossos olhos pelo que nos olha"[38]. Ver para crer, a sentença bíblica, é sob este aspecto uma das maiores revelações teóricas que organizam a compreensão ocidental do olhar atravessada pela filosofia e religião numa longa história de rejeição ao visto, de crença e descrença no poder do olhar e as tentativas de dominá-lo. Foi o incrível enquanto espantosamente visível o que, estando à frente do olho, tanto no espaço quanto no tempo, chamou-o a fazer a experiência de sua própria evolução. A viagem do olhar é o caminho conhecido da especialização técnica que hoje se manifesta na hipóstase das telas como um dia se manifestou aos olhos de um crente que se dirigia ao seu deus, de um supersticioso que se dirigia ao invisível que comanda seus pensamentos e atos.

Avaliar o ato pelo qual o fascínio se tornou possível definindo o modo de ser do olhar atual, eis o que se exige da análise que deseje desmistificar aquilo que Jean-Louis Comolli denominou como uma "nova lógica do olhar"[39]. Pois é sempre de uma certa lógica do olhar que se está a tratar. Toda lógica implica uma racionalidade, não no sentido de qualquer garantia de certeza, mas do arranjo interno que a sustenta. A lógica do olhar muda no tempo e se hoje é nova é porque a herdamos de uma história na qual é elaborado o seu devir.

Na conexão entre esta nova lógica e a antiga lógica encontramos a categoria essencial do "fascínio". A televisão, inscrita na história das coisas maravilhosas, mostra nos desde sua invenção o que há de se ver como maravilhoso em uma sociedade em que as imagens técnicas são continuação da magia. Jacques Le Goff, tratando do termo medieval *mirabilis*, como o adjetivo que traduz maravilhoso, leva-nos à palavra *"mirabilia"*[40], como conjunto das coisas maravilhosas, e nos faz pensar que cada tempo tem sua própria compreensão e uso do que é maravilhoso. É o termo "maravilha" que pode nos guiar na compreensão da história evolutiva do olho, o que na antiguidade greco-medieval vê fantasmas, para logo ver, na hora moderna, seus novos avatares, as imagens técnicas. O olho é, pois, o órgão da fascinação. E fascinação é a condição do olho diante do fantasma, condição do feitiço e do encantamento provocados pelo olho. A condição da pura imagem, nem alma, nem corpo, um quase corpo, uma lembrança de um estado passado que devém futuro. Instantâneo e sem consistência, o fantasma é alucinação como evento que não tem antes e nem depois – a realidade eventual de que fala J. D. Nasio[41] – e, no entanto, devém de uma espécie de memória estática que se realiza no visível tomado como verdade. A televisão, neste caso, parece providenciar algo como a psicose alucinatória do desejo sobre a qual falou Freud em seu *Luto e Melancolia*. A ideia de que o que está em jogo é a sustentação do olhar dirigido à televisão. O que sustenta a relação do telespectador com o aparelho não é apenas um desejo de ver, mas o desejo enquanto ver, como se o visto fosse a prova da realidade por oposição a uma realidade que se apresenta como a própria perda. A televisão ofereceria, como mecanismo de produção do fantasma, a alucinação que o eu interpreta como realidade melhor do que a realidade da perda. Podemos dizer que, se o desejo é o desejo do outro, a televisão sustenta o desejo tornado pura escopia. Como se ver se transformasse em "captura" da verdade ou de uma realidade total. Este outro não é, portanto, apenas o desejo constituído no outro que me informa o que posso desejar, mas o próprio ver enquanto outro com o qual me relaciono enquanto objeto do desejo finalmente encontrado e, por isso mesmo, paradoxalmente cancelado. Encontrar o objeto do desejo, realizá-lo, é aniquilar o desejo que se realiza como processo. A televisão realizaria o nosso desejo de fantasma, desejo de habitar a fantasia como se o que se busca nela pudesse de fato ter sido encontrado. Aquilo que Agamben chamou, revisitando os medievais, de "hipertrofia mórbida da faculdade fantástica"[42] e que estaria ligado à melancolia, à síndrome do humor negro, mas também à capacidade de enamoramento. A fantasia ocuparia, nas teorias medievais comentadas por Agamben, o lugar do que Coccia chamou medialidade enquanto ela mesma é *quid medium* entre corpóreo e incorpóreo. Entender a televisão não é possível sem que se leve em conta o lugar de "prática fantasmática" enquanto "prática estética". A atitude do telespectador diante dela – e sob seu regime – não poderia ser outra do que a do melancólico, aquilo que Agamben chamou de "cortejo do fantasma"[43]. Se "aquilo que é real perde sua realidade, a fim de que o que é irreal se torne real" é porque a negação do mundo externo dá realidade ao fantasma. O que Agamben chamou de "lugar epifânico intermediário, situado na terra de ninguém, entre o amor narcisista de si e a escolha objetual externa" é o lugar das práticas culturais, da mistura das formas simbólicas e das práticas textuais onde o melancólico vai habitar de modo a obter ali sua felicidade – e sua infelicidade. Assim, Agamben fala de um "*tópos* simbólico melancólico" que se desenha entre o fantasma e o objeto externo, no qual um objeto irreal vem habitar. O melancólico seria capaz de "gozar dos próprios fantasmas". A topologia do irreal seria, na leitura que Agamben faz de Freud, uma topologia da cultura. No desenho deste cenário encaixa-se perfeitamente a televisão como objeto irreal feito real, enquanto não deixa de ser real feito irreal. A televisão seria uma corporificação do irreal tornada "objeto" finalmente acessível como "aparelho", pois que este aparelho não é apenas uma caixa preta por meio da qual se tange a intangibilidade, mas que ela é a máquina fantasmática por excelência. A relação com o fantasma estaria pela televisão totalmente realizada no contexto da alucinação por meio da qual o que Agamben chamou "epifania do inapreensível" seria oferecido como a própria prova da realidade. Neste lugar, a televisão seria o aparelho que põe a prova de realidade fora de jogo, a tela como o fantasma que separa do real e evita, assim, o trauma ou a dor original que causa o próprio fantasma. Entre desejo e amor há uma afinidade ontológica. Assim como o amor é fantasma, o aparelho televisivo é oferta incessante da produção do fantasma como véu real que ilude o real. Ela oferece o real como a totalidade implicada em si mesma.

    Se é possível lançar a ideia de uma ontologia do aparelho televisivo, ela é, pois, da ordem da alucinação. A televisão implica aquilo que J. D. Nasio definiu sobre a alucinação: "a realidade é imanente ao evento, ela nasce e expira no próprio evento", em outras palavras, "que a realidade da alucinação só existe no momento"[44]. A relação do telespectador com a televisão seria, portanto, da ordem de uma relação de amor, encontro com o objeto em um sentido narcísico, e do quanto do amor é alucinação que se coloca como oposição e complemento à melancolia como aquilo que "só pode ser possuído se estiver perdido para sempre"[45]. A alucinação seria, portanto, resultado de uma "forclusão" (*Verwerfung*), que é uma espécie de exclusão do que perturba – o real – enquanto é "incluído fora". A rejeição forclusiva não é uma simples rejeição, nem um recalque, é um modo de reapresentar aos olhos o que foi rejeitado. O desejo implica o olhar e o olhar implica o fantasma e ambos implicam as "funções essenciais da superfície do sistema percepção-consciência"[46], tal como a da prova de realidade. A propósito, a compreensão de Nasio sobre a alucinação oferece-nos um complemento essencial, já que o nascimento de uma alucinação não depende sempre e tão somente da rejeição forclusiva e do retorno alucinado da formação inconsciente. Três outras ações entram no concurso, segundo Nasio: "a supressão da fronteira dentro/fora, por um lado; o investimento libidinal pelo eu da face interna da superfície perceptiva, por outro lado; e, principalmente, a terceira e fundamental ação: que o ato de percepção seja carregado do sentimento de *certeza*"[47]. A supressão da fronteira dentro/fora garante o que aqui chamaremos "estado de sítio da imagem", esta zona de exceção, espécie de zona cinzenta em que é impossível estabelecer fronteira entre o que é subjetivo e objetivo, o dentro-fora. O segundo aspecto, sobre a ontologia da superfície que interessa tratar na compreensão da televisão, deixaremos para a parte subsequente deste trabalho, mas já podemos antecipar que a televisão não poderia ser simplesmente tratada por alucinação porque a esta faltaria a superfície que a própria televisão ela mesma já é. Sobre a questão da certeza, da incontestabilidade da certeza da coisa alucinada, gostaria de relacioná-la ao modo de apreensão do telespectador em relação à imagem televisual: "a realidade certa é *esta* realidade precisa que, incontestavelmente, se *dirige* a mim".[48] Se "o que é incontestado na alucinação não é a realidade em si, mas o fato de que ela é minha", não é absurdo dizer que a alucinação constitui um mundo do alucinado. Um mundo ao qual ele tem acesso pela certeza visual, um mundo no qual sua condição protossubjetiva — pois dizer que ele é "sujeito" só valeria como perversão da própria ideia de autonomia que lhe é constitutiva — só vale na direção de um novo *cogito* em que o "vejo, logo existo" substitui o "penso, logo existo". Nasio define o sujeito da alucinação como uma espécie de sujeito "enfraquecido pelo sono"[49] e, mais, não como um sujeito percebendo algo que não existe, mas como um "emaranhado de coisas percebendo coisas"[50]. Ao tratar da ideia de uma percepção fora do sistema, referindo-se a Freud, ele afirma algo que se torna fundamental na construção da questão televisiva com a ajuda da psicanálise que aqui tratamos: na hora da alucinação, o que está em jogo são como que "olhos fora do rosto percebendo rostos sem olhos, ou orelhas fora da cabeça percebendo vozes sem boca. E até outras imbricações perceptivas mais bizarras, nas quais um olho isolado capta a dor, ou ainda, uma boca capta o olhar"[51]. O sujeito da alucinação seria, portanto, este "misto perceptivo". E, mais, o sujeito da alucinação não seria nem o eu, nem o sujeito do inconsciente, mas "o fato compacto do gozar, ou, mais exatamente, a relação perceptiva entre uma coisa que percebe e uma coisa percebida"[52].

Aparece, na exposição psicanalítica de Nasio, o próprio olho como um eviscerado. A condição do próprio olho como o órgão do desejo define outro lugar do sujeito: não mais sujeito, a existência é garantida pelo "vidente". O vivente do qual Descartes quis fazer "o pensante" torna-se *"vidente"*. A alucinação vem explicar que o olho relaciona-se à vida pela magia – e com o desejo – e não pela reflexão.

Como órgão do desejo – e pensemos o desejo, tanto o filosófico quanto o psicanalítico, como este impulso ao outro –, o olho é órgão erótico, a televisão é, enquanto prótese, a máxima exposição do fetiche. A tal exposição, que se arranca e se desfaz de um corpo, chamei evisceração. O estatuto da televisão é o do *phallus* que, posto diante dos olhos, agrega todo o direcionamento ocular, e, como o *fascinum*, o amuleto dos rituais romano (a imagem apotropaica do falo), evita a inveja. Assim, Baubó expõe sua vagina analogamente ao *phallus*, como algo que se destaca do corpo – eis que é poder, tanto arma quanto objeto do desejo – de que é simplesmente a portadora. A televisão produz um modo de ver, mas produz também uma evitação do ver, uma espécie de invisibilidade do visível e não a poética visibilidade do invisível que é própria do cinema, assim como uma dialética do ver implicada na inveja na qual precisaremos, em tempo, nos deter.

Antes, no entanto, precisamos ter em mente que a inevitabilidade física ou a evidência do ver, assim como o ver por prazer – ver o belo –, é apenas uma parte menos fundamental do complexo sistema do ver. É o ver por horror, o ver como ato em si, naquele sentido metafísico da visão do olho que se vê a si mesmo, a maior revelação do sistema do ver. Ver como ato simples esconde, assim, a complexidade de um sistema que envolve um processo de subjetivação que se dá por obra do que encanta o olho, sendo que o olho pode fazer o papel do *phallus* no ato de ver-se-a-si-mesmo. O olho olha o *phallus* que ele mesmo é. Assim, o olho se faz maravilhoso para si mesmo. Jacques Le Goff afirmou ser o termo medieval *mirabilia* o que mais se aproxima do que entendemos hoje por maravilhoso. Ao analisar o fenômeno do maravilhoso na Idade Média ele diz que os homens cultos "viam um universo de objetos, uma coleção"[53] onde nós vemos uma categoria. Podemos dizer que nosso olhar é já atravessado por uma teoria sobre o que se vê, enquanto que os medievais, por estarem bem distantes das transformações subjetivas ocorridas com a experiência da imagem técnica – como diz Flusser, imagens informadas por teorias –, estavam bem menos informados e, portanto, mais livres para o mero ato de ver. O que Le Goff chamou de *mirabilia* sugere certa ignorância que permite, ao espectador, o mero ver, na contramão de uma visão qualificada, informada por teorias. Mesmo não havendo uma imediatidade da visão, podemos falar de uma diferença entre o mero ato de "visar" e o ato de ver após advento da imagem técnica. No entanto, o fato de que "maravilhoso" seja uma categoria que vemos enquanto tal, e sendo a televisão uma "categoria" à qual o telespectador dedica sua experiência, isso não implica a exclusão da sensação menos qualificada e informada que nos conduz ao maravilhoso. Não vemos apenas uma categoria enquanto a vemos, também experimentamos a televisão como objeto encantatório sem que saibamos disso. A televisão, como o que "se vê", carrega-se da experiência típica do maravilhoso: o sonho tornado imediato. Uma comparação possível entre a televisão e a função das *mirabilia* define também o papel do maravilhoso em nosso tempo como aquilo que surge encantando-nos. Como uma mágica que se sofre por meio de um feitiço. O feitiço é a realização imediata do desejo de ver. O desejo de ver enquanto realizado é fetiche. A televisão é fetiche enquanto realização hipostasiada do desejo de ver.

Segundo Le Goff, *mirabilia* é palavra cuja referência ao olho não pode ser negada, já que "todo um imaginário pode organizar-se em torno de um sentido, o da vista". A televisão, neste aspecto, é uma ordem da visão que agrega o conjunto das *mirabilia*, fazendo-se "urna" onde uma coleção infinitamente reprodutível pode ser guardada. Também o homem medieval olhava para a coleção. Este caráter de urna que se apresenta a nós como autoprodutiva garante uma experiência em que a ordem material atravessa a visual e a visual atravessa a material. *Mirabilia* em se referindo à televisão é uma categoria visual que se experimenta na carne transformada em olho de vidro.

Le Goff oferece outras pistas importantes à intenção de desvendamento da natureza do olho no seu ato de ver como uma relação de espelhamento. Segundo ele, a relação entre o *mirari* (olhar) e o vocábulo francês para espelho, *miroir,* deixa clara a relação entre o olhar e o espelho. Mas ele mesmo lembra que há para espelho, em latim, a palavra *speculum*, cuja raiz remete a *spectare* de espectador. O parentesco entre quem vê, como se vê e o que é visto compõe uma teia que nos impõe avaliar tudo isso como uma herança, no sentido utilizado por Le Goff para pensar o maravilhoso no tempo.

    O termo *mirabilia* permite a comparação entre a ordem antiga e a contemporânea, entre o que era dado a ver e toda a articulação imaginária que ela implicava e o que em uma sociedade eminentemente visual pode ser definido como o desejo visível que vale por seu esplendor de coisa feita apenas para ver. Cada tempo tem o seu maravilhoso. Mas, enquanto o maravilhoso fora no passado um "contrapeso à banalidade e à regularidade do cotidiano"[54], em nosso tempo, o visível que se faz "mirável" na tela da televisão corre o risco de ser apenas a confirmação do banal e do cotidiano. Sua função é capturar o ver. A captura do ver implica o cativeiro da ação de ver que está dada pela potência do mero órgão. O que vemos em programas estilo *reality show* – sobretudo os que atuam no confinamento de seres humanos em condições de campo de concentração – não é outra coisa do que a afirmação do visível na ordem estética elevada a lei. Um dos aspectos desta legalidade complexa é a imposição de que, além do visível, não exista vida que possa ser vivida. O visível é aquilo que se pode ver e que não implica o invisível como aquilo que nos escapa, nem como o que se deseja, mas como o que está excluído enquanto incluído, posto que não existindo, ou se faz ver ou está condenado à morte em vida.

    Poderíamos sugerir que a passagem da experiência do maravilhoso ao banal seria a explicação do sentido da imagem televisual. No entanto, é a equação que envolve a passagem do que é invisível ao visível, do que é misterioso ao evidente, no entanto, desde que sob a ordem do trânsito entre o sagrado e o profano. Esta relação entre visível e invisível invoca algo de "mundo do sobrenatural" em que outros dois âmbitos, além do campo do *mirabilis* acima descrito, relacionam-se entre si. Aquilo que Le Goff chamou *magicus* e *miraculosus* importa à compreensão do ver dado na televisão. Neste sentido, expressar a televisão como "olho de vidro" adquire seu máximo sentido quando pensamos no caráter apotropaico ou, ao contrário, no caráter perigoso da televisão enquanto nela o que é olho não é apenas aquele que protege, mas também o que devora e petrifica. A televisão sobrevive da mística do ver.

Fome do olho

Quem assiste televisão é hospedeiro de um modo de ver que introjetou o aparelho no sentido do seu próprio olho. Olhar é a experiência da visão como órgão autoformativo. Se o órgão tornou-se técnico, o olhar é ciborgue. Caolho que ilude haver algo que completa seu oco, elisão do furo entre olho e coisa vista que é o olhar. Se fôssemos interpretar a questão que aqui se põe como em uma charada, diríamos que "a avestruz engoliu o aparelho de televisão ao não perceber seu tamanho incomensurável, mas antes o ejetou".

Se pensarmos em termos de intersubjetividade – do encontro entre sujeito e objeto que implica mútua determinação – estaremos diante de uma interação espectral, aquela que se dá entre o rosto feito máscara do telespectador e a máscara feita rosto da televisão, tal como no vídeo *Doll Face*, de Andrew Huang. Intersubjetivação por vitrificação, o olho vítreo nada mais é do que o que tampa um oco, o que se põe no furo onde deveria haver um olho. Em outras palavras, o que esta em cena é a objetividade da máscara que propaga ilusão de subjetividade. Talvez haja subjetividade, mas não necessariamente um sujeito. A subjetividade é apenas um dispositivo que serve à máquina. Por trás disso, a ilusão de um olhar. Mas o que é o espectro senão o que resta de imagem a um olhar aniquilado em si mesmo, destituído de seu poder de ver. Antonio Quinet[55] diz da inveja como crença de um sujeito que acredita poder reencontrar a completude que vê no outro. Para explicar a inveja, em moldes lacanianos, ele levanta a crença da completude que seria própria do sujeito. Parte do pressuposto sujeito da psicanálise: falta que fantasia uma completude, o que só se lhe pode atribuir pela projeção da completude do sujeito em um outro encarregado também de suportar sua hipótese de completude. Para além da falta, mais interessante é o conceito inverso ao da falta, aquele que diz de um "mais de olhar". Que explica que aquilo que sendo bem-visto – intensamente visto – é vítima do mau-olhado. A questão seria entender como se dá a passagem do ver bem ao mau-olhado. A decifração da inveja depende da elucidação deste momento.

É na etimologia da palavra que está guardada a sua verdade histórica. *Invidia*, mais que falta – a falta do seio da mãe que amamenta nas *Confissões* de Agostinho –, põe em jogo algo como um excesso de ver. Santo Agostinho nos dá de uma vez a fórmula do ver e da inveja: *"video, sed non invideo"*, se vejo, mas não *in-vejo* é porque vejo na medida dos meus olhos, porque meu olhar não é mais que visão. Ver é externo à coisa. Ver é tátil, tangencia aquilo com que se relaciona. Ver nos dá uma informação exterior sobre a coisa. A inveja é o contrário. A mistura da função do olho com a função da boca é que vem explicar o sentido da inveja, como um tomar para mim, pelo olho, o que não é meu. In-vejar é furar com o olho, é abrir um oco com a lâmina do olho, lâmina que em seu ato comum recorta cenas e objetos, mas que também pode cortar a tela da cena comum do olhar para retirar dela o objeto olhado. O que é bem olhado é integrado à cena, o que é mau olhado é dela eliminado. In-vejar é perfurar para jogar fora, para eliminar. Mas é perfurar para, como um vampiro, sugar a vida. Assim é que a inveja é um olhar de morte por eliminação. Mas uma eliminação que sustenta o morto. O contrário de um olhar de reconhecimento que reconheceria a alteridade daquilo que existe além do olho.

No entanto, o olhar que caracteriza a inveja como uma função do olhar é como o furo anal. Ela tem relação com o ato de reter aquilo que não quer perder. Assim Olho de Vidro é, como no sonho do Homem dos ratos de Freud, aquilo que se põe no lugar dos olhos. O homem dos ratos via excremento no lugar dos olhos da filha de Freud. Segundo Freud, o estrume no lugar dos olhos da garota mostrava o desejo do homem dos ratos que se casava por dinheiro muito mais do que por seus "belos olhos". O fato de que ele veja os olhos com estrume informa-nos que ele os fantasia como ânus. A fantasia necessariamente informa de um desejo, mas além do desejo anal, e do erotismo anal sobre o qual podemos hipotetizar, muito mais o que surge é a passagem entre uma coisa e outra: "vir para fora do reto pode ser representado pela noção oposta de mover-se para dentro do reto (...) e vice-versa"[56]. O estrume é ele mesmo a prótese, como o dinheiro é prótese, substituto ideal – e por isso universal – de objetos e coisas em geral que, diante dele, se tornam meras mercadorias. A inveja é este olhar que retém como um orifício anal retém fezes, como um cofrinho retém moedas.

Aquilo que não se quer perder deve ser devotado aos olhos. A cultura visual é uma cultura da retenção, do medo à perda, da evitação do luto das coisas que, sendo vistas, são necessariamente des-vistas. A inveja é, assim, espécie e olhar que não deixa de ver para perder o visto. Invejoso que sou, agarro com meu olho, como com os olhos. A inveja primeiro é pensada como uma cobiça, como anseio em obter pelo ver, em possuir pelo ato de ver, possuir aquilo que o ânus, ele mesmo oco, possui. A inveja é o olhar transformado em pura intencionalidade, não um olhar que tangencia a coisa, mas ontologicamente a devora para dentro de si e a vomita. Olho devorador e bulímico. A inveja é, assim, não apenas um olhar que penetra, que invade, mas que invadindo elimina tomando para si aquilo que quer negar no instante mesmo de seu gesto secreto.

O olhar que devora as coisas é devorado pela tecnologia que dele apreende o modo de ser e o reproduz devolvendo-o na forma de uma prótese que imita o corpo a que deve servir. Foi a natureza do olho que se modificou no processo, ele mesmo invejoso da própria tecnologia. O orgânico olho humano foi devorado no ato de ser informado pelas tecnologias, elas mesmas informadas por teorias que derivam de um gesto: de um olhar. Não apenas o olho devora, mas ele mesmo é o resultado de uma evisceração. Como se o olho que imita o olho tecnologicamente tivesse sido reimplantado no corpo humano. O olho humano não é mais puro olho.

Trata-se, portanto, de pensar a hospedagem do olhar técnico no corpo orgânico do indivíduo posterior à informação obtida deste corpo para a criação de um olho que já é fruto de um olhar – teórico, científico –, que é observador e observado ao mesmo tempo. O cientista que investiga o olho, Daguerre inventando seu aparelho, vê seu objeto, tem dele a experiência subjetiva e objetiva. Não é possível pensar esta interrupção senão como utopia da ruptura em que o Alien óptico seja retirado do corpo, ele que já é, como aparelho, algo que surgiu de um corpo e do que este mesmo corpo não pode mais libertar-se, introjetado que nele foi, feito sua natureza. A interrupção a que é preciso referir-se aqui é uma quebra, uma fratura que precisa ser instaurada na visão da televisão, assim como, um dia, o olho da moça foi cortado em *Um Cão Andaluz*. Do corte que fez nascer o cinema, é preciso fazer outro corte, um corte com diamante capaz de riscar o vidro. Este corte só é possível pela crítica. Se a televisão é um olho eviscerado de dentro do olho humano, cabe eviscerá-lo de seu fora, devolvendo-o ao corpo na forma de uma consciência sobre a experiência vivida. Mas, diante da lei da opacidade da imagem televisiva, o olho que já é de vidro está sempre quebrado. Quem é capaz de olhar o caolho e ver sua cisão? O olho de vidro mascara a cratera, finge não haver ausência, engana que ali algo vê enquanto seus estilhaços podem ferir outros olhos tornando-os cegos.

    O corte que aqui considero necessário define que um outro olhar pode entrar em cena. O corte no olho televisivo seria a mostração do abismo – ele mesmo corte – ao qual podemos dar o nome de visão entre o olho e o aparelho. A visão – ou a imagem – nada mais é do que este corte no olho que é, a um só tempo, corte na realidade. Se a visão televisiva se oferece como algo completo, a questão seria promover a visão da fissura da qual ela pretende ser sutura. Se a visão televisiva é completa, trata-se de buscar dela a des-visão. Introjetou um aparelho de vidro, tornou-se outro sentido de olho. Ver televisão é fazer uso de um olho de vidro, é, portanto, não-ver outra coisa que televisão. Visão negativa que elimina tudo o mais, ato que seria invejoso por sua concentração radical ao mesmo tempo que distraída ou de distração concentrada. É a inveja que dá o modelo desta visão desamparada de si mesma. Se a inveja é in-visão, a televisão é des-visão. *Des-visão* seria a função própria do que é olho de vidro.

    A televisão é, como olho de vidro, uma estrutura fechada. A máquina de fotografar é um meio, um lugar onde ocorre "passagem" entre um dentro produtivo, uterino, e um fora que dele nasce, produzido. Máquinas de fotografar e filmar são quase naturais perto da televisão. Melhor dito, são imitações elaboradas da natureza essencial do ver elevada à técnica hiperespecializada. A televisão, para além da câmera de gravação-filmagem, é um aparelho fechado que impõe imagens sem que as tenha produzido. Quando falamos de televisão não se trata de uma caixa preta no sentido da fotografia, mas muito mais a caixa de Pandora do Espetáculo, ainda que esta declaração seja mera imagem ilustrativa do poder da própria imagem difundida pela televisão. O aparelho televisivo é o final de um processo de criação no qual as imagens aparecem já como algo preestabelecido. A natureza do aparelho é a de ser transmissão, mero meio. O que vemos nela nos é enviado de além dela, por processos que dependem dela apenas retroativamente. Há uma câmera e por trás dela um olho que a comanda, sendo comandado por ela. Este olho determina o sentido de qualquer decodificação que telespectadores verão. A televisão é o final de um circuito que começa com a câmera, é seu lado exposto.

Comparada à câmera que fotografa ou filma implicando a decisão digital – ainda que esta seja uma decisão em sentido incipiente ela é a ponta do *iceberg* de um processo histórico, científico, estético, que culmina na possibilidade do digital –, o mecanismo da televisão implica a indecidibilidade do ver. É a decisão de ver do sujeito da visão que é, em princípio, eliminada pela televisão: olho de vidro subtrai um oco e implica um sujeito dessubjetivado. A câmera como aparelho é arma, do mesmo modo a interface da câmera que é a televisão como tela. A decisão foi relegada ao controle remoto e seu potencial de *zapping*. Um enquadramento que se oferece no lugar da fantasia. Inteira, a televisão promove-se na ilusão de unidade pelo quadro que dirigido ao olho vem completar – por ilusão – a visão desejada pelo olho. Este enquadrar constitui-se como encarcerar, já que não há saída da fantasia para uma dimensão desmedida. Mas quem diz que este olho ainda deseja quando se trata de sua experiência com a televisão? Se se trata de atividade pura e simples, mas de passividade ativa, ou de atividade passiva. O que é desejo e o que é entrega? O corpo-fechado, o objeto fechado, é o que fascina. *Gadget* misterioso, ela é o próprio *phallus* vivificado dentro da sala de estar, apotropaico, aniquilador do olhar enquanto gesto livre transmutado em olho gordo. Phallus como *gadget* desejável, fetiche que convida o olho à inveja. O olho seduzido pelo afeto protodesejante da *invidia*. A função deste órgão protético que é a televisão é imperativa: veja, veja, veja. No extremo, in-veja.

    O nexo entre a televisão e a inveja define-se no caráter devorador do olho-quadro televisivo. A inveja é este encarceramento do olho à imagem pelo confinamento e aprisionamento da imagem. Dizer que a televisão é olho-quadro significa enlaçar em um só conceito o que nela vê e o que nela se mostra. Ainda a relação entre o dentro da caixa e o fora. Assim, a superfície da tela, aquilo que nela é fora e que atrai como um fetiche, tem a qualidade de um dentro. Como se o que é fora, superfície, não fosse a ingênua superfície que serve de anteparo, mas o que, ocultando o dentro, carrega para dentro. Quando falamos de um olho que nos olha a devorar-nos, o que está em jogo é o que, podendo ser visto como "plano", superfície, informa-nos de algo interno, secreto, não demonstrado, ao qual temos acesso por meio daquilo que é mostrado. Entra-se em um recinto por meio de sua porta, deixamo-nos encantar pela televisão por meio de sua tela. Não é apenas o fora que tem caráter de um dentro, mas o dentro que tem o caráter de um "fora". Deste modo, se a tela que me olha deixa claro o caráter de face medusante da televisão, a dialética entre o fora e o dentro deixa claro o caráter de boca deste olho que nos permite pensar o esquema do olho gordo. Olho devorador. Régis Debray falou de um "glutão ótico" próprio do tempo do visual, tempo em que já não se tem nem fome, nem medo. A fome foi do tempo da religião, quando estava em jogo o apelo humano à sobrevivência. O medo foi do tempo da arte, quando havia um apelo à posse do mundo. No tempo do visual o que está em cena é a oferta da publicidade que comanda a televisão e, com um mínimo de distância, o cinema[57]. Fome e medo foram sintetizados em publicidade. É ela hoje o sistema que nos convida à inveja.

Se a televisão é o aparelho de ver que nos olha é porque nos ilude sobre sua natureza, dando-nos aquilo que em psicanálise chamou-se gozo escópico. Filosoficamente, podemos falar de uma ilusão sustentada em uma satisfação ontológica de caráter total. Máquina que finge não ser máquina, olho que esconde sua desnatureza sem lágrima, Górgona que finge a máscara, a televisão devora o nosso olho que, a pensar no exemplo do olho indevorável de Bataille, permanece existindo num espelhamento – dialético – com a máquina por meio da qual ele se torna vítima de si mesmo. Ocorre que a devoração indevorável de nosso olho coloca-nos diante do paradoxo do telespectador: devorado porque tem fome. Da mesma forma que um consumidor consumido, o telespectador é um traído. Fome do olho, eis o que caracteriza nosso olhar perverso, *voyeur*, faminto, incansável. Uma fome autofágica. Olhar é, assim, experiência de sobrevivência sensível, experiência no seu nível mais cru. Ao mesmo tempo, experiência transcendental, universal: desejo de chegar às coisas, de tateá-las, de atingi-las pela gustação.

Fome do olho. Trabalhamos até aqui com esta definição e podemos continuar com ela até o fim deste ensaio. Por meio deste olho que, mesmo de vidro, ainda que fruto de tecnologia, nos olha, somos chamados ao mundo mágico do qual ele é a abertura e, podemos dizer, sem excesso nem medo de repetir um clichê, o instrumento de hipnose. O objetivo de uma imagem como a da televisão segue o mesmo propósito da fotografia enquanto protótipo da imagem técnica, o de "programar magicamente o comportamento de seus receptores", como foi mencionado por Vilém Flusser[58]. Esta programação de nosso comportamento não pode ser esquecida, a pergunta que precisamos fazer para que esta programação seja compreendida reside na compreensão do intervalo entre o que nos hipnotiza e nós mesmos. Se vemos televisão ou se é ela que nos vê é a aporia essencial que põe em cena a distância. É esta distância que põe em cena a questão do estatuto da relação estabelecida no limbo onde a subjetividade é aniquilada ou até monstruosamente recriada, e, não além dela, a intersubjetividade com a máquina põe em jogo uma nova dimensão do olhar e do corpo no instante em que se pertencem.

Poder exercido sobre olhos e corpos dos que a assistem, ele não vem apenas do uso simbólico da violência, do poder que, na forma de linguagem, age sobre a vida do espectador. A sujeição ao olho de vidro da TV vale-se de um desejo. Assim como toda escravidão tem nexo com a sobrevivência, tanto quanto com o modo de subjugar que faz dela um parâmetro político sempre indesejável no contexto da sobrevalorização da democracia, podemos também falar de sobrevivência – como fizemos anteriormente – para pensar o nexo entre a televisão e uma outra espécie de desejo, seu grau zero: a fome. Fome é um termo técnico para designar a dor e o mal-estar físico pela ausência de alimento. Do mesmo modo, é uma metáfora para o desejo em estado bruto. Seria uma espécie de desejo arcaico, anterior a toda a formulação cultural que o desejo sofre. A fome, sendo física, e por mais que se instaure como fato psicológico, é uma potência arcaica. Pois é a palavra Fome, como desejo não elaborado, e sem ser apenas instinto, que pode justificar o que as imagens técnicas, e, sobretudo, a televisão (e o que dizemos da televisão podemos hoje dizer do YouTube), promovem para as pessoas hoje. Que a televisão prisma nosso olhar, que o inflete, é a questão de fundo que precisa ser investigada. De que modo ela reordena, cativa, dobra e desdobra o olhar que a ela se abandona. Na televisão, o olhar se torna *video*. A televisão é o que, em nosso tempo, define o mundo, o que existe, o que há, sob a ordem do conceito *video*. Como tal, ela configura um *éthos*, uma morada ou um lugar onde viver, onde parar, na acepção primeira da palavra. Se podemos dizer que *Mundo* é o campo do que pode ser conhecido por um sujeito, podemos dizer que nosso mundo existente situa-se hoje como *video*, flexão na primeira pessoa do singular do verbo latino *videre* (ver): "eu vejo". Mais que o monitor de televisão, trata-se daquilo que o sustenta, dos tentáculos que o põem em funcionamento e das alterações de função do ver, do visar, do olhar que a possibilidade da televisão legou ao nosso tempo. Um mundo sob o signo do "eu vejo" com uma correspondente máquina que lhe dá uma específica sustentação é o que está em jogo. A televisão é, neste caso, uma espécie de verbo feito máquina, em tempos que, ao verbo, torna-se difícil fazer-se carne, mas não ao vídeo.

Videodrome – o vídeo e a carne

Se todo ver implica uma relação com o exterior das coisas, a televisão como *in-visão* implica uma intervenção no interior das coisas como uma arma que invadisse o corpo. O que está em jogo é a relação entre olho/imagem/carne, em outras palavras, o lugar do telespectador, sua condição de sujeito formado no vão entre olho e tela, sobre a qual tratará o último capítulo deste livro. *Videodrome*, de David Cronenberg, é o modelo que torna claro o processo pelo qual se percebe a relação orgânica, o novo corpo, daquele que, sem ser sujeito, permanece sendo um corpo.

No contexto das imagens críticas, nenhum filme foi mais longe do que *Videodrome* no ato de teorizar sobre o vídeo envolvendo a pergunta pela experiência corporal íntima entre víscera e máquina. Em *Videodrome*, o vídeo é mostrado como o cerne da experiência do olhar. Tratado como síndrome, vídeo é uma forma de patologia, um conjunto de sintomas reveladores de uma verdade doentia. É algo que se inocula no telespectador. Se Flusser em sua *Filosofia da Caixa Preta* falava de um aparelho que define a experiência existencial, o filme de Cronenberg mostrará que o aparelho que imita o corpo retorna ao corpo como outro corpo fazendo-se corpo monstruoso. Uma subjetividade monstruosa vem morar em nós como um estrangeiro, *alien*, que constituindo o telespectador levará à aniquilação completa do sujeito.

O mérito teórico maior da teoria de *Videodrome* é tocar no elemento clandestino que está presente no campo televisivo vindo formar o olhar do sujeito perdido de si mesmo ao encontrar a imagem. *Videodrome* é o conceito exato da operação inconsciente que o vídeo exerce no sujeito. Vejamos o que é esta teoria do Videodrome exposta no filme de Cronenberg.

O filme começa mostrando o protagonista Max Renn (James Woods) sendo despertado de madrugada por uma fita de vídeo gravada pela secretária que trabalha para ele na emissora da qual é diretor, a CIVIC TV. O *slogan* da CIVIC TV, transmitida pelo canal 83, não poderia ser mais sugestivo: aquela que vai para a cama com você. Trata-se de um canal de pornografia, mas, ao mesmo tempo, no modo como esta mensagem é posicionada no filme, no despertar de Max, podemos supor que este seria o recurso básico de todo e qualquer sistema de difusão. A promessa sempre cumprida de que a televisão vigia sua vida, acompanha o espectador no sono e na vigília, providencia seus prazeres mais profundos e, sobretudo, nunca permite que ele esteja só, como uma companhia dedicada. A secretária fala a Max, mas não sem antes nos deixar por alguns segundos dentro do efeito de espelhamento que toda imagem sempre provoca. Enquanto a secretária fala, não vemos a imagem de Max. Como espectadores, ficamos situados no âmbito da realidade irreal do vídeo, pois a moça que gravou caseiramente o vídeo com o objetivo real de ser a agenda viva de Max parece, na verdade, ser a própria alma da televisão que fala aos olhos dos espectadores que somos nós mesmos, antes que Max venha tomar nosso lugar.

Max ocupa seu tempo negociando filmes e vídeos pornográficos com produtores clandestinos. No filme, o telespectador de pornografia não comparece senão a partir de uma ideia que se faz dele. A de que ele deseja algo mais "picante" do que filminhos narrativos e de um erotismo adocicado.

Esta "teoria do espectador" aparece claramente em um dos momentos mais importantes do filme quando surge a configuração de uma teoria da televisão na cena da entrevista no programa *The Rena King Show*. A apresentadora, aparentemente uma pessoa preocupada com o futuro da televisão em relação à violência, pergunta a Max por que a CIVIC TV oferece desde pornografia leve até a mais pesada em seu canal. Max responde de modo tão banal quanto cínico que se trata apenas de uma questão de economia. O espectador, afirma Max, esperaria que a televisão mostrasse a ele o que ele não pode ver em outro lugar. É o que o CIVIC TV faz. Rena, a apresentadora, insiste, perguntando se ele se preocupa com a violência e o mal-estar sexual gerados em tais filmes, ao que Max responde com cinismo peculiar que entende sua ação como socialmente positiva já que oferece aos espectadores uma válvula de escape. E que ela é inofensiva. Junto a Max, no mesmo programa, está Nick Brand, apresentadora de um programa de rádio voltado para aconselhamento afetivo. Na cena em que Nick aparece atendendo uma ouvinte, vê-se que sua personalidade é bastante sádica. Nick parece se contradizer dizendo que acha ruim o hiperestímulo de que a sociedade é vítima e que, ao mesmo tempo, ela mesma vive em pleno estado de estimulação. É neste programa de entrevistas, a partir de um flerte, que Max e Nick começam seu relacionamento sexual. Junto deles há um dos personagens mais essenciais da trama, o Dr. Brian O'Blivion, segundo a voz que enuncia os participantes, um "profeta da mídia", cujo nome é uma invenção. *Oblivion* significa esquecimento, em latim. Rena pergunta-lhe se os programas eróticos e de violência sexual não provocariam a "dessensibilização" e a desumanização da sociedade. Sem qualquer julgamento quanto ao valor positivo ou negativo da tela, o Dr. O'Blivion pronuncia a tese central do filme: a televisão é a nova retina da sociedade. Na verdade, o Dr. O'Blivion em sua posição de "tese", que se pronuncia quase que taxativamente sem diálogo com as outras partes, não critica Max, nem Nick. Antes se preocupa em justificar sua aparição através da televisão como negação de uma aparição real, com um nome fictício que nega também um nome real, afirmando que este será o futuro de todos. O'Blivion é ele mesmo um cínico que, parecendo criticar o mundo do vídeo, defende o direito ao vídeo, a inclusão no universo do tubo catódico. Enquanto Rena tenta conversar seriamente com ele, Max e Nick flertam desviando a atenção do debate para seu encontro. Banalizam, deste modo, a discussão em nome de um erotismo que, fora de lugar, faz a discussão tornar-se egoísta e alienada. Rena, numa tentativa de fuga do constrangimento causado pelo flerte exposto, pergunta a Nick se ela considera Max como uma ameaça à sociedade. Nick, sem poder ou querer ultrapassar a particularidade à qual está restrita e atingir a reflexão sobre a função dos papéis sociais que tanto ela quanto Max representam, ironicamente diz que ele é apenas uma ameaça a ela mesma. A incapacidade de atingir o universal, ou de sair do campo da própria vida, é o que está em jogo neste momento. A televisão é, assim, apresentada como campo de "tensão" em que a questão geral e sua reflexão são negadas pela absolutização da particularidade reduzida ao desejo pessoal de cada um. Por trás disso há, sem dúvida, o ideal televisivo do "real" que a televisão gostaria de apresentar e que fica na dialética entre a ingenuidade e a perversão.

A questão do Videodrome surge nas cenas seguintes. Um suposto vídeo clandestino é captado por um funcionário da

CIVIC chamado Harlan. Sem enredo, sem diálogos, que causam uma estranha fascinação em Max, impressionado inclusive com o baixo custo de produção de uma imagem que mostra algo do qual "não se consegue tirar os olhos", por ser "incrivelmente realista", o vídeo mostra apenas aquilo que Harlan define como uma tara só para pervertidos e que não seria "somente sexo". Tortura, assassinato e mutilação. Nick se interessa pelo vídeo enquanto Max tem certa repulsa das cenas de tortura. O interesse de Max durante todo o filme é posto em sua intenção mercadológica, mas mesmo assim posta à prova na guerra que irá surgir entre os poderes que tentam controlar o Videodrome. Tais poderes são representados justamente por Harlan, a força tecnicamente competente do sistema, e o proprietário da "Óptica Espetacular", que patrocina a pesquisa com o Videodrome; ambos serão mortos por Max, que dividirá sua obediência entre eles e seus mandos de morte e a complexa antagonista Bianca O'Blivion, herdeira do Dr. O'Blivion. Curioso e fundamental é que a única realidade que haverá deste personagem é um acervo de fitas com suas imagens e discursos teóricos. Hoje seria um acervo digital, guardado em *chips* ou lançado no campo infinito da Internet.

    Na perseguição obsessiva pelo Videodrome, Max se torna sua vítima e descobrirá que o próprio Dr. O'Blivion o fora. A informação sobre a relação entre o Videodrome e o Dr. O'Blivion – e assim da existência de Bianca – virá por meio de uma velha amiga chamada Masha que quer lhe vender vídeos pornográficos que Max vê como tradicionais e ultrapassados. Masha lhe dá as informações necessárias para que chegue ao Dr. O'Blivion admoestando-o sobre o perigoso fato de que há uma "filosofia" por trás do Videodrome. Ao chegar a uma espécie de igreja chamada

"Missão dos Raios Catódicos" encontrará Bianca administrando o acervo do pai, para ela o que resta dele. Acreditando levar adiante a tarefa de cuidar dos "renegados de meu pai", mendigos que teriam adoecido pela falta de acesso aos tubos catódicos e que poderia colocá-los de volta na "roda-viva do mundo", Bianca afirma ser "a tela de meu pai". A partir daí Max passará a ter alucinações. Receberá em sua casa uma fita do Dr. O'Blivion na qual o "profeta da mídia", não podendo ser mais direto, afirma que a batalha pela mente humana será travada na arena das telas. A tela passará a ser parte da estrutura física do cérebro. A arena das telas e a continuidade entre cérebro e tela definem a indiferença entre guerra de telas e guerra de cérebros. A ideia da tela como prótese da percepção de Susan Buck Morss também estaria aí[59]. Qualquer coisa que se deseje chamar "pensamento" ou "ideia" estaria na tela. Neste sentido a teoria de Flusser, de que a imagem carrega uma teoria que a antecede, estaria certa, mas o que *Videodrome* vem sinalizar é outra coisa que Flusser já teria percebido, uma nova ontologia se apresenta. Esta ontologia deriva de uma fenomenologia. O discurso de O'Blivion informa-nos que "o que aparece na tela da televisão surge como pura experiência para aqueles que assistem". Segundo ele, "a televisão é a realidade e a realidade é menos do que a televisão". Mais adiante dirá como um fenomenólogo puro: não há nada de real além de nossa percepção.

Assim Max é informado de que já participa de um novo e estranho mundo em que metade da realidade é "alucinação de vídeo". Realidade seria algo bipartido entre a realidade em si mesma e aquilo que o vídeo produz como realidade para o sujeito. A definição que esperamos, enquanto espectadores do filme que queremos entender algo quanto ao estatuto da "doença", surge nesse instante, Videodrome seria um tumor cerebral que matara o Dr. O'Blivion. Tal tumor teria sido causado, segundo o pensamento de O'Blivion, por imagens alucinatórias, ao contrário de ser a causa das alucinações. "Doses maciças de vídeo", segundo o Dr. O'Blivion, criariam um novo desenvolvimento no cérebro capaz de controlar e produzir a alucinação, a ponto de mudar a realidade humana.

As alucinações de Max são de três tipos. As primeiras envolvem a transformação em carne das fitas, aparelhos de televisão e vídeo, as segundas envolvem outras pessoas em cenas de tortura, as terceiras definem a transformação de seu corpo em vídeo e o surgimento do que no filme aparece como a nova carne.

O'Blivion, no entanto, ao mesmo tempo que é vítima do Videodrome era também seu mentor. Acreditava que ele seria um momento da "evolução do homem como animal tecnológico".

Neste ponto, a inflexão entre tecnologia e carne atinge no filme um nível bizarro. Os administradores do Videodrome introduzem no corpo de Max ordens de assassinato a partir de fitas de aparência carnal, pulsantes como as televisões e videocassetes que povoam a alucinação de Max. Por assistir ao Videodrome, Max tornou-se aparelho. Em que pese o tom *trash* do filme, a metáfora entre a carne e a máquina explorada por Cronenberg é uma tese fortíssima que em seu tom crítico acaba por combinar bem com a precariedade dos efeitos especiais. Se tais efeitos fossem os mais avançados, justificariam apenas a vitória da tecnologia contra a carne que o filme deseja criticar.

Na intenção de avaliar a relação entre carne e tecnologia da imagem, o filme, no entanto, deixa de lado a questão do olhar. Não há olhar, ou seja, não há subjetividade no filme que não seja alucinação que veio substituir qualquer pensamento crítico e tudo o que poderia ser compreendido sob o signo da angústia individual. Os personagens todos, mesmo Max, aparecem como imagens cujas ações assistimos sem que haja sinais de conflitos internos. *Videodrome* poderia ser definido de modo geral como a ontologia da alucinação provocada pelas tecnologias da imagem. Diante do Videodrome como morte da carne e vida da nova carne, Max encarnará uma contradição que se desenvolverá ganhando força no avanço do filme. Ao mesmo tempo que ele é a encarnação do Videodrome, será a luta contra ele. Ao assumir a ideia de Bianca O'Blivion de que o Videodrome é a morte e de que ele é "a palavra do vídeo que se tornou carne", ele se volta contra si mesmo. A morte ao Videodrome como "Vida longa para a nova carne" apenas pode cessar quando ele matar a si mesmo. A nova carne surge como arma; sustenta-se, contudo, algo que em um primeiro momento pode parecer decisão do sujeito, e que surge no filme como nascimento da subjetividade de Max por meio de sua morte. Mas não é possível decidir se se trata de um nascimento pela proximidade com a morte, ou se a morte simplesmente venceu porque não haveria outra saída para o mecanismo em que Max se transformou. O vídeo personificado por Nick, a quem Max continua desejando, ou, pelo menos, a quem continua entregue, pede-lhe que se entregue à morte. Ela mesma já está morta, é apenas uma imagem que fala como se estivesse viva.

Mais do que arma, Videodrome torna-se neste ponto exigência de sacrifício cujo porta-voz é uma imagem que fala do além como se estivesse presente. O fato fantasmático da imagem está aqui evidente. Que o sujeito aniquile a si mesmo em seu próprio corpo. O espelhamento da cena implica que o suicídio de Max com um tiro faz explodir as "vísceras" do aparelho de TV. Repete-se a cena da "Vida longa para a nova carne" repetida por Max que atira na própria cabeça. Neste momento da morte autoimpingida de Max, a relação entre aparelho de TV, imagem e realidade produz-se num nível tal de confusão que não é possível decidir se de fato houve a oposição entre realidade e alucinação, ou se tudo não passou apenas de alucinação. Em nível metateórico o filme é exposto neste tom de alucinação que, como espectadores, coloca a nós mesmos na posição de Max. Como espectadores, vítimas do vídeo enquanto entregues ao vício ou à obscuridade do desejo, a película vem nos dizer que somos todos Max Renn. Ele é o protótipo do telespectador que será aniquilado em seu próprio vício, em seu desejo. E, como quando ele nos olha espelhando-se em nós que assistimos o filme, no instante de seu sacrifício, apresenta-nos como vítimas e nos faz, no presente que é a vida do espectador, como ele também sacrificados e mortos.

Videodrome apresenta a realidade como "alucinação de vídeo" que exige o "abandono" da antiga carne. Este abandono põe a vida do espectador na posição da exceção que caracteriza aquilo que Agamben chamou de "campo", a estrutura social em que o dentro e o fora, a inclusão e a exclusão, se confundem. Como corpos sacrificados, o filme de Cronenberg vem a ser a versão na ordem do espetáculo da teoria de Agamben sobre o fato de que somos hoje todos *homines sacri*. Cada um de nós é atingido pelas telas sem chance de escapar e sem que haja um culpado ao qual se possa dar um nome.

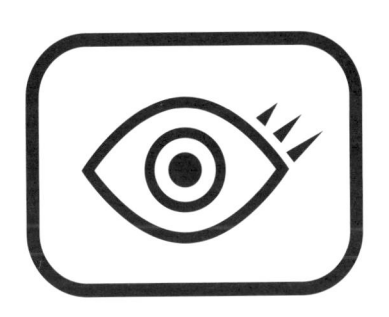

TELA

Um programa de TV não é uma cena de uma circunstância, mas um "modelo", a saber, uma imagem de um conceito de uma cena.

Vilém Flusser, *O mundo codificado*

Prótese, superfície, tela

Diz-me o que vês, eu te direi como vives e como pensas.
Régis Debray. *Vida e Morte da Imagem*

Embora se possa considerar que é a alegoria da caverna do livro sétimo da *República* de Platão que coloca em cena a questão da tela, da relação humana com a superfície onde se projetam imagens, e ainda que seja claro que a relação humana com a arte da pintura seja uma relação com telas, é preciso considerar que apenas no século XX, com a afirmação histórica da imagem técnica pela fotografia e pelo cinema, é que a tela se tornou um objeto inconfundível na formação da sensibilidade humana. A questão da tela como problema histórico é enunciada pela primeira vez em Walter Benjamin para logo depois ser retomada por Vilém Flusser num questionamento sobre o tema das superfícies. Susan Buck-Morss enunciou o caráter de prótese da tela de cinema fazendo uma leitura da fenomenologia de Husserl. O objetivo desta exposição é pensar o caráter protético da superfície que é a tela enquanto é espelho, máscara e aparelho cognitivo.

No texto fundamental para o pensamento crítico da imagem sobre a reprodução técnica, Benjamin sugere a comparação entre a tela de um quadro e a tela em que se projeta o filme:

"Na primeira a imagem se move, mas na segunda não. Esta convida o espectador à contemplação; diante dela, ele pode abandonar-se às suas associações. Diante do filme, isso não é mais

possível. Mas o espectador percebe uma imagem, ela não é mais a mesma. Ela não pode ser fixada, nem como um quadro nem como algo de real. A associação de ideias do espectador é interrompida imediatamente, com a mudança da imagem. Nisso se baseia o efeito do choque provocado pelo cinema, que, como qualquer outro choque, precisa ser interceptado por uma atenção aguda."[60]

Neste texto a diferença entre a tela tradicional e a nova tela do cinema define-se na qualidade contemplativa da primeira e ativa da segunda. A primeira promove pensamento, a segunda não. É o sujeito que se desampara neste processo. Uma ontologia da imagem define-o como espectador, sujeito interrompido pelo choque a ser cancelado apenas por uma atenção aguda. Resta-nos, é certo, pensar na chance de uma atenção aguda, própria de um sujeito ativo, em tempos de culto à distração e da passividade do sujeito que impõe pensar a eliminação do conceito de sujeito. O termo "valor de distração" é utilizado por ele para falar do cinema. Tal valor seria de ordem tátil, o que significa, segundo ele, que se "baseia na mudança de lugares e ângulos que golpeiam intermitentemente o espectador"[61]. Se o dadaísmo mantinha o choque moral – o escândalo – como invólucro do choque físico, no cinema as duas coisas se tornam o mesmo. O espectador é violentado.

A ideia que surge em textos de Benjamin dos anos 30 quanto ao empobrecimento da experiência nos remete ao problema da desproporção entre o corpo humano e aquilo que o cerca, aquilo mesmo que ele experimenta enquanto corpo sensível, organismo composto por sentidos. O que Benjamin chamará de "frágil e minúsculo corpo humano" é o que habita no contexto da guerra "um campo de forças de correntes e explosões destruidoras", mas que também podemos aplicar à compreensão de toda a relação do corpo com as tecnologias dirigidas aos sentidos em relação às quais ele sempre é desproporcional. Daí que adquira ainda mais sentido o termo "choque", como a forma da experiência enquanto encontro desproporcional entre a vida sensível enquanto ela se faz na forma de máquinas, o que destitui o sentido da crítica de Coccia a Benjamin quanto à insuficiência da ideia de empobrecimento da experiência. Choque é experiência de abalo da percepção, não apenas o mero desenvolvimento da vida corporal como vida das imagens. Tal desproporção marca a fragilidade do corpo humano como organismo perceptivo diante do meio ambiente artificial criado pela espécie. O estatuto da tela enquanto *locus* da experiência do cinema coloca, na comparação de Benjamin com o tráfico e a ordem social vigente, a tela de cinema como um perigo justamente proporcionado pelo choque. Quando Benjamin diz que *"o cinema é a forma de arte correspondente aos perigos existenciais mais intensos com os quais se confronta o homem contemporâneo"*, ele se refere a esta exposição contínua ao choque. O que Christoph Türcke interpretará como "sociedade excitada" é o resultado deste processo de exposição a estímulos, de uma sociedade em que a impressão como estimulação é também pressão a emitir[62], ou seja, a hiperestimulação é também anseio compulsivo por estimular. Podemos interpretar este perigo existencial como uma nova forma de comportamento em que uma ação causa uma reação, em que a hiperexcitação não apenas aniquila a capacidade ativa, mas a torna compulsiva, ou seja, robotizada, não livre. Benjamin diz que este perigo *"corresponde a metamorfoses profundas do aparelho perceptivo, como as que experimenta o pas-*

sante numa escala individual, quando enfrenta o tráfico, e como experimenta, numa escala histórica, todo aquele que combate a ordem social vigente"[63].

A inflexão percebida por Benjamin é a da experiência com a tela como *locus* no qual a imagem em movimento impede a reflexão do espectador. Aquilo que Flusser entendeu como um desenrolar da imagem em linha que corresponde ao processo do pensamento discursivo sobre uma imagem. Trata-se da forma da imagem como impedimento do pensamento. Que a imagem que se move não seja mais a mesma imagem percebida pelo olho implica igualmente a desproporção não apenas espacial entre o corpo humano, no caso o olhar, em um sentido espacial, mas também temporal. Desproporção como anamorfose no tempo, desproporção de velocidade entre corpo e aparelho. O que está em jogo nesta proposta de Benjamin é que o olhar é um evento do movimento. Preso ao movimento, ou impedido por ele, mas sempre dele dependente, o olhar se coloca como um evento do tempo. Aprisionados a uma tela que imobiliza o corpo, o telespectador expõe-se em sua fragilidade constitutiva.

Vilém Flusser usou a categoria de "superfície" para referir-se às telas. Diferenciando um anterior mundo de linhas das superfícies da sociedade moderna, as telas seriam importantes em ambos os casos, mas definitivas no segundo. O mundo de linhas era um mundo de processos compreendidos como história, o próprio pensamento era expresso em linhas. O mundo de superfícies expressa-se de modo diverso. Para Flusser trata-se sempre de uma leitura. No caso de um texto escrito, o processo acontece do analítico para o sintético. No caso de uma pintura, do sintético para o analítico. A diferença é que "na pintura podemos aprender a mensagem primeiro e depois decompô-la. (...)

uma almeja chegar a algum lugar e a outra já está lá, mas pode mostrar como lá chegou"[64]. Trata-se, portanto, como pensa Flusser, de um tempo de leitura em que a experiência com o quadro e com o texto escrito são diferentes. Buscando entender o estatuto deste tempo, Flusser dirá que não se trata de um tempo cronológico, de mais ou menos tempo de leitura. Flusser resolve sua questão afirmando que 'história' significa tentar chegar a algum lugar"[65]. Mais tarde Flusser definirá níveis de tempo que implicam a compreensão da primeira e da segunda dimensão relativas respectivamente ao texto e ao cinema como "projetos". Embora Flusser não tenha seguido com tal raciocínio, é possível definir em sua sequência que o tempo histórico é um tempo de processo e de projeto. Mais que um tempo de recuperação do passado, é um tempo de construção de futuro, de criação de perspectiva. O que está em jogo no contexto da leitura existencialista que Flusser faz da imagem técnica é que ela vem alterar o significado do termo história.

"Ler" uma imagem é diferente de ler um texto e, no entanto, comumente se aplica a mesma medida de uma ao outro: "falhamos na tentativa de captar a qualidade de superfície inerente a eles"[66]. É esta "qualidade de superfície" o que está em jogo quando se trata de uma imagem.

Reaparece em Flusser o mesmo motivo de Benjamin ao falar da imagem do cinema: "a tela de cinema é uma projeção bidimensional, e nunca poderemos adentrá-la". A diferença entre as próprias coisas e a projeção das coisas é, para Flusser, definitiva. Isto significará uma aproximação muito maior entre a pintura e o cinema do que entre este último e o teatro. Tal proximidade se expressa em nossa cultura como tela. A figura do telespectador cuja formação interessa a este livro compreender conceitualmente nada mais é do que aquela que introjetou em sua capacidade de ver, a tela. Telespectador é o espectador não da cena da vida, mas da cena das telas. A tela é uma prótese existencial, mais do que simplesmente estética.

É esta tela que estabelece para o ser humano o tornar-se telespectador o novo modo de entender a história modificada radicalmente pela possibilidade atual, não percebida por Benjamin, nem por Flusser, quanto à posse e à manipulação de câmeras individuais. Nem Benjamin, nem Flusser imaginaram o poder adquirido pelas "massas" em relação às câmeras. Nem imaginaram o YouTube, nem nós podemos imaginar o que virá. Fim da televisão, triunfo do YouTube, fim da autoria, transformação de seres humanos em meros espectros? Flusser supôs a interação do espectador com o vídeo no sentido de "controlar e manipular a sequência das imagens e ainda sobrepor outras". Aquilo que Flusser compreendeu como "a possibilidade de atuar sobre a história de dentro da história", típica dos que "pensam em linhas escritas", "significará a possibilidade de atuar sobre a história de fora dela". Olhar para a história "de fora", eis o que se coloca como a novidade do tempo das imagens técnicas. Olhar de fora da história é, no entanto, ser anacrônico, não no sentido de estar à frente ou atrás de um tempo, mas no sentido de não pertencer mais à história. Não estar na história pode implicar não estar mais na política, nem no sentido. O olhar que tudo vê pode implicar a existência de um corpo cuja experiência restringe-se ao olhar, que foi por ele autodevorado. O que nos obriga a pensar no olhar deste olho de vidro como endogênico, que, no ato de instaurar-se como olho, aniquila outro olho.

Esta autodevoração do olhar apenas é possível porque ele encontra seu cativeiro confortável. Se tomamos o que nos diz Flusser que "*existe nas imagens, como em todas as mediações, uma curiosa e inerente dialética. O propósito das imagens é dar significado ao mundo, mas elas podem se tornar opacas para ele, encobri-lo e até mesmo substituí-lo*", podemos considerar que a imagem adquire a posição de prótese do mundo. Não podemos nos referir a uma imagem apenas como universo da vida sensível a que se referiu Coccia, mas a uma imagem como duplo do mundo e que no instante de sua instauração, ao substituir o mundo, o elimina. Certamente fazemos a experiência do mundo como vida das imagens, mas o que nos torna de certo modo insensíveis à imagem enquanto a ela nos devotamos? Em que sentido o mundo das imagens é mundo do poder? A questão de Flusser precisa ser considerada, as imagens, "*podem construir um universo imaginário que não mais faz mediação entre o homem e o mundo, mas, ao contrário, aprisiona o homem*", e isso significa que o mundo das imagens não é apenas de natureza estética, mas igualmente política. A idolatria das imagens a que se refere Flusser relaciona-se a esta forma de relação com o mundo das imagens enquanto este mundo não promove a liberdade subjetiva. É neste sentido que a ideia de Flusser quanto ao fato de que a "*imaginação não mais supera a alienação, mas torna-se alucinação, alienação dupla*". E é igualmente neste sentido que ele verá a imagem voltando-se contra o homem que a criou: "*essas imagens não são mais ferramentas, mas o próprio homem se torna ferramenta de suas próprias ferramentas, 'adora' as imagens que ele mesmo havia produzido. Foi contra essa idolatria das imagens, como uma terapia contra essa dupla alienação, que a escrita foi inventada.*" [67]

Para Buck-Morss, a tela é órgão cognitivo. Podemos dizer órgão da sensibilidade e, como tal, questão estética e política. Aquilo que Buck-Morss chama "estetização da cognição"[68] aparece antes em Flusser como a redução do mundo à estética pura. Estética Pura é o mundo tornado superfície, a oferta total de algo a ver de um lado só, a miséria da imaginação devorada pela "imaginação alucinatória"[69]. Se se trata de uma grande tela ou de uma pequena tela, já não é tão importante diante da oferta da imagem total. Estética pura é a melhor definição do quadro, daquilo que é para Buck-Morss do mesmo teor da redução fenomenológica de Husserl: o ato de colocar a realidade entre parêntesis, o que fica evidente na moldura de uma tela. A prótese cognitiva vale a partir desta redução, como recorte. Para Buck-Morss, diante da tela o espectador também é reduzido, pois a tela é dele independente. A tela não é um objeto puro e simples, pois ela não precisa de um sujeito, mas foi constituída na intencionalidade do sujeito, ao mesmo tempo que este se oferece a ele como algo dado. Buck-Morss aproveita para levantar a questão do modo como historicamente os telespectadores se relacionaram com as telas, que a adaptação à tela do cinema, aos *close-ups*, por exemplo, que despertaram horror em espectadores que desejavam ver os pés de quem aparecia na tela, o "comportamento alucinatório dos primeiros espectadores", de que fala Machado[70], demonstra o quanto a relação com a tela em movimento exigiu adaptação.

Para Buck-Morss, não é apenas a duplicação da percepção cognitiva humana que está em jogo, mas a transformação de sua natureza. E este novo *locus* é violento. A percepção protética é ela mesma violenta. Não é à toa que é a tela como prótese que mostra a guerra, por exemplo, como um evento, assim como a massa, que pode "ter lugar apenas na superfície protética da tela"[71]. Guerra e massa, neste caso, são imagens cuja experiência apenas pode ser dada na tela. A crítica de Buck-Morss se refere ao caráter coletivo da experiência de quem assiste televisão que, na contramão da universalidade, se dá como uniformidade. Buck-Morss entende que enquanto a prótese cinemática propõe verdades universais apenas porque são experimentadas em comum – mais do que percebidas em comum por serem universais – ela se torna órgão de poder. "A cognição se torna doutrinamento."[72]

É na medida desta oferta da verdade a que se pode chamar de doutrinamento que é possível falar de uma sociedade da inveja. Inveja não como algo que faria parte da natureza humana, mas como forma da relação entre visão e coisa. Um modo de relação ao objeto em que a identificação do objeto ao sujeito é invertida, o sujeito no ato de tomar para si o objeto, de reduzi-lo, é ele mesmo reduzido ao foco e, do foco, ao próprio olho que vê a coisa. O sujeito é devolvido a si mesmo como coisa, em certo sentido é dessubjetivado. Por isso não é possível falar simplesmente em alienação, mas em uma identificação com o que dele é alienado.

Mas de onde vem a coisa? Não se trata de uma coisa buscada pela curiosidade do sujeito, mas de algo que o captura, que a ele se impõe. A intencionalidade não é a de quem parte em busca de uma investigação, mas de quem se depara com algo que o captura. A inveja é o que resulta de uma imposição do objeto fetichizado ao olho, um olho que se prepara para a fetichização pela participação na ordem coletiva imposta pela prótese substitutiva do corpo e do conhecimento. "Tele-ver" surge como processo de fixação do olho na tela por meio de uma fetichização da imagem feita isca no vasto processo de estetização da cognição. Tal fixação do olho na tela, na medida em que se dá como in-ver, pode ser compreendido como in-vejar. É neste "telever" que se sustenta algo que chamarei de "inveja transcendental", uma modalidade da visão compartilhada que implica a aniquilação do visto e do ver. Já não se trata de simplesmente um sujeito que vê um objeto, mas de um sujeito protético ele mesmo, de uma subjetividade de prótese, que se relaciona a um mundo em que objetos não são mais objetos, mas substitutivos que se lançam travando o processo de conhecimento enquanto se oferecem como tais.

Muito se falou em "grande tela" e "telinha" para diferenciar cinema e televisão. Hoje, após o esgotamento da ideia de que o homem é a medida de todas as coisas, a tela toma seu lugar. A grande tela não seria apenas a tela grande, mas aquela que, com a anteposição do adjetivo "grande", teria a garantia do verdadeiro. Ligam-se a este adjetivo uma estética e uma ética. Telinha, neste sentido, é expressão de menosprezo para algo "menor" comparativamente ao cinema. Assim como está pressuposto na "grande tela" que assistir cinema é entrar em contato com uma realidade "maior" que a vida vivida do lado de cá, na existência para além da tela, a telinha de televisão mostraria ao seu espectador a vida "menor", a vida banal. A diferença entre o grande e o pequeno é da ordem da diferença entre a tragédia e a comédia gregas: o homem próximo dos deuses, o homem próximo dos animais. Enquanto a grande tela nos abarca para nos mostrar o que é maior do que nós mesmos, promovendo distância e crítica, dúvida e autorreflexão, a pequena tela seria aquilo que abarcamos com nosso olhar. Supomos assim ser menores do que o cinema, que nos faz maiores, e maiores do que a televisão, que nos faz menores. O poder do maior é o de nos conter, o do menor é o de nos concentrar. Embora esta pareça uma questão irrelevante, a experiência estética depende dela. Assim como um monge trabalhando em sua iluminura ou um pintor fazendo um afresco ou o engenheiro-arquiteto construindo uma catedral, o sujeito que não produziu, mas simplesmente convive com a obra de arte, terá experiências totalmente diferentes ao ler um livro que pode trazer ao colo, ao contemplar uma pintura narrativa, ou ao entrar em uma catedral que não pode ser simplesmente contida com a capacidade ocular de alguém. A experiência visual é sempre experiência corporal. Não é a toa que o olho apareceu como a janela da alma. A experiência com o cinema ou a televisão é uma experiência em que a proporção do corpo em relação às telas se torna definitiva. Outra é a experiência da visão e do corpo quando a diferença entre o "maior" e o "menor" é eliminada ao pensarmos que o olho do telespectador tornou-se prótese pelo "reconhecimento" de outra prótese, que incorporou aquilo com o que se relaciona.

Medusa e máscara

Está em jogo a forma do olhar que se enfrenta com a superfície. Tal enfrentamento partilha do mesmo estatuto que há entre rosto e máscara. Se há um sujeito do conhecimento, mas a tela é a prótese do conhecimento, a questão é entender a posição da tela considerando que a tela é sempre um feito para ser visto. Neste ponto é que a figura do telespectador surge implicado naquilo que ele contempla. Quem é espectador? Quem é telespectador? Há sentido em falar do telespectador como uma figura subjetiva, um universal referido a todos os sujeitos particulares?

Talvez sem querer, Georges Didi-Huberman, em seu livro *O que vemos, o que nos olha*, nos ofereça um começo de resposta ao afirmar que "*devemos fechar os olhos para ver quando o ato de ver nos remete, nos abre a um vazio que nos olha, nos concerne e, em certo sentido, nos constitui.*" Ele se refere ao ver que está sob o ato de ver. À invisibilidade no visível, ao oco deste olho que nos olha enquanto pensamos que olhamos para ele. O que nos olha, diferente de nós, é caolho. Em seu lugar, nós mesmos pomos um olho de vidro.

Mas do que se trata quando se fala do ato da visão? De um gesto, de um enlace, de um aprisionamento? O olhar – este conjunto de sensações, afetos e ideias que surgem do ver e provocam o ver – é, assim, não apenas o que movemos, nem tão somente o que nos move, não é apenas empreendimento pessoal, mas uma determinada ordem coletiva sustentada na retórica das imagens. Mas o que realmente vemos? De que visto se trata no ato de ver?

    A Medusa está na origem da história do olhar que nos fornece hoje a explicação – na estranheza familiar do mito – sobre a ordem do que chamamos "olhar". A televisão é o rosto atual da Medusa em seu caráter de máscara. Eis que a tela é uma máscara e, nela, outros rostos espectrais dão ao telespectador a impressão de um olhar humano, quando se trata de um olhar técnico a provocar, pela medialidade, um olhar nem bem técnico, nem bem humano, um olhar híbrido. Como o da Medusa, que lembra algo de humano. Por que não dizer monstruosa da totalidade da tela iluminada? É um rosto todo olho – última trincheira do valor de culto segundo Benjamin – que está apresentado ao telespectador. Ele põe a si mesmo como algo a ser cultuado, apenas porque esta é a sua forma como o impositivo rosto da Medusa que chama para si toda atenção pelo pavor.

    O mito da Medusa, única mortal entre as Górgonas, é contado nos textos de Hesíodo, que tanto nos faz ver o poder terrífico da potência mítica quanto nos mostra um espectador essencial, aquele que se relaciona a uma imagem como se ela fosse a coisa real. Perseu é herói porque é quem pode "ver" a Medusa e, mesmo assim, sobreviver a ela ao domar sua potência. Que arma ele usa para combatê-la? A artimanha do escudo espelhado que permite ver sem implicar-se no visto, ao ver de esguelha, pela indireção do olhar. É Jean-Pierre Vernant quem chama a atenção para o caráter de facialidade e de monstruosidade da figura de Gorgó. O aspecto transfigurativo que oscila entre o horror e o risível compõe o efeito de uma "inquietante estranheza" capaz, segundo Vernant, de provocar uma angústia sagrada tanto quanto a gargalhada libertadora[73]. Vernant se refere ao caráter de máscara de Gorgó, ao "poder feito máscara"[74]. Uma máscara que só pode ser combatida pela própria máscara em um embate de que sairá vencedor quem melhor se ocultar. Aquele que oculta finge. Referindo-se à máscara do Hades, Vernant dirá que "a máscara torna invisível a todos os olhares aquele que a usa, como se fosse um morto"[75], para logo mais ligar Persona – a palavra latina – com o etrusco Phersu como o "Portador de máscara que oficia durante a cerimônia". Embora Vernant saiba que não está pisando em terreno nada firme, não deixa de ligar Phersu, Perseu, Perséfone, e o próprio Hades (o deus do inferno que desposa Perséfone), todos entre si, supondo, junto aos autores de sua pesquisa, os heróis e deuses, com exceção da deusa, como uma única e mesma divindade[76].

Perseu é portador da máscara. Capaz de enfrentar o monstro – ele mesmo máscara e rosto a um só tempo – mas sempre sob ameaça de perder-se caso não use artimanhas. Seu mérito não seria outro do que atender à determinação do destino para conquistar a liberdade pelo ato em que dor e coragem representam o heroísmo de que é investido. Filho de um deus, neto de rei, mas criado por pescador, semelhante ao Édipo que mataria o pai e casaria com a mãe (mas em versão de certo modo mais amena: a ameaça de morte caindo sobre o avô materno e sobre a mãe protegendo-a de quem a cobice). Perseu é o herói que promete o impossível, e por isso mesmo é herói. O que ele promete é a cabeça da Medusa ao tirano que governa a cidade onde ele vive. Atena e Hermes o ajudam em sua aventura que não vingaria sem o constante uso de ardis pessoais: Vernant ajuda-nos a pensar a posição da figura heroica de Perseu contando a peripécia pela qual passa para roubar o único olho e o único dente das Graias, as irmãs mais velhas das Górgonas que barram o acesso às Ninfas guardiãs do capacete de Hades, das sandálias aladas e das *kunée*, o gorro da invisibilidade, instrumentos mágicos que o herói usará para matar a Medusa.

A saga do olhar começa para Perseu já neste momento. Ele precisa driblar as Graias para poder chegar às Górgonas. As Graias são figuras da vigilância, enquanto uma usa o olho e o dente coletivos, as outras dormem. A tática de Perseu não poderia ser outra que chegar no instante da passagem dos órgãos instrumentalizados, aquele mínimo momento em que o objeto está fora de uso e aberto aos perigos da expropriação. Perseu rouba o olho para chegar aonde quer. Logo depois, na boa análise de Vernant, o tema do olhar "do ver e do ser visto" é retomado no gorro que torna invisível aquele cuja cabeça cobre, assim como no "desvio do olhar de Perseu" no momento em que olha para o lado oposto da cabeça do monstro, do mesmo modo como quando usa a cabeça da Medusa para transformar seus inimigos em pedra. Nas versões em que a cabeça da Medusa aparece no espelho a questão do olhar fica ainda mais evidente. O espelho é um instrumento altamente tecnológico, emblema de um saber especializado. Vernant ainda levanta a questão da frontalidade da face. Sua característica é *"só poder ser abordado de face, num confronto direto do Poder que exige, para que o vejamos, a entrada no campo de sua fascinação, com o risco de nele nos perdermos. Ver a Górgona é olhá-la nos olhos e, com o cruzamento dos olhares, deixar de ser o que se é, de ser vivo para se tornar, como ela, Poder de morte"*.[77] E finaliza: *"encarar Gorgó é perder a visão em seu olho, transformar-se em pedra, cega e opaca"*.

O olhar da Medusa é, assim, o olho aprisionador como um olhar fascista que emite a morte contra o outro olhado. Quem é visto não permanece dono de si mesmo.

Neste ponto é que a análise de Vernant se torna rica para o nosso propósito de compreender a relação do olhar humano com o objeto televisivo. A categoria da frontalidade utilizada por Vernant explica-se no contexto da simetria em relação ao Deus: "*mantém-se sempre em seu eixo*". Segundo Vernant: "*esta reciprocidade implica ao mesmo tempo dualidade – o homem e o deus que se encaram – e inseparabilidade, ou até identificação: a fascinação significa que o homem já não pode desviar seu olhar ou o rosto do Poder, que seu olho perde-se no do Poder que também o olha, que ele é projetado no mundo que este Poder preside*". Tal Poder, é a própria tela que estabelece pela reciprocidade e pela inseparabilidade, um aprisionamento do olho.

Vernant está aqui a falar da possessão: "*na face de Gorgó, opera-se como um efeito de desdobramento. Pelo jogo da fascinação, o voyeur é arrancado a si mesmo, destituído de seu próprio olhar, investido e como que invadido pelo da figura que o encara e, pelo terror que seus traços e seu olho mobilizam, apodera-se dele e o possui*". Em se tratando da aplicabilidade desta circunstância ao esquema da televisão, podemos dizer que o telespectador é uma espécie de sujeito de uma hipnose, possuído pela atenção distraída dada no seu encontro com a tela.

As duas figuras essenciais desta narrativa merecem, pois, nossa atenção para a complementaridade que as une. Perseu é o herói que se liberta de uma possessão, mas apenas porque aprendeu a mascarar-se diante da máscara que deseja ou deve vencer. Esta máscara é o poder que Vernant usa com letra maiúscula. Aprendeu a libertar-se pela mesma estratégia que o aprisionava. Tornou-se senhor de sua própria possessão ao usar a máscara num processo de mimetismo a seu favor: "usar uma máscara é deixar de ser o que se é e encarnar, durante a mascarada, o Poder do além que se apossou de nós e do qual imitamos ao mesmo tempo a face, o gesto e a voz"[78]. Tal Poder em nosso contexto de metafísica invertida é o Poder do Espetáculo, o Poder do feito-visível, o Poder da imagem como aquilo que se imita, ao qual se sucumbe quando ela, sendo o capital, é também Deus. No entanto, uma questão fica sem resposta diante deste Poder: ele desperta no telespectador uma compulsão a imitar – ou já podemos falar em desejo?

A questão do espectador como um representado na imagem transformado no olhar televisivo na figura da audiência, o fato de que se torne "telespectador" revela-se aqui em seu caráter místico, em sua relação com o sagrado. O que nos diz Vernant pode, mais uma vez, ser o suporte para a compreensão do caráter mítico da relação entre olhares, pois é desta relação que se está a tratar. Segundo ele:

"O desdobramento do rosto em máscara, a superposição da segunda ao primeiro, que o torna irreconhecível, pressupõem uma alienação em relação a si mesmo, um controle por parte do deus que nos passa o freio e as rédeas, que nos cavalga e arrasta em seu galope; estabelece-se, portanto, entre o homem e o deus, uma contiguidade, uma troca de estatuto que pode chegar à confusão, à identificação, mas ainda nessa proximidade instaura-se o apartar-se de si mesmo, a projeção numa alteridade radical, inscrevendo-se na intimidade e no contato a maior das distâncias e o estranhamento mais completo."[79]

O efeito de máscara é conseguido por Gorgó apenas ao olhar nos olhos. Do mesmo modo, o efeito fascinante que a televisão alcança se torna possível por seu caráter de máscara que, contornando um olhar humano, se faz ela mesma dona de nossos olhos. Por ser rosto e, podemos dizer, por ser olho que nos olha como um Deus Pantocrator de cenhos franzidos no fundo de uma igreja. A potência da Medusa é aquela de arrancar-nos os olhos pelo desejo que emite sobre nossos olhos. A televisão é ricto gorgônico, não um simples chamado sutil de sedução. A sedução, no entanto, não deixa de estar ali. O ricto é a exigência autoritária que se assume em nós mesmos, como contraparte da entrega à potência aterradora que advém de um medo, o do desconhecido. A sedução aparece como um acordo com o pavor. Pondo-se como o que há de mais familiar — o que mostram *reality shows* senão a ideia de que algo como "realidade" está ali já conhecido? Eis o engano que seduz o telespectador: o de finalmente estar seguro diante da estranheza inquietante por meio de sua domesticação. A posição de aparelho da televisão, define, no entanto, que o telespectador é apenas seu funcionário, por mais habilidoso que seja com o controle remoto. Como na relação com a Medusa, na televisão é nossa própria máscara que se põe diante de nós mesmos: *"Como se esta máscara só tivesse deixado nosso rosto, só tivesse se separado de nós para se fixar à nossa frente, como nossa sombra ou nosso reflexo, sem que nos possamos livrar dela. É nosso olhar que se encontra preso à máscara."*

A ideia de Vernant é a de que Gorgó representaria uma imagem sendo ao mesmo tempo menos e mais que nós mesmos. Em suas palavras, *"simples reflexo e realidade do além, uma imagem que se apoderaria de nós, pois em vez de nos devolver apenas a aparência de nosso próprio rosto, de retratar nosso olhar, representaria, em sua careta, o horror terrificante de uma alteridade radical, com a qual por nossa vez nos identificaremos, transformando-nos em pedra*"[80]. O encontro com o olhar da Górgona é encontro com o Outro, com o sagrado em sua dimensão terrível. Ao mesmo tempo, em sua dimensão de máscara e pele, há algo nela que remete a nós em seu estatuto de imagem. Não somos a imagem, mas nos relacionamos a elas enquanto elas nos dizem algo de nós mesmos. Já que de nós surgiram.

A máscara da Medusa é, também ela, prótese. O que é a máscara, senão a prótese de um rosto? Emanuele Coccia enuncia o paradoxo da máscara como *"o paradoxo da medialidade, aquele pelo qual nosso corpo é meio, veículo que transforma a nós mesmos em imagem e que nos força a apropriar-nos de imagens para dar forma ao nosso corpo"*[81]. Eis que a máscara está para o olho de vidro como um rosto para o olho orgânico. O que está em jogo é sempre uma relação com a própria pele, como diz Coccia: o mundo não deixa de ser a nossa segunda pele. Mas podemos também pensar que é uma relação com os órgãos, pois a pele é, afinal, um órgão. Aparelho, como diz Flusser, é termo usado para falar de aspectos corporais.

Que espécie de máscara, que espécie de prótese é a tela da televisão? A que tem o estatuto de pele.

Diferentemente dos telespectadores, Perseu seria o herói que escapa ao olho coletivo da Medusa que, enquanto televisão, serve como o único olho utilizado pelas três Graias, usado agora como coisa banal e comum pelos telespectadores. A televisão é também o olho coletivo que nos transforma a todos em Górgonas, é também a tela que serve de máscara para a qual olhamos enquanto pensamos encarar um rosto.

A televisão, por sua vez, não parece ter nada a ver com este terrível da imagem de máscara da Górgona em sua luminosidade agradável. Podemos dizer do terrível em relação a conteúdos, no entanto não no que toca à Forma TV. A afirmação de Vernant, de que *"cruzar o olhar com o olho que por não deixar de nos fixar torna-se a própria negação do olhar"*, ampara uma reflexão sobre o brilho televisivo "capaz de cegar" como o olhar da Górgona. No espelho é ela que se torna "mirada cega"[82]. O estatuto desta cegueira feita luminosa lança-nos na reflexão sobre o caráter autoritário do olhar do qual o telespectador apenas poderia salvar-se ao ser, como Perseu, um herói.

Mas não poderia olhar de frente para a tela, a máscara que o contempla. Ao contrário, quem, não sendo Perseu, olhasse de frente estaria fadado à aniquilação de seu próprio olhar. Não veria mais nada, pois a pedra não pode ver. Ao mesmo tempo esta cegueira é devolvida à tela: *"Quando encaramos Gorgó, é ela que faz de nós o espelho no qual, transformando-nos em pedra, contempla sua face terrível e se reconhece no duplo, no fantasma que nos tornamos ao enfrentar o seu olho."* Assim é que aquele que olha, ao fazer-se telespectador, torna-se o espelho de um outro que o petrificou. A simetria entre a imagem televisiva, a exigência de servidão ao aparelho, e uma exigência de ser servido e agradado que é própria daquele que se tornou telespectador é o arranjo gorgórico da imagem televisiva que se expande para todo o universo das telas. Vernant fala de uma reciprocidade em que a simetria é desigual: *"para exprimir em outros termos esta reciprocidade, esta simetria tão estranhamente desigual entre o homem e o deus, o que a máscara de Gorgó nos permite ver, quando exerce sobre nós o seu fascínio, somos nós mesmos no além, esta cabeça vestida de noite, esta face masca-*

rada de invisível que, no olho de Gorgó, revela-se a verdade de nosso próprio rosto".

Não somos mais nós mesmos desde que nos enfrentamos sem guerra com esta potência devoradora. Não temos mais um rosto, mas tão somente a máscara que representa a irresistibilidade do processo de formação da imagem e do ser humano construído não mais à imagem e semelhança de outro deus, mas somente da imagem que não é a própria imagem. A fraqueza do ser humano oposto ao deus é a mesma fraqueza do ser humano diante da potência mítica da televisão. A imagem que informa o homem, e que o forma, é poder em si mesma, exigência de adesão. Se os deuses estavam em jogo na relação com o sagrado, hoje o mesmo jogo é posto em cena quando não há mais deuses que não sejam mostrados nas telas. Se não há mais rostos humanos que não sejam mediados por telas, resta-nos pensar a careta, a caricatura, a distorção anamórfica de um rosto real. O rosto sempre foi metáfora do que no ser humano é a sua alma, a sua identidade, o que há de mais próprio e que, sendo humano, é do humano a própria diferença. Na posição de telespectadores, talvez tenha sentido dizer que "a careta é também a que aflora em nosso rosto para nele impor sua máscara quando, a alma em delírio, dançamos ao som da flauta a bacanal do Hades"[83]. Na televisão transformamo-nos em caretas vistas por olhos de vidro.

A "televigilância"[84] é estética, mas sua origem está na pré-história da explicação científica que é o mito. Ela realiza a relação entre "vigiar e punir", transformando os telespectadores em certa espécie de pedra: diamante valorizadíssimo no mercado da audiência. Como uma estátua implantada nas salas de estar por meio de seus olhos de vidro, o telespectador é o puro olho uniformizado que dá consistência à audiência, figura clara do que Jean-Luc Nancy chamou de "comunidade inoperante"[85]. O que Buck-Morss diz do espectador de cinema vale para a televisão: a audiência, diz Buck-Morss, *"não é um conjunto de espectadores individuais. Ela é um espectador, infinitamente reproduzido".*[86] Assim como no cinema, a estandardização da cognição de massa substitui a universalidade *a priori*". Há uma cognição que coloca algo que o espectador experimenta empiricamente como verdade na tela posta diante dele como prótese coletiva. O perigo político para o qual alerta Buck-Morss está em que se "o sujeito do ato cognitivo é um sujeito coletivo, então a cognição não pode escapar ao conformismo". A mesmice — ou esta tão agradável ilusão de pertença a uma comunidade — simula universalidade e verdade. Pode-se, neste caso, falar muito mais em uniformidade do que em universalidade, em conformismo do que em consenso, mais em doutrinamento do que em cognição. Diz Buck-Morss: "quando a audiência de massa tem uma sensação de identidade imediata com a tela do cinema, e a própria percepção se torna consenso, desaparece o espaço para o debate crítico, intersubjetivo, e a discussão"[87]. A prótese cognitiva acaba com a crítica que nos faria acordar do sono dogmático implantado no ser humano pela tela.

Buck-Morss falará do choque como neutralização da sensação. Talvez a excitação de que fala C. Türcke tenha a ver com esta necessidade de sentir emoção quando não há mais sensibilidade para tal. Pode-se dizer que a subjetividade está diante da televisão apenas pré-formada, em estado de certeza imediata. Aquilo que Hegel chamou de certeza sensível[88], o que seria o simples "visar", a capacidade de não-conceituar para apreender o objeto, torna-se incapacidade de conceituar diante de um objeto devorador. O afundamento no imediato acaba com a chance do pensamento e do sentimento. Se não há mais algo como sensibilidade é porque não se pode mais falar de um corpo no sentido em que conhecemos até aqui e se não há capacidade de reflexão pela consciência crítica não há mais sujeito. Logo, cabe perguntar pelo estatuto do indivíduo diante da televisão. O sujeito que simplesmente vê não seria o sujeito "in-vejante", em outros termos talvez mais apropriados, o sujeito "in-vidente"? Aquele que se torna pedra em seu próprio ato de ver-se objetificado pelo outro. É esta metáfora que está declarada no mito da Medusa, que ver-se a si mesmo sendo um visto é tornar-se coisa pela captura da consciência.

Este corpo aniquilado diante do olhar da Medusa não escapou à sua exigência, à sua lei. Refém de um campo no qual ao olhar só resta in-visar, o sujeito foi reduzido ao vivente – refiro-me aqui àquele que sobrevive – que, enquanto telespectador, é mero vidente. Imagens não são mais que espectros e espectros são a verdade inquestionada da ordem espetacular.

Estado de sítio ou
Diante da lei da opacidade

O conto de Kafka "Diante da lei" poderia bem ser pensado como uma figuração do telespectador diante da tela. Lendo-o com atenção não fica difícil imaginá-lo como a descrição de um indivíduo sentado por anos em uma sala de estar diante de um aparelho de televisão cuja realidade ele almeja alcançar. Lancemo-nos em um experimento filosófico pela adaptação. No lugar de lei coloquemos a palavra "televisão", no lugar de porteiro coloquemos o nome genérico de funcionário. Chamemos o homem do campo de telespectador. Vejamos o que acontece.

"Diante da televisão está um funcionário. Um telespectador chega a esse funcionário e pede para entrar na televisão. Mas o funcionário diz que agora não pode permitir-lhe a entrada. O telespectador reflete e depois pergunta se então não poderia entrar mais tarde.

– É possível – diz o funcionário. – Mas agora não.

Uma vez que a porta da televisão continua como sempre aberta e o funcionário se põe de lado, o telespectador se inclina para olhar o interior através da porta. Quando nota isso o funcionário ri e diz:

— Se o atrai tanto, tente entrar apesar da minha proibição. Mas veja bem: eu sou poderoso. E sou apenas o último dos funcionários. De sala para sala porém existem funcionários cada um mais poderoso que o outro. Nem mesmo eu posso suportar a simples visão do terceiro.

O telespectador não esperava tais dificuldades: a televisão deve ser acessível a todos e a qualquer hora, pensa ele; agora, no entanto, ao examinar mais de perto o funcionário, com o seu casaco de pele, o grande nariz pontudo, a longa barba tártara, rala e preta, ele decide que é melhor aguardar até receber a permissão de entrada. O funcionário lhe dá um banquinho e deixa-o sentar-se ao lado da porta. Ali fica sentado dias e anos. Ele faz muitas tentativas para ser admitido e cansa o funcionário com os seus pedidos. Às vezes o funcionário submete o telespectador a pequenos interrogatórios, perguntando-lhe a respeito de sua terra natal e de muitas outras coisas, mas são perguntas indiferentes, como as que os grandes senhores fazem, e para concluir repete-lhe sempre que ainda não pode deixá-lo entrar. O telespectador, que havia se ocupado com muitas coisas para a viagem, emprega tudo, por mais valioso que seja, para subornar o funcionário. Com efeito, este aceita tudo, mas sempre dizendo:

— Eu só aceito para você não julgar que deixou de fazer alguma coisa.

Durante todos esses anos o telespectador observa o funcionário quase sem interrupção. Esquece os outros funcionários e este primeiro parece-lhe o único obstáculo para a entrada na televisão. Nos primeiros anos amaldiçoa em voz alta e desconsidera o acaso *infeliz; mais tarde, quando envelhece, apenas resmunga consigo mesmo. Torna-se infantil e, uma vez que, por estudar o funcionário anos a fio, ficou conhecendo até as pulgas da sua gola de pele, pede a estas que o ajudem a fazê-lo mudar de opinião. Finalmente sua vista enfraquece e ele não sabe se de fato está ficando mais escuro em torno ou se apenas os olhos o enganam. Não obstante reconhece agora no escuro um brilho que irrompe inextinguível da porta da televisão. Mas já não tem mais muito tempo de vida. Antes de morrer, todas as experiências daquele tempo convergem em sua cabeça para uma pergunta que até então não havia sido feita ao funcionário. Faz-lhe um aceno para que se aproxime, pois não pode mais endireitar o corpo enrijecido. O funcionário precisa curvar-se profundamente até ele, já que a diferença de altura mudou muito em detrimento do telespectador:*

– O que é que você ainda quer saber? – pergunta o funcionário. – Você é insaciável.

– Todos aspiram à televisão – diz o telespectador. – Como se explica que em tantos anos ninguém além de mim pediu para entrar?

O funcionário percebe que o telespectador está no fim e, para ainda alcançar sua audição em declínio berra:

– Aqui ninguém mais podia ser admitido, pois esta porta estava destinada só a você. Agora eu vou embora e fecho-a."[89]

O conto de Kafka é valioso para interpretar a posição do telespectador de televisão na intenção de compreender o significado dialético da relação entre telespectador e tela e assim indicar um caminho para pensar a questão do que devemos nomear como "estado de exceção televisual". Se por um instante confiamos no *experimentum* filosófico de que o homem diante da lei é o homem diante da tela, temos não apenas a definição de um telespectador como aquele que se dispõe a ver a tela, mas o estatuto da tela na posição da porta da lei. Pois que a tela é a porta da televisão diante da qual um ser humano se posta. Vejamos que consequências podemos tirar desta questão desde que é esta tela, ela mesma, o aberto que é fechado, que se coloca como a instância da lei. Vejamos o que significa esta instância.

Proveniente da discussão de W. Benjamin e K. Schmitt como bem reconstituiu G. Agamben[90], o termo exceção relaciona-se a uma forma de violência que instaura a Lei e liga-se à figura do soberano como aquele que decide sobre a exceção. Trata-se da suspensão da ordem jurídica enquanto esta mesma suspensão é jurídica. Situado entre a política e o direito, estado de exceção é um termo que envolve o estado de necessidade sem forma jurídica. Trata-se de uma figura paradoxal da "forma legal daquilo que não pode ter forma legal". Agamben formulou perfeitamente o que interessa ao fim deste texto: *"se a exceção é o dispositivo original graças ao qual o direito se refere à vida e a inclui em si por meio de sua própria suspensão, uma teoria do estado de exceção é, então, condição preliminar para se definir a relação que liga e, ao mesmo tempo, abandona o vivente ao direito"*[91]. Digamos que ao falar de estado de necessidade possamos invocar o discurso corriqueiro próprio do telespectador que, sobretudo aos domingos, afirma que "não há nada para ver na televisão, não há nada para fazer", declarando que a televisão coordena o estatuto de seu desejo enquanto transforma em lei aquilo que é liberdade, aquilo que não teria lei (a necessidade modernamente torna-se o verdadeiro "estado" da lei[92], e enquanto é estranha ao ordenamento jurídico, é a "fonte originária da lei"), mas digamos também que isto só é possível porque ele foi capturado no lugar em que, como vivente, é ligado e abandonado à televisão, posta aqui no lugar do direito. O que Giorgio Agamben entende como "terra de ninguém" ou "zona cinzenta", recuperando um termo usado por Primo Levi, e que se refere à diferença possível entre jurídico e político, direito e vivente é o que, aplicado ao espaço-tempo televisual, podemos compreender como estado de exceção. A interpretação que Arlindo Machado dá da caverna de Platão como um projeto audiovisual, como "lugar fronteiriço" e "zona limítrofe"[93], pode ser visto neste sentido de um aprisionamento na liberdade. Se Agamben entende o estado de exceção como paradigma de governo, devemos aplicá-lo à compreensão do paradigma comunicacional baseado na imagem tomada como regra fundamental – e neste sentido absoluta – da relação entre telespectador como vivente e a ordem jurídica da tela.

Referindo-se à ordem militar promulgada pelo Presidente dos EUA em 2001 quanto à detenção de suspeitos de terrorismo, Agamben fala do "significado imediatamente biopolítico do estado de exceção como estrutura original em que o direito inclui em si o vivente por meio de sua própria suspensão"[94]. A comparação ao estatuto de suspensão do sujeito diante da tela televisiva talvez soe exagerada, mas deixa de sê-lo no momento em que se leva em conta que a imagem tem o poder como esta ordem militar de pôr o sujeito como uma instância a ela submissa. O telespectador nada mais é do que esta figura suspensa. O telespectador é figura da vida nua, daquilo que em Benjamin significa o mero vivente destituído de sua condição jurídica e, justamente por isso, incluído, segundo a expressão de outro pensador essencial como Foucault, no cálculo do poder. O telespectador precisa ser pensado a partir da condição biopolítica que ocupa com seu corpo dócil diante do aparelho que cativa sua percepção. Este cativeiro caracteriza a relação entre o observador desde o projeto da caverna platônica até a experiência de realidade virtual tal como a que se dá na CAVE (Cave Automatic Virtual Environment) de Illinois[95].

A atribuição do executivo de promulgar decretos com "força de lei", na compreensão de Agamben, define a condição de "plenos poderes" por parte da governabilidade. Embora para Agamben não haja coincidência simples entre o uso dos plenos poderes e o estado de exceção, podemos pensar que no estado de exceção televisivo estamos diante dos plenos poderes da imagem. A imagem é, ela mesma, o poder pleno em uma sociedade espetacular. Se Benjamin tem razão ao dizer que "o estado de exceção tornou-se a regra" no âmbito político, podemos dizer que a imagem tornou-se a regra no âmbito estético. Desde que estamos em uma sociedade do espetáculo, da qual é constitutiva a confusão entre o estético e o político que não pode ser negada tanto na ordem publicitária da vida cotidiana quanto na época de eleições, temos que a imagem é o capital elevado a sua forma mais especializada. Como tal a imagem é o pleno poder porque é ela, inclusive, que dita o consenso sobre o que é a realidade, porque neste lugar indistinto da decisão ela decreta um estado de percepção a que convencionamos chamar de realidade. Do mesmo modo que, por repetição, se pode definir o que é verdade.

A questão de Agamben é entender como pode uma "anomia ser inscrita na ordem jurídica?"[96]. Mais grave ainda, e isso parece definir bem melhor o estatuto da exceção que interessa ao contexto do televisual, se o estado de exceção "é apenas uma situação de fato e, enquanto tal, estranha ou contrária à lei, como é possível o ordenamento jurídico de uma lacuna justamente quanto a uma situação crucial?". Eis que o que define o estado de exceção televisual é esta situação de fato que se coloca como legal no pior sentido do legal, como norma e não como o que é capaz de discutir a norma. Estamos diante do momento em que o direito se define pela moral, em que a questão da lei migra para a esfera da moral, para o lugar da subjetividade. Talvez assim se possa entender, em um sentido muito específico aplicado ao estado da exceção televisual, a pergunta quanto ao "sentido dessa lacuna". Trata-se de um outro âmbito em que o estético se confunde com o ontológico. Se pensar que "o estado de exceção não é nem exterior nem interior ao ordenamento jurídico", se "o problema de sua definição diz respeito a um patamar, ou a uma zona de indiferença, em que dentro e fora não se excluem mas se indeterminam" coloca para Agamben o limite do direito, na ordem do televisual, o que está em jogo é a inescapabilidade daquilo que se põe como situação de fato. O telespectador será um habitante capturado para dentro da zona cinzenta criada pela tela televisiva, esta zona de indistinção entre a liberdade de ficar e a liberdade de sair que coloca que o dentro e o fora da lei são decididos no corpo do sujeito, não há mais direito porque tudo o que poderia ser "de direito" foi reduzido à ética – à instância subjetiva –, e a ética à responsabilização. Mas a ética ela mesma está indistinta, já não há uma subjetividade que a sustente. Ele mesmo encontra-se em um paradoxo: o sujeito foi aniquilado enquanto é, ao mesmo tempo, exigido em sua posição de agente de uma decisão. Por isso, torna-se tão difícil debater sobre a censura e a liberdade de expressão quando se trata de televisão, pois o jurídico, a instância objetiva em que a lei deveria ser clara, torna-se ele mesmo vítima da indistinção que reenvia, em fuga, a sua própria questão a uma subjetividade incapaz de respondê-la. Nem mesmo o dentro e o fora da tela da televisão, nem o dentro e o fora da subjetividade dos telespectadores, podem mais ser pensados, posto que telespectador é aquele cuja interioridade foi capturada pela arma que é a tela como um fantasmagórico papel mata-moscas. A questão de Agamben sobre a localização – ou deslocalização – do estado de exceção também é o problema do que aqui propomos no âmbito do televisual. Com a diferença de que é possível pensar este *locus* de caráter televisual no entrelaçamento de olho e tela. A instauração deste lugar põe em cena o lugar da situação de fato desta relação como uma lei, um decreto estético existencial do qual aquele que se torna telespectador não pode fugir. A pergunta a ser feita refere-se ao modo como o sujeito desaparece diante da tela para dar lugar ao telespectador. O que há no que devemos chamar de Lei da Tela e que virá a compor o estado de exceção pela aniquilação entre a separação entre um dentro e um fora. O que está em jogo é muito mais do que a instauração de uma lei e sua "legalização", o estatuto da força de sua vigência. A indiscernibilidade entre fato e direito é o que conta nesta situação legal-ilegal, que, em termos gnosiológicos, quer dizer que a verdade é a mentira e a mentira é a verdade, ou, em termos mais estéticos, que a ilusão é o real. Mas de onde vem e o que significa esta condição da lei que não é lei e mesmo assim vale como lei? Aquilo que Schmitt entende como ditadura é, em Agamben, o vazio da lei, a condição de zona cinzenta e anômica que era insuportável para os juristas e que lança a questão da lei para muito além do direito. No território não apenas do que Agamben entendeu relativamente ao logos, mas também ao que se entender por imagem. Não há como falar de um estatuto político – e até mesmo jurídico – da imagem que não seja por meio de uma "zona anômica de suspensão para poder fundar o mundo da vida". Trata-se de "uma lei que deixa de ser lei para confundir-se inteiramente com a vida"[97]. Se o direito "parece não poder existir senão através de uma captura da anomia" e "a linguagem só pode existir através do aprisionamento do não linguístico"[98], também a imagem só pode valer pela captura daquilo que a reconhece como tal enquanto não é da ordem da imagem. Trata-se do aprisionamento do não-imagético. Eis que a instância do corpo é aqui capturada fora. Eis a estrutura da exceção à qual está condenada.

Jacques Derrida viu na questão da "Força de Lei" a chance de debater sobre o fundamento místico da autoridade, tendo como "místicos" aqueles momentos de violência, tortura ou crime que são "instauradores de direito" enquanto envolvem o paradoxo do próprio direito ao excluí-lo pela violência que se mostra como própria ao ato de instauração do direito. Isso vale para o fato que adquire o estatuto de direito. A compreensão do direito coloca-se, pois, no paradoxo de sua própria autossustentação. Onde está o direito para além dos fatos? Como se instaura o direito? O filósofo responde chamando o fundamento místico da autoridade. Derrida define "o místico" como aqueles momentos em si mesmos "ininterpretáveis e indecifráveis"[99] que instauram uma lei. A questão que devemos colocar é a seguinte: como o telespectador se dispõe a ser telespectador sujeitando-se a ficar diante da tela? Este estar diante da tela, como estar diante da lei — ação pela qual se estabelece claramente que a tela é prótese cognitiva —, é a questão que pode ser respondida na analogia entre a lei e a televisão. Não há nada que instaure a televisão no lugar da lei visual que não seja este fundamento místico da própria imagem. O momento ininterpretável e indecifrável do fascínio que é, ele mesmo, místico.

Devemos estender esta análise à compreensão da televisão como núcleo da imagem técnica. A televisão sendo, no fio histórico da evolução da técnica aplicada às imagens, o aparelho que exacerba a potência da imagem enquanto técnica, aquela que vem instaurar-se no campo de visão daquele que um dia poderia ter sido sujeito de seu olhar, caso a potência da imagem não o tivesse capturado. A técnica relacionada à imagem não representa outra coisa que a tecnicização desta captura. Como bem percebeu Walter Benjamin, ela é a própria magia. A magia, este dado místico — sem fundo, sem explicação —, é o que põe o sujeito na posição de servidão.

A televisão, rede plena de iscas para os olhos, define-se no campo do olhar quando em estado de exceção. Ela impõe uma autoridade soberana sobre o olhar que se dedica a ver aquilo que se põe diante dele. Não é outra a sua função. No entanto, o olhar não é puramente passivo, o que não quer dizer que ele seja puramente ativo. Passividade e atividade definem objetividade e subjetividade numa inter-relação marcada pela indistinção de limites. Também não podemos crer que o olhar seja puramente subjetivo, ao contrário, na medida em que é passivo, algo que se sofre, ou que se deixa ser, será altamente objetivo, a ponto de podermos dizer dele que é coletivo, ainda que sua potência física seja individual. O olhar só pode ser compreendido se considerados estes momentos que, opondo-se, também se complementam. O olhar é, portanto, interconexão entre o que é posto pelo sujeito, o que dele é ineliminável, e as interferências objetivas. Neste sentido é que dizer que há algo externo ao olhar seria um erro, pois o olhar, como interconexão, é o ponto onde subjetividade e objetividade se tocam enquanto, ao mesmo tempo, se perdem cada uma a si mesma. Assim, é preciso analisar o que chamamos de olhar na tensão entre indivíduo e meio, que é tensão entre a perspectiva pessoal sempre construída na tensão com a objetividade do contexto. A objetividade do contexto não é, no entanto, anterior ao olhar, mas construção histórico-social que, em sua ilusão de objetividade absoluta – que só é possível pela ilusão da subjetividade absoluta do sujeito –, vem ao sujeito como aceitação ou como violência. No entanto, nem a aceitação nem a violência são ilusórias, resultam, contudo, da própria relação ilusória que as fundou. Uma dialética do olhar que revela a originária relação política entre sujeito e aparelho é do que precisamos para pensar a televisão. Sendo a tela a arma contra um olhar localizado ele mesmo dentro enquanto está fora de um corpo. No lugar externo ao corpo onde o corpo desaparece.

Se, a exemplo do que diz Derrida sobre a fundação da lei em uma violência originária, tomamos a violência do olhar objetivo como fundadora do olhar subjetivo – levando em conta a dialética sem síntese acima mencionada –, temos que é inaugurada uma nova ordem simbólica em que a regra da visão – uma ortodoxia do olhar – encontra sua "Força de Lei". O que pode ser visto e o que deve ser visto se confundem nesta ortodoxia do "olhar". Olhar é, portanto, uma determinada ordem que se define na relação com a imagem que está no cerne da própria imagem como aquilo que existe por e para um olhar, assim como existe uma ordem do discurso que está no cerne da linguagem na medida em que ela se ordena no contexto das relações humanas. Não existe olhar sem relação com a ordem, com o que a sociedade espetacular instaura como ortodoxia. Assim como não existe discurso fora da ordem, mesmo que em contraposição a ela como nas obras de arte que procuram ser contestações da ordem. Sustentar a questão do estado de exceção da imagem se define pela compreensão da televisão como o que ocupa o lugar de uma lei em que a estética – a imagem – ocupa o lugar da política definindo uma lei. Neste sentido, uma ortodoxia da qual é impossível escapar como quando se está dentro de um lugar no qual se é livre. Eis o que significa o estado de exceção.

A televisão é o *locus* próprio onde este estado de exceção se realiza. Neste sentido, ela possui a mesma estrutura daquilo que Giorgio Agamben chamou de "campo" referindo-se ao quarto paradigma do político enquanto zona onde é incluso o que é excluído, e é excluído o que é incluso. Aquele lugar onde se está e não se está, no qual, ao se estar, não se está legalmente por ocupar espaço em uma "localização sem ordenamento"[100] (os exemplos de Agamben são os campos de refugiados, as zonas aeroportuárias, as periferias das cidades) em que, sendo suspenso todo ordenamento normal, resta a população sob a civilidade da polícia. O telespectador diante de uma tela vive o mesmo. Assim é que podemos compreender que, enquanto mecanismo, a televisão é o totalmente visto que jamais é realmente visto porque ela impossibilita que se a veja. Aquele que a vê não pode entrar nela, aquele que nela está não está ao mesmo tempo como alguém que participa de algo real, na medida em que o que nela é real só faz produzir a ilusão. Ao mesmo tempo esta captura do sujeito é totalmente livre para ele mesmo. Agamben percebeu muito bem a função da lei no conto de Kafka: "o camponês é entregue à potência da lei, porque esta não exige nada dele, não lhe impõe nada além da própria abertura"[101]. A televisão não faz outra coisa do que oferecer-se como esta abertura.

O que ela oferece é a promessa do real como abertura ao real na forma de uma tela. A falha da televisão é, no entanto, o descumprimento de uma promessa que a lança dentro da angústia do real que ela prometera mostrar. A televisão corre atrás do real e, por não poder alcançá-lo, o falsifica. Assim é que a televisão não faz ficção como o cinema – e neste sentido é mais abertura do que prótese, ou mostra-nos que a própria insinuação do aberto é a prótese de validade existencial e estética quando o cognitivo já não importa –, mas simula o real como se ele estivesse diante de nossos olhos. *Reality shows* são os exemplos crus do grau zero do que devemos chamar "forma televisiva". Agamben chama de "localização deslocante" aquela que excede um espaço determinado em cujo interior a tríade Estado-nação-território estabeleciam a ideia do político. Analogamente, o problema político da televisão não pode ser pensado fora desta fratura que é a televisão no campo do olhar. Mas sob a condição de, pela oferta do real, colar a fratura.

A televisão está para o olhar como o campo está para o político. É ela que vem colonizar o olhar, um olhar que permanece sendo olhar enquanto não o é e nunca foi, senão no instante originário em que pela primeira vez se viu o objeto televisão, em que se estabeleceu um encontro com a tela, assim como um dia, pela primeira vez o camponês esteve diante da lei e desejou penetrá-la sem que soubesse que estaria preso para sempre à abertura. A zona de exceção é justamente este lugar onde o camponês gostaria de entrar, mas no qual não pode entrar por já estar dentro dele. A estrutura da lei enquanto é porta aberta é também a do abismo. *Mise en abîme* é o nome secreto do ato que faz um sujeito mirar a tela. Equilibrista seria o telespectador quando, com recursos de travessia, seria aquele que poderia atravessar o vão sem nele cair.

Lógica do espectro

A lei, por sua vez, é a lógica do espectro, a obediência às imagens que estão sempre disponíveis/indisponíveis, próximas/distantes, acessíveis/inacessíveis. Em uma sociedade em que o desejo de ver foi hipostasiado e necessariamente transformado no desejo de ser visto – o que é provado pela supervalorização do que chamamos em nosso tempo de celebridades –, a televisão torna-se o objeto central, uma espécie de dispositivo da autocompreensão social, ao mesmo tempo que da totalidade de sua experiência. Ou a experiência enquanto é reconhecida como tal. O desejo do reconhecimento é a superação negativa do conhecimento impossível, e que a televisão oferta amplamente ao "oferecer" ao espectador uma programação com a qual ele possa se identificar. O espectador exige assim uma programação que "seja a sua cara". A exigência condiz com a oferta de re-conhecimento que nada mais é do que o imo desta lógica do espectro em que a re-visão substitui a visão. O julgamento pela "arbitragem-vídeo"[102], a paranoia e a mistificação são consequências inevitáveis desta lógica.

Sem chance de definir o que é a imagem enquanto conhecimento, já que é o sujeito do conhecimento que se cancela diante da imagem, podemos pensar a relação no ponto da distorção entre olhar e imagem. *Lógica do Espectro,* expressão que tomo emprestada de Jacques Derrida[103], seria a relação com a imagem enquanto não pode ser vista, enquanto não existe e, todavia, é real. Podemos definir aquilo que da imagem se mostra sem que se possa conhecê-la como seu caráter de anamorfose, aquela imagem que, em seu caráter distorcido, envolve um momento, um campo da imagem a que chamamos fantasma. Aquilo que Barthes chamou de *spectrum* em *A Câmara Clara* seria da ordem do "retorno do morto"[104] está presente em toda fotografia e, podemos pensar, na imagem técnica em geral, dando-nos algo que é morto-vivo. Tal é o estatuto da imagem técnica presente também na imagem televisiva. O telespectador, contudo, não é apenas aquele que se relaciona a um espectro – o enquadramento, o rosto dos personagens na tela –, mas é ele mesmo transformado em espectro. O telespectador é o que sobra de uma imagem.

A televisão é esta espécie de ágora em que se exercita a lógica do espectro: o cidadão não se apresenta nela em seu corpo físico, nem em sua voz, nem em seus pensamentos, mas em um espectro de si mesmo: a forma da pura imagem ou da máscara. Em tempos de democratização, cada um pode ter seus quinze minutos de experiência na vida espectral. Outros farão dela profissão como produtores ou apresentadores, funcionários ou proprietários. O cidadão não se apresenta porque não se pode apresentar senão em determinado grau. Antes de "aparecer" na televisão, a pessoa precisa ser transformada em celebridade ou, como pessoa comum, ser reduzida à "pessoa comum" que ela de fato é. O processo é o da iconização em que a imagem é valorizada como mercadoria, e não poderia ser diferente em se tratando do espetáculo enquanto elevação do capital a imagem e da imagem a capital. Nele, jamais pode aparecer sem a inscrição social, sem a redução a um ícone, nem que este ícone seja a forma pura de si mesmo. A propósito, não se deve perder de vista a necessária compreensão do ser da celebridade enquanto profissão deste tempo-espaço que se estabelece na suspensão da ideia de uma profissão. A celebridade, a rigor, não trabalha como outro profissional qualquer (aquele que trabalhando na televisão não for celebridade será funcionário), ela não detém um saber que vá além da apresentação de um programa cujo objetivo não pode ir além do entretenimento. Este "não ir além" não é retórico. Ele reflete a lógica do espectro que define o grau zero da forma televisiva. Quem vê não está ali, quem é visto também não está, pois o que está é o espectro que sustenta a fascinação pela celebridade. Esta sobrevive daquilo que Derrida chamou de "fascinação admirativa"[105] que o povo tem em relação ao criminoso. A celebridade sobrevive como incorporação deste fantasma.

Do outro lado, na continuidade da tela, o olho do espectador tem o caráter concreto-abstrato da audiência. É ele que paga com seu corpo e sua experiência o preço da lógica do espectro enquanto ao mesmo tempo dela se nutre. Assim como a celebridade que tanto paga quanto lucra. Não apenas o rosto do apresentador é espectro, nem apenas a tela é espectral, também o telespectador vive fantasmaticamente. Particular abstrato e não concreto, o telespectador é a individualidade universal que a tela deve capturar.

O telespectador, polo fundamental da lógica do espectro, não deseja entrar na televisão como alguém que nela apareceria. O seu desejo de entrar na televisão tem muito mais a lógica da in-visão, daquilo que se chamou anteriormente de inveja. A televisão é o que foi feito para a imediatidade do in-vejar, do que podemos denominar in-ver. O fato de que o telespectador cumpra o lugar do indivíduo na audiência, e torne-se por meio dela parte de uma comunidade, define que ele alcançou o único transcendental que resta após o advento do estado de exceção da imagem: o da lógica do espectro. Mesmo que apenas deseje vê-la e não aparecer nela, o que o telespectador recebe da televisão é a possibilidade de que ele existirá como alguém que vê enquanto a vê. Fim em si mesmo, esta comunidade pela tela "televisualizada" garante um lugar ao sol da celebridade ao contrário. A audiência é ela mesma esta celebridade universal, rebanho a que se deseja aderir.

A lógica do espectro depende do caráter de opacidade do brilho televisivo. Tal é o estatuto paradoxal do que, em se tratando de TV, é sempre fantasma. Pode-se dizer que a televisão é o aparelho – e o dispositivo – no qual a lei é a opacidade em um sentido muito diferente do defendido por Arlindo Machado ao dizer que o caráter opaco da tela televisiva barra "qualquer espécie de fascínio alucinatório que possa fazê-lo perder a vigilância sobre suas próprias sensações"[106]. O que Machado entende por "precário poder ilusionista" e a ausência de estudos sobre a questão da subjetivação diante de meios televisuais basta-lhe para colocar em cena que a questão da subjetividade não seria o maior problema de um meio como ela. No entanto, ele mesmo percebe que o caos enunciativo da televisão é um problema sério. Este caos enunciativo é o que barra uma teoria da enunciação televisual. Ao mesmo tempo, isto de modo algum pode significar que a questão da subjetividade não esteja em cena e que a televisão não participe de um processo de subjetivação ou mesmo intersubjetivação com o objeto nos moldes do que Flusser chamou de aparelho. Mesmo no empobrecimento da experiência sensível não podemos dizer que ela não produza um sujeito, mesmo que seja como negação da subjetividade.

Opacidade é aqui uma metáfora capaz de dar conta da lógica do espectro na ausência de brilho da fantasmagoria. Este não é um juízo moral. Dizer lei é dizer ordenamento sem o qual a coisa não existe, é falar do limite no qual a coisa se realiza e não onde ela termina simplesmente. A lei é a forma de algo, o que contém outra coisa, o fio que circunda, como uma cerca circunda a propriedade, como a moldura enquadra a imagem, determinando-a. A lei é o que define o ser e a forma do ser, sem o que não há ser. A forma é sempre o que se dá a algo ou que dele surge em processo de auto-organização sistêmica. É o traço que, ao desenhar, cria a coisa desenhada. A lei é o que delimita o conceito de algo, informando que ele não pode ser outra coisa, que ele não pode ultrapassar seu próprio limite. Lei é um limiar.

Além disso, a lei é o que está escrito, o que é aceito por todos, aquilo a que se deve obedecer. Vale como lei porque está gravado e com força ou mesmo à força. Como uma marca que define o lugar dos bois na propriedade e, sobretudo, que eles pertencem, estão dentro, fazem parte, são limitados e determinados pelo proprietário. Para a lei ser lei é preciso que seja incontestável, sagrada, aurática. Em tempos de escrita e democracia, a lei se dá na forma do signo. Assim como no mundo do espetáculo se dá na forma da imagem. Do seu signo, da sua palavra, de sua imagem, deve provir a ordem. A lei é a força que instaura algo, pode ser um comportamento, um valor, uma verdade. É o que define que "no início era o verbo". Em seu sentido mais estrito, o *"Fiat Lux"* do Deus criador da luz é a sua sentença mais conhecida, por ser decreto inquestionado e, neste sentido, místico. A lei tem o estatuto de frase, não podendo estar fora da linguagem. Ela é sempre sentença que define a fórmula jurídica exaustivamente repetida de que o que não está nos autos não está no mundo. Com isto estamos caminhando para a ideia de que a televisão é ela mesma uma forma de escrita e, neste sentido, uma lei que vem se instaurar no corpo do telespectador como no conto "Colônia Penal", de Kafka.

A lei da opacidade define que o jogo entre tela e telespectador como aquele que introjetou a tela não está claro. A opacidade aí faz parte do jogo místico da lei que vale apenas quando mantém um véu, uma máscara: algo que posto diante dos olhos não permite ver. Não há melhor imagem da lei do que o acobertamento dos rostos das mulheres no Islã com véus de diversos tipos. A lei, como a burca, como a televisão, é uma venda. A venda ou a lei da opacidade.

É como venda que é preciso primeiro entender a televisão e seu projeto de opacidade. A venda para os olhos define um novo modo de ver não vendo (venda é o que se usa para não ver, venda é um órgão negativo), é certo, mas o que aqui temos que compreender é a opacidade dita sob o nome de venda. Uma venda necessária e essencial posta diante dos olhos, fora deles e diante deles, como se lhes pertencesse, como se fosse parte sua. Por isso, a palavra venda não carrega um negativo. Ninguém diz: coloque um não-ver nos olhos. No entanto, é como se a televisão enunciasse que, ao vê-la – e somente a ela, pois é isto que se torna um telespectador, um devoto de uma única imagem –, o indivíduo "vende os olhos" para que a veja. Enquanto a vê, ele in-vê. Enquanto a vê, ele inveja. Ele não verá ao "ver a venda". Verá apenas a venda como o todo de seu ver. A venda é parte do olho desde que é a totalidade da visão que se pode ver. O olho que vê a venda que nele se impõe para que não veja vendo, todavia, implica a ideia de participação da venda no olho. A ideia de participação do olho na TV, todavia, não pode ser esquecida. E, pedindo desculpas pela aparência de trocadilhos desta teoria, é preciso enfrentar as voltas que esta questão nos impõe.

A venda é o que se põe diante do olho para que veja a venda e não veja o que dela resta, o que dela está além. A opacidade é, por sua vez, o visível sem brilho, a ausência do brilho no visível que prejudica o ver. Digamos que certo grau de opacidade seja necessário ao olho. Que se tudo fosse brilho puro para o olho, a cegueira seria inevitável como quando a retina enfrenta o sol. A opacidade é, além disso, mais que a ausência de brilho necessária, a perdição do foco por ausência de contraste entre brilho e opacidade. A lógica do espectro é a de brilhar sendo opaco, de uma opacidade que brilha. A opacidade é a impenetrabilidade da tela enquanto, ao mesmo tempo, é o que deixa a indefinição quanto ao estatuto desta abertura. Opacidade é a zona de indistinção, a zona cinzenta de que falaram Levi e Agamben.

Mas o que é um espectro para além da ilusão? É também aquilo que atormenta. O que implica ser seu prisioneiro?

A televisão garante o aprisionamento pela oferta do real. Esta oferta é a da imagem como violência e sonho, ou como o *onirokitsch* de que falou Benjamin. Espectro é a imagem que finge ser real. Neste sentido, toda imagem televisiva é violência contra o corpo. Espectro que atormenta. A legalidade desta ortodoxia tem o tempo da cultura. Assim é que quem hoje em dia senta-se em frente à televisão experimenta uma sensação antiga e nova ao mesmo tempo. O motivo que levava romanos às arenas e leva ainda hoje a touradas, a rinhas de galo, à luta livre foi modificado pela sensação de paz muito próxima do atordoamento que sempre foi prometida pela representação ficcional em geral. A nova violência contra o corpo é mansa. Dá-se por sua docilização como bem percebeu Agamben. Queremos assistir à guerra, à violência, à miséria, sem que nossos corpos estejam ameaçados, não como algo real, mas "como se" fosse real. A promessa da literatura e das artes visuais, assim como do cinema, foi a de que poderíamos apreciar a violência em paz. A televisão superespecializou esta possibilidade. A indolência diante da TV é uma caricatura da paz que o filme promovia ao jogar o espectador no mundo sempre mais confortável do irreal, da ficção como objeto de contemplação por oposição às dores e horrores da vida real. Aquela função benevolente do espetáculo para amainar as consciências não tem outro papel na televisão. O estatuto do real não é o que nela se torna questionado. Ao contrário, quanto mais pretende ser entretenimento, menos promete a ficção que faria questionar o real. A televisão não instaura um outro real. Ela vende "o real" segundo a convenção estabelecida entre audiência e indústria do televisual. Substituir o real doloroso da vida é apenas um detalhe. Prometer o real é uma faca de gumes afiados: a paz na guerra, a passividade na violência. Falar em violência na passividade não é mero oximóron.

 Aquilo que é paz e conforto é também passividade da visão. Ver televisão hoje é um modo de se emocionar numa sociedade que perdeu de vista a emoção. Torpor que promete ação. Não imaginada pelos antigos consumidores do circo, esta inércia acompanha a experiência. O conteúdo se faz como forma, a ela pertence: o principal conteúdo da TV para o povo é a violência. Física, que se pode "contemplar", ou simbólica, que só se pode absorver inconscientemente. Assistir à violência na tela — também neste caso, do cinema — é um modo de fruí-la comodamente, sem perder-se nela. O corriqueiro gesto de sentar-se diante do aparelho exige um autoabandono à inércia, misto de contemplação infecunda e ócio físico que dá prazer a quem desdenha de sua própria subjetividade, mas também a quem se torna intersubjetivo com a lógica do espectro. O entretenimento tem esta lógica.

Fahrenheit 451 – Tela e telespectador

Fahrenheit 451 é o filme de 1966 de François Truffaut baseado no romance de Ray Bradbury de 1953[107]. Diferindo em alguns aspectos da estrutura do romance, o filme vale-se de sua questão mais básica sobre a relação entre televisão e leitura para expandi-la no espaço de teorização que é a própria tela de cinema. Enquanto o romance se desenvolve em uma atmosfera de angústia centrando-se na subjetividade do herói, o filme constrói-se como uma teoria da imagem a partir da tela cinematográfica. Se a tela é prótese cognitiva, *Fahrenheit* nos coloca que ela também pode ser crítica. Em que sentido o lugar crítico do filme altera o sentido da prótese? Toda mídia não seria, em algum sentido, uma prótese cognitiva, como aquilo que imitando nossas capacidades nos é devolvido corporal e subjetivamente? Neste caso, a questão da prótese precisa ser repensada. À capacidade da prótese de reverter sua própria condição de substituição autoritária – que, ao exceder nossas potências, nos torna deficientes do que já tínhamos – devemos dar o nome de Imagem crítica. Deixa, no entanto, a imagem crítica de ser prótese em algum sentido? Eis a pergunta a que devemos responder.

Roteiro e fotografia, texto e imagem constroem a atmosfera fascista que nos é dada a ver. A frieza fascista é um dos fios que costuram o corpo do filme. Ela percorre todas as relações pessoais. A instituição policial especializada em controlar a sociedade pela proibição de livros representa a total ausência da política na violência simbólica ali exposta.

Tanto no filme quanto no livro, o herói é o bombeiro Montag que desenvolve uma relação apaixonada com os livros, deixando, ao longo do roteiro, sua função de especialista em destruí-los. Esta confusão do sujeito que não sabe a que veio, ora agindo em nome do sistema, ora negando-o, rumo à sua libertação da ordem que o persegue até simular sua morte, define a sabotagem dos indivíduos em uma sociedade onde a expressão singular é tolhida até o fim. Em *Fahrenheit 451*, escapar é resistir e resistir é esconder-se de um grande olho vigilante que é o meio de toda punição.

Em que pesem as diferenças, tanto o livro quanto o filme apresentam uma teoria do poder relacionado ao controle do conhecimento e da sensibilidade simbolizados pelo livro. Se o livro de Bradbury traz em si uma teoria sobre o livro que não perde de vista que o livro é também "mídia" – um mero receptáculo da memória como conta Faber[108], personagem do livro que não aparece na versão de Truffaut – que apenas com muita distância trata da televisão, o filme de Truffaut aposta na crítica da imagem televisiva em sua forma de apresentação social: invasão na vida privada, sedução afetiva, difusão controladora. O filme expõe a tela da televisão como lugar onde a ilusão é apreendida como verdade. Como referência geral da vida, a tela da televisão se apresenta como inescapável "Força de Lei" que subjuga aquele ao qual se dirige.

A tela é, ela mesma, órgão de controle dos corpos. Como o mostrou Foucault, é controle do prazer e do saber. A ela se opõem os livros como emblema do saber partilhado enquanto a tela promove analfabetismo.

O trabalho invertido de Montag é central na exposição do que chamamos a partir de Flusser de imagem crítica – se toda imagem é informada por teorias, a imagem crítica é informada por uma teoria crítica e incorpora-a em sua forma. Assim como bombeiros em nossa sociedade – um passado desconhecido da sociedade de *Fahrenheit 451* – protegem contra o perigo do fogo, na distopia de Bradbury os *firemen* usam o fogo contra o grande perigo social que é o livro. O bombeiro é um funcionário do sistema que realiza com mais ou menos rigor seu trabalho. Aquilo que era perigo antes – o fogo incendiário – se torna proteção nesta sociedade que vem afirmar o livro como o que há de mais perigoso.

O fogo é emblema do conhecimento. Mas o fogo das tochas tecnológicas de *Fahrenheit 451* é metáfora da autoridade. Que espécie de conhecimento está em jogo no ato de ser usado pela polícia na destruição do conhecimento partilhado – democrático e político – que se acessa pelo livro?

O lugar da televisão se torna mais essencial neste ponto. O livro é, tanto no *Fahrenheit* de Bradbury quanto no de Truffaut, a mídia do tempo da memória humana. Ambos tratam o livro como algo do passado, pondo a televisão como a mídia do eterno presente. Desligada do antes e do depois, a televisão é antimemorial, meio de comunicação que produz um mundo presente, a infinitude do aqui e agora. Quando a memória não importa não é apenas o passado que é abandonado, também o futuro é esquecido e com ele a ideia de um projeto humano. O texto de Bradbury recobra o futuro pelo imaginário de um mundo possível em que seres humanos incorporaram o livro pela memória, a tal ponto que sua destruição física pelo fogo não fará diferença na preservação da humanidade definida pela relação com o livro.

O filme de Truffaut dá passos mais decisivos na teoria da imagem. O livro de Bradbury criticava com uma distopia sobre o futuro a perspectiva já implantada no presente do século XX que assistia ao avanço da imagem técnica no campo da vida cotidiana, já havia a televisão e o cinema já era hábito. Entre 1953 e 1966 o vertiginoso avanço da televisão não poderia ser poupado da crítica devido a seu potencial autoritário. Como metateoria da imagem, *Fahrenheit 451* é imagem dentro da imagem e imagem sobre a imagem. A imagem de cinema como "crítica" da televisão. O conceito de cinema próprio a esta teoria que incorpora a teoria do livro como memória é a do cinema crítico, a do cinema como imagem/pensamento. No filme de Truffaut a televisão aparece como a inimiga do livro e o cinema surge metateoricamente como a imagem maior — a imagem que agrega a imagem e a crítica da imagem, mais o antagonista da imagem que é o texto — capaz de salvar a vida da imagem.

Assim como cinema é teoria da imagem que inclui em si uma teoria do olhar, ou uma teoria do olhar que inclui uma teoria da imagem, a televisão é também uma teoria do olhar/imagem. A teoria própria à imagem do cinema seria a do pensamento crítico, da imagem artística como distância que se define no campo da ficção, imagem que permite o pensamento. A verdade da televisão seria a da imagem em seu lugar de mentira na medida em que escapa da ficção. O terceiro termo entre ficção e realidade é sempre a ilusão. Eis o que é a televisão enquanto tela que nos oferece uma ideia de realidade tomada como verdade pelo telespectador.

Os personagens de *Fahrenheit 451* são personificações do que a imagem crítica pode mostrar. Três deles são fundamentais: o primeiro representa a encarnação do olhar fascista em sua postura de "tudo olhar". Ele é o rival mudo de Montag que jamais se expressa no filme senão por olhares quando a câmera o coloca em cena num legítimo *mise en regards*. Não é o olhar onipotente da câmera, mas uma câmera que mostra outro olhar e que, a partir dele, constrói a história. O fato cênico de que este personagem jamais fale é índice da mudez própria ao funcionário – aquele que serve ao aparelho no sentido de Flusser – do sistema como estrutura onde a fala é dispensada. Ele é todo olhar como um corpo tornado *panoptikon* que está sempre presente, à espreita, vigiando, observando os gestos clandestinos de Montag. Na verdade, dentre todos os bombeiros, apenas Montag não é mudo, embora não seja exatamente falante. O rival de Montag é um corpo tornado olhar vigilante e incapaz de falar, seu olhar não é outro que o que impõe silêncio.

Além de Montag, o chefe que encarna a figura do desmemoriado líder fascista ofertando aos seus subordinados sempre o mesmo brasão num gesto de sedução automatizada é outra figura da fala no contexto da corporação onde nenhum funcionário fala. Como chefe de homens destituídos de memória, ele mesmo lembra de poucas coisas além dos clichês de seu ódio contra os livros e de frases que ocultam sem muito sucesso seu caráter repetitivo. É desta falta de memória que Montag se vale para escapar do sistema, falta de memória que é substituída pela perseguição a qualquer ameaça de pensamento livre.

Perguntas repetitivas têm a função de checar o grau de imbecilização do funcionário. Assim, Montag é questionado constantemente pelo capitão a certificar-se de que nada de diferente foi pensado. O capitão fala a Montag apenas para sustentar o controle naquele gesto do discurso autoritário que se repete para evitar o pensamento. O capitão pergunta a Montag desde o tipo de livros que foram queimados em uma operação, ao que Montag responde demonstrando um nível de desatenção desejável pelo capitão, até o que ele faz no fim de semana, ao que ele responde que corta a grama. A qualidade de Montag é assegurada pelas respostas inocentes que dá e por sua atenção à lei: "E se a lei o proibir?", pergunta o capitão na mesma cena. "Vejo-a crescer", responde Montag. O capitão — que no livro é bastante mais próximo a Montag, mais sarcástico, menos imbecil e ainda mais opressor — é, no filme, o declarado representante da forma abstrata da lei que em tudo penetra como uma capacidade que o espírito tivesse de invadir a matéria.

Ao mesmo tempo, este chefe promete a Montag — como a outros, pois cada um não passa do mesmo submetido ao princípio de identidade do sistema — uma promoção que serviria de estímulo e recompensa pelos bons serviços prestados, pela devoção à causa de queimar livros. Como um crente devotado, o soldado dedica sua vida àquilo que faz sem que sentimentos ou mesmo razões próprias estejam envolvidos em suas ações. Assim como o processo de educação do burocrata na academia de polícia é totalmente impessoal, o é a queima dos livros. É o aspecto pessoal da vida que está alheio na postura de Montag até que ela seja aberta pelo livro, objeto que revela uma perspectiva totalmente diferente ao abrir para a existência de uma narrativa na contramão do discurso oficial. O discurso oficial é o do ódio a toda singularidade presente nos livros, a toda expressão biográfica, filosófica, ficcional. Ódio básico à diferença.

O ódio do chefe fascista e de todo o seu grupo de burocratas, incluso Montag, que demora a sair do circuito em que estava preso, aparece claramente na cena em que é descoberta uma grande biblioteca na casa de uma mulher que se deixa incendiar junto a seus livros. Neste momento, o chefe discursa contra a literatura e a filosofia – a "pior de todas as escritas" – enquanto se regozija pela descoberta do sótão repleto de livros. Este gozo do mal, que o chefe não evita manifestar, é o ódio que encontra no discurso seu lugar mais próprio, onde o ego paranoico realiza em sua individualidade todo o sentido do sistema.

Também durante a fala fascista do chefe contra o pensamento e a ficção, Montag é mais uma vez capturado pelo olhar vigilante do sistema ao qual está integrado. Enquanto Montag guarda sorrateiramente um livro em sua bolsa, o olhar do rival o surpreende em seu gesto. É como se o discurso fascista do chefe contra os livros tivesse uma retaguarda vigilante no rival que não deixará nada escapar. O olhar fascista condiz com a vigilância geral a que todos estão submetidos no panoptismo da vida. No filme, isso é claro: todos os lugares que podem servir de esconderijos para livros são submetidos por câmeras e antenas de televisão, ou pelo olhar alheio pronto a denunciar os resistentes. Se o mundo está cheio de câmeras vigilantes é que a vida se tornou tela que pode ser olhada.

O filme mostra ainda que em um sistema de controle a corrupção apresenta-se como vantagem dos que estão na posição de "*capo*", prisioneiros de um campo de concentração com regalias ínfimas, mas ainda melhores do que as de seus subjugados. Ainda que os funcionários do sistema tenham suas regalias, também são fiscalizados por um olhar controlador que, confiando no sistema, pretende zelar por ele. A cena em que Montag bate com violência na mão de seu rival comendo uma maçã na casa de um fugitivo cujos livros estão sendo destruídos mostra este olhar vigilante da própria vigilância.

Estamos diante de personagens relacionados apenas por olhares. O olhar é, no filme de Truffaut, o elo definitivo, a própria relação que alicerça a vida pelo controle. Mas este olhar do controle não será único, será dialético com outras formas de olhar.

O terceiro personagem é um curioso personagem composto. Truffaut usa um recurso perturbador para unir em uma só figura a esposa de Montag – Mildred no livro, Linda no filme – à figura de Clarisse, a moça que está na origem da mudança de pensamento de Montag. A atriz Julie Christie interpreta as duas personagens. Esta escolha é definitiva na riqueza do filme como teoria da imagem. Surge nesta confusão de rostos algo que importa a uma teoria da imagem televisiva: que uma pessoa é ao mesmo tempo uma imagem – espectro de si mesma – e que pode assumir lugares tão opostos como o da acomodação e o da revolução. Dois rostos idênticos em duas falas diferentes são o emblema da igualdade da imagem diante das possibilidades do discurso. Uma imagem é outra em função de um outro discurso. A moça que lê livros é a antagonista da moça que vê televisão, mas elas possuem a mesma imagem facial. São a mesma máscara. A primeira fala clandestinamente contra a ordem, a segunda afirma a ordem. Em ambas está em jogo uma relação com o silêncio que define com força a duplicidade deste papel. Na primeira o silêncio é imposto, na segunda ele é de tal modo introjetado que ela se tornou uma guardiã do silêncio da outra. Por desconhecer o silêncio do qual é vítima, por não se saber vítima, ela aparece como a representante da própria ordem, como algoz de um outro, enquanto é algoz de si mesma. A outra, no entanto, livre de si mesma, não entra em contato com esta que diante da televisão tornou-se quase um espantalho. A regra do silêncio, que une em tensão dialeticamente negativa as duas personagens no elo teórico que Truffaut não resolve por nenhum artifício de roteiro, tem seu corolário no fato de que estes rostos iguais aparecem como um dado simplesmente a ver. Como se o mero visar nos colocasse por si só dentro do silêncio que une as personagens.

A regra geral é a do silêncio. Visível na ausência de diálogo exposta na cena no metrô. É ali que Montag se encontra com Clarice, a professora, que se dirige a ele perguntando-lhe se pode conversar e fazer-lhe perguntas. Que Montag, ainda que gentilmente, responda não poder se esforçar para "pensar em algo para respondê-las" é o mero exercício da regra do silêncio na qual ele está mais que confortável, verdadeiramente mimetizado. As perguntas de Clarisse são apresentadas em tom singelo, mantendo em seu fundo a dúvida crítica que vem atingir Montag como uma navalha conceitual. Se os bombeiros antigamente apagavam o fogo, em vez de queimar livros, é uma das questões propostas por Clarisse na intenção de resgatar uma memória. As palavras tão ingênuas quanto envolventes tocam na questão dos livros. Montag responde-lhe que são apenas lixo e que devem ser queimados porque deixam as pessoas infelizes. A felicidade também é uma regra. Enquanto isso, a esposa de Montag, Linda, é a antagonista da moça do metrô. Passa o dia em casa diante da televisão usando drogas legais contra a tristeza enquanto a televisão lhe oferta as notícias que importam numa aura de aconchego e conforto: a quantidade de quilos de livros destruídos, edições convencionais, primeiras edições e até manuscritos, a prisão dos antissociais que esperam por "reeducação". A sociedade do controle noticia o seu próprio trunfo para afirmar que faz a coisa certa.

Linda vive diante da televisão. O teatro da "Família" aparece como uma espécie de espírito interno da televisão. São apresentadores e atores que garantem que o sujeito seja "integrado". Peter Pál Pélbart chamou "espectro do comum"[109] a esse desejo de comunidade que anima as sociedades atuais sem que seja possível realizá-lo. Tais figurações são puro espectro, sequestros, vampirizações, nos termos de Pélbart. A cena em que Linda "consegue" um papel no programa de televisão, contando a Montag que "eles escreveram uma peça em que falta uma parte, que sou eu", crendo-se ativa ao dizer que "quando as pessoas olham para mim, eu tenho que falar", certa de que é alguém importante no roteiro, já que "eles fazem uma pergunta e eu tenho que falar o que penso", mostra o quanto ela foi comprada naquela parte de ingenuidade – par perfeito do narcisismo – que alimenta o sistema.

Assim é que Linda se mostra infantilizada tanto pelas perguntas cujas respostas estão programadas quanto pela adulação dos atores à pessoa com quem falam e que é elogiada ao dar as respostas corretas no teatro interativo como convém fazer com uma criança quando se deseja que ela se sinta amada e segura. Do mesmo modo, a mesma recepção aconchegante compra o afeto de Linda um pouco antes do programa, pela insistência sutil com que a anunciante – apresentadora – afirma a coincidência com a verdade ou a vida real. Ao comprar o afeto narcisicamente prejudicado de Linda – afinal, ela é resultado do sistema – com a moeda barata da adulação, a televisão como "programação" elimina o pensamento de Linda.

O filme levanta, assim, uma crítica da interação jamais pronunciada depois dele. Em nossos tempos, a interação é o novo sagrado. Hoje, quando a Internet mostra seu grande trunfo como mídia pela potência da interação, a crítica dedica-se a analisar os efeitos nocivos ou o mal essencial da Internet como "realidade virtual" salvando sempre a "interação" como potência de uma subjetividade ativa. A interação, tal como mostra Truffaut na cena do teatro da família, nada mais é do que a zona cinzenta onde se estabelece a inclusão do espectador enquanto é exclusão do sujeito. O que a figura de Linda mostra é que o espectador é, neste caso, sujeito elidido em si mesmo, apagado no contexto da "programação" enquanto se ilude de participar. Ele é tanto o olho que sustenta a tela quanto a tela para um olho televisivo, uma tela na qual o discurso irá inscrever-se. Espectador é o corpo programado, no sentido daquilo que Vilém Flusser entendeu como funcionamento em nome do aparelho, o que Walter Benjamin percebera em seu texto sobre a reprodução técnica da obra de arte.

Comentando Pirandello, Benjamin insiste no significado de "representar para um aparelho" como o momento em que "a autoalienação humana encontrou uma aplicação altamente criadora". A "imagem especular" é estranha para o ator assim como fora o espelho, comenta Benjamin. Mas a diferença da técnica é que esta imagem especular se tornou transportável para diante das massas que controlarão a consciência do ator. Entra em cena o "capital cinematográfico". Assim é que o controle das massas, insiste Benjamin, se torna contrarrevolucionário enquanto deveria ser o contrário. O texto de Benjamin diz que *"esse capital estimula o culto do estrelato, que não visa conservar apenas a magia da personalidade, há muito reduzida ao clarão putrefato que emana de seu caráter de mercadoria, mas também o seu complemento, o culto do público, e estimula, além disso, a consciência corrupta das massas, que o fascismo tenta pôr no lugar de sua consciência de classe"* [110].

A função do ator que age diante de corpos e olhares vivos é completamente diferente daquele que age sabendo ter atrás das câmeras uma "massa". O que há de fundamental neste trecho é, no entanto, a correspondência entre o culto do "estrelato", a celebridade atual, e o culto do público que se estabelece como consciência corrupta. Desde este ponto de vista, a personagem de Truffaut representa este espectador corrompido ao acreditar-se único enquanto apenas faz parte da massa que ele representa em seu próprio corpo passivo diante da TV. Neste sentido, podemos pensar que é a subjetividade que se tornou espectral, ela é conservada pela televisão como uma farsa. O sujeito é a própria tela em um sentido ambíguo, tanto o que poderia ser reflexão passa à tela, prótese cognitiva, quanto a pessoa concreta faz-se cada vez mais tábula onde a mensagem televisiva será escrita. A pessoa torna-se superfície. A personagem Linda crê que é a estrela da noite ao assistir televisão por estar diante dela. A resposta de Linda não é mais do que espectro de resposta, pois ela é insegura mesmo para responder ao mais óbvio e assim participar do jogo. Sem chance de desmascará-lo. Os atores na tela com quem ela partilha espectralmente "o comum" não lhe dão a chance pela qual ela própria, ao mesmo tempo, não espera. Ao seguirem o *script* que inclui Linda como um fora que está dentro, afirmam a lei de exceção que aprisiona Linda enquanto sustentam que ela é livre e feliz. No extremo a prisão culmina em um elogio fantasmagórico: "Linda, você é fantástica." É só o que ela saberá de si, e isso não é nenhum saber. Esta cena mostra o quanto a vida televisual é uma relação de espectros, o da tela e o do telespectador como aquele que incorporou a tela.

O que surge na figura de Linda não é apenas a posição de um espectador diante da tela, mas o problema da representação daquele que está diante da tela, do modo como é visto, vê a si mesmo e aprende a atuar em função destes olhares que funcionam como vetores a conduzir sua ação específica de telespectador. Jean-Louis Comolli tratou desta dimensão do espectador enquanto um "convidado" a atuar no contexto do sujeito do espetáculo que crê em si mesmo como senhor do espetáculo. Não haveria muita diferença entre o espectador e aquele que ele assiste. Tanto este que assiste quanto aquele que é filmado representam a posição de "outro" que serve ao desfrute do telespectador posto na posição de quem está "crendo que não crê". Comolli chama "prática do telespectador"[111] ao aspecto central de sua definição. Quem é o telespectador da televisão, deste mundo tornado televisão? O que ele faz para ser "telespectador" é a questão que se torna decisiva contra o pano de fundo de uma avaliação da ação antipolítica?

O que está em cena no filme de Truffaut é a posição de um indivíduo que, não sendo ator, assiste ao representado enquanto é convidado a representar confirmando o que vê por ser ele quem vê. Ao ver, ele é, em outra instância, visto. É convidado a ser testemunha sem saber que o é como vítima de uma ironia. Linda é a mulher que poderia ser atriz como todas as duzentas mil Lindas do país, como afirma Montag em um momento em que a racionalidade dormente dá lugar a uma lucidez até ali inútil. Linda é o emblema do telespectador: a mulher diante da tela. Mesmo sendo igual a todas as demais, ela é lembrada em seu caráter individual. Sua individualidade aparece como espectro de si mesma, igual a todas e, no entanto, única. Este elemento prometido a ela é a isca que a mantém presa diante da tela. Capturada pela promessa de ser única – ser, assim, narcisicamente especial –, ela representa a si mesma diante de algo que lhe é ofertado como representação; não simplesmente imita, mas muito mais "mimetiza-se" ao que está dado. Se o ator, como o corpo vivo de que falava Benjamin, agia diante da câmera pondo em xeque a consciência de si diante de massas que estão por trás das câmeras, o telespectador é simplesmente convidado a ser massa no ato pelo qual a televisão lhe promete ser contemplado em suas necessidades. Este espectador não representa para a câmera, nem para as massas, mas representa para si mesmo diante do representado pela câmera que é a tela. Ninguém o assiste senão no espelho que reflete o fato de que ele é assistido. É a crença de que é assistida o que retorna a Linda. É a única coisa que a televisão pode lhe dar. E lhe dá na forma de uma ironia que ela não alcança.

Neste sentido a televisão de Truffaut apresenta um espelho diante do qual o espectador não pode ser outro que a massa que o determina, mas existe apenas para confirmar o caráter espectral de sua existência. Assim é que o sujeito se torna representante de um representado, representante de si mesmo diante do que se lhe oferece como *representandum*. Mas como escapar desta condição larval, desta posição de máscara à qual a tela reduz os telespectadores quando lhes devolve sua própria imagem?

A tela é, ela mesma, um olho que olha quem a olha. Está em questão não apenas o modo como o telespectador pode supor que, enquanto figura consciente, será visto, mas o modo como se representa ao ver-se vendo – vejo que vejo o que me vê, mas enquanto não sei que me vê – porque de antemão reconhece nele mesmo um que foi visto vendo. Este ver após ser visto – este modo de ver que resulta do fato de ter sido visto – é o que está em jogo no caso de um espectador relacionado a telas. Se sabe que foi visto vendo, tem a chance, pelo saber, de se livrar da teia do visual por meio de seu saber capaz de mover uma decisão mesmo que ela seja a fuga. Se apenas foi visto vendo e se vê vendo que foi visto, já é preso da imagem como um apaixonado que é capturado pelo olhar do outro informando-lhe que é seu no ato de ver-se vendo-o. É este jogo que a televisão faz o outro jogar.

A crítica da falsa interação é protagonizada pela apresentadora – sempre a mesma – que trata os espectadores por "primos" e que fala com eles como se fossem bonecos aos quais não é dada a chance de ação fora da fala por ela anunciada. "Vem representar conosco!", "Que bom! Eu achei mesmo que viria", "Entrem, primos. Façam parte da Família". São frases que, pondo em cena a questão da representação, iludem o sujeito de que ele participa do poder da imagem não sendo controlado por ela, dando-lhe a impressão de que ele é parte dialética e não parte manipulada do projeto televisivo. A instituição é como um agregado afetivo, a "família", não é mais do que uma máscara do engodo geral da indústria da imagem que produz também a interação como um novo desejo. Bradbury e Truffaut profetizam, assim, o surgimento da televisão interativa em seu caráter patético enunciado no engodo percebido pelo personagem Montag que, burocrata de um regime, o que significa o mesmo que ter se tornado o "zumbi", este morto-vivo torna-se, pelo alcance da crítica, dono de si mesmo e se liberta de sua condição larval. A crítica, portanto, não acaba com a esperança.

O telespectador é a potência de um outro e este outro não é mais do que a "tela" que, não sendo espelho, forja para si uma representação, forja para ele a sua imagem. Outro é o que se torna o próprio sujeito para si mesmo que, destituído de sua subjetividade, situa-se como invólucro de um nada que tem por dentro, ao mesmo tempo que de um nada que, vindo de fora, sustenta a sua casca. Ser puro invólucro, uma espécie de corpo que se perdeu de si mesmo, eis o que está em jogo nesta relação com a tela total. Como telas tridimensionais, os telespectadores são tornados *displays* que nada mostram senão sua posição de espectadores, painéis como as celebridades famosas cujas imagens posam para propagandas dando a ilusão de presença até que se verifique, pela proximidade, que tudo não passa de *trompe-l'oeil*, de anamorfose.

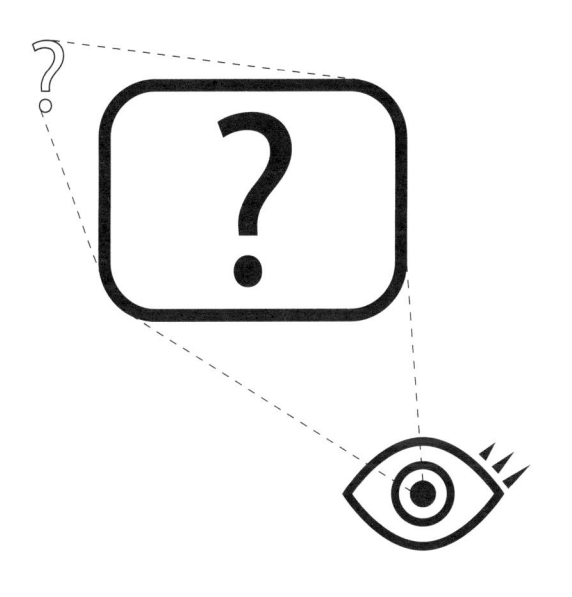

DISTÂNCIA

**O espetáculo não é um conjunto
de imagens, mas uma relação social
entre pessoas, mediada por imagens.**

Guy Debord, *A sociedade do espetáculo*

Distância

O sensível tem lugar apenas porque, para além das coisas e das mentes, há algo que possui uma natureza intermediária.
Emanuele Coccia, *A Vida Sensível*

Distância é a palavra que traduz o termo "tele" na palavra televisão. Televisão seria, etimologicamente, um aparelho que permite ter uma visão, que advém de uma imagem transmitida à distância. Cabe perguntar pela natureza desta imagem desde que ela põe dois mundos em contato enquanto é superfície vista como tal. Dois mundos que não se tocam enquanto se relacionam: aquele onde ela foi produzida e aquele no qual ela é percebida. Ora, da imagem que advém de outro mundo dizemos que ela é a imagem de um fantasma. Que a imagem é fantasma se dá porque não podemos ver a coisa à qual ela se refere. Enquanto ela mesma não é exatamente algo do mundo do ser, mas tão somente do aparecer. Assim é que podemos pensar que é da natureza da imagem técnica – e de toda imagem – habitar um espaço. Que a distância determina o estatuto da imagem. A imagem televisiva não apenas depende do tempo-espaço da transmissão, mas estabelece-se junto do tempo-espaço que ela mesma cria, tempo e espaço que são *campo* de experiência com a imagem. Assim é que distância é a terceira fundamental categoria de análise – além de olho e tela – que permite compreender o que é e como nos relacionamos a esta imagem enquanto dela temos uma experiência temporal-espacial.

Vilém Flusser percebeu a natureza dialética da distância entre olho e imagem técnica: segundo ele, "*de distância determi-*

nada as imagens técnicas são imagens de cenas. De outra distância são elas traços de determinados elementos pontuais (fótons, elétrons), enquanto sob visão 'superficial' se mostram como superfícies significativas"[112]. A distância é, portanto, o que estabelece o estatuto de uma imagem como relação entre tela e olho. A "leitura próxima" determina a imagem técnica na medida em que mostra "a natureza mesma do fenômeno observado" e que é, de certo modo, ocultado na forma como a imagem é experimentada, na forma como ela se apresenta na ordem regulamentadora da distância. Distância é, portanto, campo espaçotemporal de experiência da imagem. Quando Flusser diz que o espectador no cinema anterior à "perfeição das imagens" preferia as poltronas mais afastadas da tela, é porque a imagem técnica para ser vista exige "superficialidade". A distância é, portanto, aquilo que permite a relação à imagem enquanto relação à "superficialidade". Entenda-se aqui, é claro, a superficialidade não como categoria moral, nem tão somente estética, mas como aspecto ontológico da imagem enquanto tal, sobretudo da imagem técnica. Assim é que devemos dizer que toda relação é uma forma de jogar com a distância, de perceber o jogo de forças que nos une a ela em termos de atração e repulsão. Não existe imagem sem a relação que nos faz estar diante de algo que é dado a ver. Ver, inclui, portanto, não apenas o não-ver exterior ao enquadramento da visão, mas o hiato que possibilita o para-ver aquilo que se dispõe além de mim.

A distância é uma das categorias mais importantes para pensar a imagem na condição de uma relação. Ela implica o fato simples de que não há relação sem distância, embora nem sempre a distância implique relação. Antes, a distância é implicada na imagem. A televisão, enquanto imagem técnica e enquanto visão à distância, é um mecanismo de relação pela visão. É neste sentido que ela se explicita como tecnologia de contato – não somente o contato da comunidade tão fantasmática quanto ideal da audiência, mas também o contato entre um sujeito e um objeto numa relação de contato a que daríamos o nome de conhecimento, caso a potência cognitiva do sujeito não tivesse sido cancelada pelo caráter protético da tela e do olho alienado – eviscerado e devolvido como prótese pela introjeção do monitor como nova retina – do próprio sujeito.

A distância ainda é categoria válida no contexto epistemológico da polaridade entre sujeito e objeto, se quisermos pensar na linhagem das filosofias da subjetividade. Se esta relação foi ultrapassada por uma nova forma de subjetivação que exclui o modelo subjetivação-individualização próprio do tempo da câmera obscura[113], é questão que precisa estar em jogo, mas não pela simples exclusão de um sujeito potencial: o indivíduo cuja capacidade de pensar e agir livremente está sempre dada como potência. Distância seria aquilo que permitiria a relação entre sujeito e objeto como polaridades, como diferenças dialéticas, tensas e irredutíveis. Se a televisão não permite a subjetivação na base desta relação é porque a distância que lhe é constitutiva é iludida por uma aproximação que intercepta a compreensão da distância. O telespectador concreto vive a televisão como o seu mais próximo. Não se trata neste caso de simplesmente objetar que o telespectador tem consciência da ficcionalidade à qual se relaciona, que ele sabe que se trata de um aparelho ilusionista. A experiência com a televisão dentro de casa é tanto da ordem da necessidade quanto da banalidade: mesmo sabendo que a geladeira faz gelo, o telespectador não prescinde dela, pois ela não está inserida apenas na ordem de sua consciência, ao contrário. O fabricante de televisores ou de geladeiras não escapa da experiência com a televisão como transmissor de imagens apenas porque tem mais consciência do funcionamento do objeto. É neste sentido que adquire sentido o que Flusser diz da relação entre o fotógrafo e o aparelho fotográfico, da ilusão que aquele tem de manipulá-lo. Se trata de ter em conta que o aparelho televisivo, como qualquer aparelho, é vivido como uma presença na ordem doméstica e, mais que isso, como algo que está sempre dado em relação ao corpo, como algo que atinge a ordem da experiência estética, da percepção, da sensação corporal que não é, de modo algum, a ordem da consciência.

Ainda que a televisão seja instituição, ou aparelho de poderes estético-políticos inseridos em uma ordem sistemática – o que Flusser chamou de "Superaparelho" ou "metaprograma" –, mesmo que ela seja poder a compor o poder dos meios de comunicação como controle de relações humanas, precisamos manter como questão a potência de objeto do aparelho de televisão a relacionar-se a um sujeito capaz de linguagem e de reflexão. Esta oposição pode ter sido eliminada na relação televisiva, mas, por mais que o telespectador esteja dessituado deste lugar de sujeito, que a televisão seja um exílio da subjetividade que a substitui como prótese, ele sempre pode voltar ao que dele se perdeu, desde que interrompa a relação. A decisão quanto a desabitar o espaço-tempo criado pela relação olho-tela não é simples nem fácil numa cultura em que a condição de sujeito deu lugar à condição de telespectador, mas não é por isso que se pode supor o cancelamento puro e simples do sujeito. Neste sentido, me parece mais razoável sustentar que o telespectador vive um sono dogmático e que a potência de liberdade é mantida na condição do ser humano como sujeito de linguagem. Podemos deixar de levar em conta esta potência e apostar na mera aniquilação do sujeito? Não creio que esta seja uma boa saída para quem pensa em termos críticos.

A reflexão sobre a distância entre telespectador e tela precisa ser pensada nos termos do que podemos entender como uma intersubjetividade desumana, aquela que se dá em relação a objetos. Não há nada demais em dizer isso, desde que Marx, ao falar do trabalho humano, entendeu que somos subjetivamente formados pelo que produzimos. A alienação seria a expropriação, a impossibilidade de que retorne a nós o que resultou de nossa produção. Alienado é o que permanece desumano, o que não pode ser integrado. Mas, quando se trata de algo que atinge nossa percepção, diremos aqui para pensar a questão da imagem, as coisas são um pouco mais complicadas. A posição de exceção da prótese que é este olho-tela define que a alienação não é simples tornar-se outro, que o tornar-se outro se dá enquanto está a ser parte do mesmo. Também o que é integrado – como a prótese, na forma de um olho-tela – é o desumano que, retornando a nós, não retorna como algo que se manteria de fora, mas como algo que, enquanto de fora, se voltaria para dentro. Como se fosse possível absorver o alienado como experiência formadora da interioridade, que não é, de antemão, nenhuma subjetividade. Um fora interiorizado, eis do que se trata, de um "*alien*" que foi agregado sem deixar de ser estranho. Algo de uma intersubjetivação monstruosa é o que está em jogo.

O trabalho do olhar diante da televisão pode ser chamado de alienado enquanto se considera que olhar é ação e, portanto, fazer. Aquele que pensa que não há por que dizer alienação, já que o trabalho de ver televisão nunca é exatamente produtivo, engana-se, ele é produtivo no paradoxo: a prótese cognitiva do olho-tela trabalha por nós que passivamente recebemos alimento espiritual sem trabalho, sem esforço algum; ao mesmo tempo, esta inação pessoal alimenta um complexo sistema publicitário, de mercado e industrial que depende da servidão sem esforço ao olho de vidro simplesmente porque estamos situados no seu campo.

Quem assiste televisão põe-se em determinada relação com a distância; o "ver de longe" e o "ver de perto", mencionados por Flusser, estão em jogo. Tais modos de ver definidos em distâncias possibilitam compreensões diferentes da imagem. A primeira constrói um espectador ignorante, a segunda pertence a um espectador que entende o processo. Aquele que conhece a imagem como fator técnico tem alguma chance de conhecer o modo como vê uma imagem. Uma educação para as imagens poderia ser promoção desta consciência quanto ao ato de ver.

Ver televisão é ato consciente quando aquele que a vê é capaz de ver a si mesmo vendo. Podemos dizer que a potência de ser sujeito livre permanece no ato de ver televisão desde que haja consciência de que se pratica um ato visual: eis o que significa dizer que alguém é capaz de ver-se a si mesmo vendo. Se ver enquanto tal é algo complexo, ver televisão é de uma complexidade específica. Aquele que vê televisão é o sujeito de uma relação à tela pela distância e pela aproximação que a camufla. A figura do observador, aquele que segundo Jonathan Crary estaria envolvido com o ato de ver de um modo muito mais amplo do que simplesmente com seu olhar, condensaria muito bem este conceito de telespectador como corpo vivo – o que chamarei de corpo vidente – relacionado a imagens, mas faria perder de vista o aspecto de isca que o olhar é para a inteireza do corpo como sujeito/objeto de experiência. A palavra telespectador guarda esta ideia de alguém que vê à distância, de um corpo que olha à distância que é, ela mesma, eliminada no ato de olhar como se o olhar reunisse — "religasse", no sentido religioso — o espectador ao seu objeto. Como se pelo meu ver — e pelo meu in-vejar — eu me tornasse dono do meu objeto ao mesmo tempo que a ele sou preso. Assim, diferentemente de um observador, o telespectador é alguém marcado pela distância/eliminação da distância. Como o observador ele é um corpo, mas um corpo comandado pela relação com o mundo baseada em um determinado modo de ver em que a tela é parte de um corpo, órgão cognitivo. A palavra telespectador guarda o termo distância — em português a semelhança entre tele e tela também renderia a construção de um único conceito em uma perspectiva neoetimológica, se isso fosse possível — como algo que constitui a figura de um indivíduo posicionado corporal e subjetivamente ao qual chamaríamos de "teleobservador", caso esta expressão não ampliasse, numa direção indevida para os fins desta análise, o caráter específico daquele que vê televisão.

A distância é uma potência ambígua: tanto pertence à ordem da exterioridade dos corpos, configurando a experiência objetiva, quanto diz respeito, por meio da própria exterioridade, à interioridade, como no sentido do que Barthes chamou de proxemia, o uso que o ser humano faz do espaço restrito que o cerca imediatamente[114], e implica um determinado posicionamento do sujeito relacionado afetivamente a objetos. Flusser falará deste espaço como "circunstância". A mesma que é aniquilada no "futuro produtor de imagens" em que a circunstância real é transformada em "reflexos de superfície"[115]. Uma dialética da distância teria relação com esta condição exterior que se faz interior, interior que se faz exterior, como aquilo que reúne nosso sentimento com a sensação objetiva que temos das coisas. O limite entre o dentro e o fora neste caso é o que se torna tenso na dialética da distância.

    O termo distância é ambíguo porque também pode valer como espaço aberto no qual é possível nascer a reflexão pela oportunidade de que, no vão que há entre a experiência corporal e o objeto, ele possa ser contemplado. Distância é, assim, espaço-tempo, é lugar. A mediação, contrária à imediatidade, é experimentada como distância, mas a própria imediatidade absoluta que seria seu polo oposto não é senão uma fantasia, um certo grau da distância, uma espécie de distância no quão negativa ela pode ser. Não há pensamento reflexivo sem distância porque um objeto não pode ser constituído sem o espaço vazio que permite contemplar algo. Tenho em vista, ao dizer isso, a chance de sustentar a experiência do pensamento que, pela invasão objetiva que advém da exterioridade, tende a ser eliminado na subjetividade, eliminando o próprio sujeito pensante. A distância pode ser administrada pela esfera da objetividade que toma aquele que seria sujeito como um objeto.

    Enquanto exterioridade, a distância se torna invólucro que contém a subjetividade. Ela é espaço no qual a relação pode fazer de nós um objeto. A rigor, neste instante, enquanto exterioridade que nos contém, a distância pode eliminar toda relação ao fazer-se autocontraditória: a distância é eliminada na imediatidade junto com a relação. Poderia uma relação sobreviver sem distância? É por isso que o senso da distância interna precisa da distância externa. E a distância externa precisa ser real distância. A distância que nos abraça é opressora, ela elimina a consciência da qual depende a própria distância, enquanto a própria consciência nasce da distância. É apenas enquanto aspecto a ser experimentado pela interioridade que podemos falar de distância, tendo em vista que a própria preservação da distância pode sustentar retroativamente a consciência. O círculo não é somente o que se desenvolve entre sujeito e objeto, mas entre exterioridade e interioridade, entre o que o telespectador pode experimentar e o que lhe é ofertado sem que ele precise acolher o fantasma que o interpela, sem que ele precise ponderar o conflito entre eu e outro, entre o interior e o exterior, a experiência individual e a coletiva. A distância seria o nome próprio de uma relação conquistada no posicionamento da consciência como interioridade preservada. Isso requer experiência individual na oposição de uma experiência coletiva que é eliminadora da distância. A distância é, portanto, como limite recortado, o que sustenta a individuação. Somente esta interioridade sustentada como distância das coisas – ver que vejo que o outro me vê vendo enquanto o vejo me vendo que vejo – pode escapar do que Muniz Sodré tratou como "o aumento da telerrealidade ou da telepresença do mundo" que "consiste nessa circularização, no fechamento progressivo dos circuitos de comunicação"[116]. O mundo como distância plena de transmissão é a própria aniquilação da distância. Telerrealidade é o espaço administrado da distância, é a ilusão da distância sem que haja real distância. É a vida alienada de si mesma numa imagem que advém de um lugar que parece estar aqui enquanto não está, que parece não estar quando está. A distância é, portanto, oscilação. Enquanto oscilação é território do fantasma. Fantasma é a existência na sua forma mais inconsistente. Chamamo-lo de algo irreal por facilitação.

Assim, a distância da tele-visão é a potência da aniquilação da própria distância que só poderá ser preservada caso o telespectador, na preservação de sua interioridade, perceba o que a distância, como tempo-espaço da transmissão, faz dele. A televisão não teria como produzir a distância real, pois negaria a si mesma por meio de uma metateoria do vídeo. Teria que abrir o jogo de sua própria ilusão e, assim, eliminar a ilusão que a caracteriza.

Para entender esta transformação podemos buscar uma analogia com a arte pensando em um aspecto levantado por Walter Benjamin que não conheceu a televisão, mas conheceu o cinema. Em *Onirokitsch*, um de seus textos mais enigmáticos, ele lança uma ideia que reproduzo aqui para pensarmos a questão da distância em sua diferença entre a imagem da arte e a imagem técnica.

O que chamamos de arte inicia a dois metros do corpo. Agora, porém, o mundo das coisas volta-se ao homem. Se deixa agarrar pelo punho e põe finalmente em seu interior sua própria figura. O homem novo tem em si a completa quintessência das velhas formas. O homem novo tem em si a completa quintessência das velhas formas, e o que se configura na confrontação com o ambiente do século XIX, este artista, tanto dos sonhos como das palavras e da imagem, é um ser que poderia chamar-se "homem mobília".[117]

Benjamin fala de uma distância. A arte que "inicia a dois metros do corpo" e um corpo que é capturado pelas coisas e tornado coisa entre coisas por meio de uma imagem. Benjamin não é simplesmente crítico em um texto como este, mas não deixa de sê-lo. Não trata nostalgicamente o novo homem que guarda a "quintessência das velhas formas", pois este velho homem está contido no novo homem. Mas é certo que o homem foi retirado de seu lugar e perdeu a distância. Agora, ele é coisa entre coisas. O que seria o telespectador? O telespectador seria, por meio de seu olho-corpo capturado, uma espécie de objeto da máquina de subjetivar que é a televisão?

      A crise da arte, que fez surgir os modernismos como movimentos característicos do que passamos a chamar arte contemporânea, surgiu da abertura provocada pela exposição de seu próprio processo contra a antiga ilusão de que não havia técnica nem processo de construção da obra. A obra de arte antes desta exposição da pincelada, antes da aproximação pela exposição do processo, era uma pura imagem. Quando Cézanne resolveu pintar o que ele mesmo via, afirmando sua forma pessoal de olhar, definiu a exposição de suas pinceladas – incompreensíveis e inaceitáveis para a época – como forma de arte. O que a arte contemporânea promoveu foi o fim da ideia de arte em sua necessidade de ilusão tal como até então fora conhecida. Arte passou a ser processo. É apenas assim que podemos nos relacionar a ela até os dias de hoje. Na contramão do desejo de quem via arte, a arte perdeu espectadores por mostrar o que estava por trás da imagem que tinha, até então, sido suficiente. Na continuação, o surgimento da imagem técnica colocou-se no lugar da ilusão desejada. O público preferiu a fotografia e logo o cinema, que tinha muito mais a oferecer na medida em que proporcionava aquilo que a pintura tanto sonhou alcançar. Imaginemos um cinema autoexposto em seus processos: o que seria de efeitos especiais, trabalho de ator, exposição dos motivos do diretor para quem busca nele entreter-se? Pois é o que o cinema ligado ao paradigma da antiga arte ainda faz. Imaginemos uma televisão que não engana quanto a seus propósitos. A arte exigiu um espectador conscientemente posicionado como sujeito da pergunta, da dúvida sobre o "quê" e o "como" de uma imagem. A imagem técnica eliminou este sujeito dando a ele a tranquilidade de uma imagem pronta que se coloca como resposta, verdade ao alcance dos olhos, sem contestação, sem estranhamento, sem dúvida. A rigor sem sujeito. E, daí, sem ética que ampare a experiência estética.

Sem a autotematização do sujeito – como aquele que age a partir da consciência de sua autonomia – que só pode ser preservada na relação com o objeto enquanto este não o engoliu, não podemos falar em distância. Assim, a arte produz distância, como em Cézanne, pela exposição do processo que gera proximidade ao olhar, enquanto a televisão administra a distância eliminando-a pela própria imposição de uma imagem à distância. Na ausência de distância temos apenas uma relação de objetos. A máquina que produz um olhar e um telespectador objetificado – usado pela máquina enquanto está diante dela. Se o objeto toma o lugar do sujeito, já não existe sujeito. Como disse Adorno, o sujeito sempre pode ser um objeto, mas o objeto nunca pode ser um sujeito. A primazia é do objeto no ato do conhecimento. E esta primazia nem sempre é para o bem ético do sujeito. Por isso, aquele misto de sujeito e objeto que vemos na televisão é, na verdade, apenas a categorização do que se apresenta a nós como "fantasma". Este ente de passagem, entre ser sujeito e objeto, que é a imagem. Quando se trata de ter a capacidade de conhecer e não ser sujeito do próprio conhecimento, temos a figura do telespectador, que – surgindo na manutenção de suas potências sempre potentes, mas aniquiladas na prática, tornado objeto submetido a uma máquina – é, ele mesmo, tanto um corpo inerte para si próprio quanto uma figura concreta de entidade abstrata da audiência para a televisão.

Toda imagem é feita de distância em diversas gradações. Seu grau zero seria a total imagem, a ausência de imagem ou, por fim, o cegamento. A total imagem, assim como a ausência de imagem, implica a impossibilidade de uma relação com o mundo com base na visão. A visão total é ausência de visão. Se toda visão implica o não-visto, se toda imagem é sempre recorte pelo próprio olho de algo a ver, a visão total correspondente da imagem total seria contraprodutiva no processo do olhar. A imagem também pode cegar: diante dela não a vejo, pois ela é o todo em que eu não mais existo. Por isso, quando vemos o que está à nossa frente não compreendemos que se trata de uma cena recortada pelo "campo de visão", com ângulo, diâmetro e fundura. Isto deve nos fazer pensar que uma cultura como a nossa, que enfatiza a certeza pela confiança no olho, só pode promover o engano. Somos uma sociedade de cegos por excesso de visão. Sobretudo porque não sabemos distinguir o recorte, fato que é sempre possibilitado pela estranheza da arte. Não é à toa que objetos artísticos incomodam e irritam pessoas cujo olhar está colonizado no campo de concentração onde o olhar cede à imagem técnica.

Neste ponto, precisamos pensar um pouco mais na questão da diferença entre as imagens no mundo visual. Podemos dizer que dois tipos de imagem definem o estatuto do que se está a nomear como ordem da imagem e que nos permitirá entender a "ordem da televisão"[118] ela mesma feita de imagens e de mais que imagens, de fantasmas de imagens, de imagens em anamorfose, de distorções, além de imagens que prometem uma atualidade mais que aparente. Aqui precisamos tomar a Imagem da Arte e a Imagem Técnica que inicialmente parecem se opor, percebendo o que nelas é idêntico. Reúnem-se no que podemos chamar com toda a propriedade de *configuração* – a figuração dupla – da obra que se sustenta entre o que é uma obra e o como é feita, sendo que ambos se dão como "figurações": forma e conteúdo não são outras coisas que figuras no seu sentido mais original de *fingere, figulus, fictor e effigies*, ou seja "forma plástica"[119]. A técnica, neste caso, não seria o contrário da arte. Antes certo efeito de realidade é que, intensificado por potencialidades da técnica, mesmo sendo próprio do desejo da arte da pintura ao cinema, seria ao mesmo tempo tanto a negação da arte quanto da realidade. O conceito de arte, apesar de sua confusão, define a existência de algo por oposição à realidade que a obra de arte sempre teria emulado, copiado, reestruturado, inventado; jamais seria a realidade reposta. Arte é referência à realidade que constrói uma realidade própria por oposição à realidade ou por imitação dessa realidade. Como outra realidade, ela se instaurou no prazer do engano e como potência enganadora que apenas vale enquanto se percebe nela o jogo enganador. Na arte esta enganação é imagem como desprendimento autônomo e, ao mesmo tempo, heterônomo da realidade vivida. A arte depende da imagem para existir. A imagem é o seu estatuto ontológico geral.

Num primeiro momento, portanto, é fácil dizer que a imagem televisiva se apresenta menos como imagem do que a imagem da arte, como se fizesse parte da obra uma espécie de autoconsciência sobre seu caráter de representação que é ofertada ao espectador atento, aquele que experimenta a obra como um desconhecido. Seria arte a exposição do próprio jogo de representação com a realidade que nos faria saber, como espectadores, que experimentamos uma ficção. A televisão nos enganaria ao fazer passar por "real" e imediato, no contexto da transmissão do real ou do suposto "ao vivo", aquilo que ela implica. Não permitiria ver como chegou às imagens que expõe. É que a televisão vive como se não participasse do jogo das representações, jogo que a arte torna explícito. A arte é a imagem que não esconde que é imagem. A televisão sempre quer parecer real, obnubilando o fato de que é imagem. O que a imagem da televisão faz, assim como toda imagem técnica, é superespecializar o *trompe-l'oeil*, a enganação inventada pela arte e responsável pelo constitutivo da história do olhar. Enganação da qual a arte foi liberta pela fotografia. A esta superespecialização, que põe a imagem para além da mimetização, da cópia, ou da mera representação, e que é, ao mesmo tempo, sempre uma potência da imagem, dá-se muitas vezes o nome de simulação como criação de um nova realidade. Termo que, a propósito, não surge simplesmente no campo da estética, mas que migra da linhagem moralista do pensamento barroco e que é profusamente usado por Gracián, Grotius e Accetto[120] no século XVII para falar de um comportamento moral que se pauta pela aparência e pela capacidade de mascarar-se socialmente.

Pensar esta origem da palavra "simulação" no contexto da corrente do moralismo nos permite uma reflexão acerca do laço profundo que une ética e estética. Assim, se enganar nas artes é brincar com as potências do olho e os engenhos do desenhista ou do pintor, em termos morais é usar o "dom de parecer". Simular e dissimular, neste sentido, são posicionamentos, são ações. A "enganação" da televisão seria tanto questão estética quanto ética. Do mesmo modo, seria questão do fundamento da ação humana, daquilo que, fazendo-se mera superfície, esconde a ação.

Como a televisão aprendeu a enganar com a arte, na medida em que compartilham uma mesma história do olhar, a solução de continuidade entre elas precisa ser vista nas diversas camadas que compõem a cisão acobertada. É fato que uma cicatriz separa a imagem da arte da imagem da técnica. Esta cicatriz resulta de uma história em que a cisão é mais compreendida como técnica do que como ação, quando na verdade toda técnica enquanto estética implica uma ação, e toda ação implica uma ética. A televisão, neste sentido, é, dentre toda a ordem da imagem técnica, aquela que melhor mostra a fratura de nosso tempo de imagens e que não podemos perceber como ética porque paira sobre este campo uma sombra que a acoberta.

No entanto, é o modo como podemos traduzir a distância em cada uma das formas de imagem que fará a diferença mais fundamental capaz de retirar do cenário esta sombra por trás da qual se camufla o que é preciso ver. A imagem técnica é, sobretudo, feita de uma distância que propicia elucidação, enquanto a imagem da arte, seja técnica ou não, é feita de uma distância que propicia desentendimento. Não nos enganemos com as palavras, pois a positividade do entendimento não ajuda o conhecimento. Enquanto há desentendimento na arte, há nela uma distância produtiva e criativa. O espectador da arte é expulso da obra e, por não poder aconchegar-se imediatamente nela por meio da compreensão, é que se produz em sua subjetividade algo essencial para o pensamento: a dúvida. A dúvida é sempre o resultado de uma desacomodação, de um desaconchego concreto. A dúvida é sempre teoria que invade a prática. A imagem técnica, ou a imagem que, de um modo geral, não é arte, promove o aconchego pela identificação com o já conhecido. Em termos objetivos o conhecido é o "já visto", é o que suponho saber ou inconscientemente "sei". Em termos subjetivos, é o preconceito do que diz respeito ao próprio sujeito, a vontade de identificação que garante a ele algo como um "eu". Aquele que vive intelectualmente da identificação mata a estranheza da qual viria o conhecimento. A rigor, ele não conhecerá mais nada, satisfaz-se em repetir-se como as imagens que desfilam diante de seus olhos. A repetição é uma das formas tradicionais de dominação; feita imagem, ela vem dizer qual o lugar que o conhecimento, na morte de sua dinâmica, passa a ocupar.

Telespectador como testemunha

"O espectador, e este é o seu lugar, talvez deseje ver tudo, e ainda mais, mas nesse desejo esconde-se um outro desejo, aquele de cegar-se a si mesmo e de não ver tudo."
Jean-Louis Comolli, *Ver e Poder*

Spectator é aquele que observa o *Spectaculum*. Aquilo que, como no mais popular *show*, é o que se mostra, é o que é feito para ser visto. Espectador é aquele a quem é dirigido o Espetáculo, quem necessariamente se dedica a ver o que é feito para ser visto por ele. Em um mundo dedicado às imagens que chegam até os espectadores pela profusão reprodutiva da técnica, não se exagera ao dizer que "espectador" é o modo de ser do indivíduo elevado a universal diante da imagem técnica. Assim como Guy Debord situou o Espetáculo como conceito geral do nosso tempo, devemos aproveitar o termo "telespectador" para definir a posição subjetiva dos indivíduos diante da tela enquanto reconhecidos na comunidade espectral da audiência.

O indivíduo como espectador de imagens técnicas não corresponde necessariamente ao sujeito, a figura da autonomia ética e estética com que a filosofia sonhou ao longo da modernidade. O espectador e o telespectador vivem uma condição especial de linguagem. Se nosso mundo é feito de linguagem, se a linguagem é o que aglutina nossa ideia de mundo, se ela é o que define que temos relações e daí convivência humana à qual damos o nome de política e o projeto de regulamentação das relações ao qual damos o nome de justiça, bem como a afirmação da igualdade a que chamamos de ética, a vida das imagens técnicas define um mundo em que a linguagem não é exatamente instrumento humano na construção de um mundo político, justo e ético. É que a vida das imagens é a vida em que a linguagem perde naturalmente a sua dimensão explicativa. Ela como que põe seres humanos capazes de linguagem no terreno do protolinguístico, aquele campo em que a imagem é uma espécie de verdade anterior inquestionada. Por isso a linguagem serve de arma a qualquer poder, por sua capacidade de expor fixando uma verdade cuja validade é a do dogma inquestionado.

Para pensar o espectador vamos partir da palavra sujeito e da clássica questão do conhecimento como relação entre sujeito e objeto. Se sujeito era, na filosofia de René Descartes que inaugura a tradição da filosofia moderna, a figura central do *cogito, ergo sum*, do *"penso, logo existo"*, podemos dizer que espectador é o representante da ação da visão, aquele que pode ser expresso nos termos de um *video ergo sum*, ou seja, de um *"vejo, logo existo"*. Espectadores são agentes ativos e passivos de um olhar de tempo intransitivo. A visão não implica imediatamente a consciência gnosiológica, nem muito menos moral, do que é visto. Assim é que o olhar é terra de ninguém que pode ser usurpada por quem melhor tiver condições de colonização. A prática do logro e da usura é própria dos aparelhos que controlam o olhar e, por meio dele, o corpo e a ação.

O sujeito é, portanto, objeto de uma torção na cena do Espetáculo. Em vez de ser a figura ativa que a filosofia moderna desenhou, cerne da experiência com a vida objetiva, sujeito é aquele que se submete. Na era do Espetáculo não se trata mais de pensar modernamente o sujeito como aquele que realiza o princípio de identidade como ato essencial do conhecimento, ou seja, que define objetos em sua própria lógica, mas é aquele que sucumbe à lógica de um objeto iludindo-se que é livre. O sujeito só está diante da televisão como "sujeito a", "assujeitado" e não como "sujeito de". O que devemos ter em conta é que na condição do espectador é cancelada a condição do sujeito para dar lugar ao assujeitado. Se o assujeitado não é *sujeito de* (não seria o sujeito-Eu, mas o sujeito-Se de Couchot que tanto empolgou a teoria de Machado[121]), ele seria agora "objeto"? Mas se é objeto, quem o manipula? Haveria um sujeito infinito a nomear?

Estamos no núcleo de uma contradição. Mais que isso: no cerne do paradoxo do conhecimento no instante em que ele se relaciona à imagem técnica da qual a televisão é o mecanismo superespecializado. Está em risco a potência do conhecimento relacionada ao visual. Se a visão foi o órgão do conhecimento ao longo da história da cultura na passagem da pré-história e dela à escrita até o momento atual de uma "sociedade de imagens", ideia promovida desde a filosofia platônica que ligou a "verdade", a "forma" e a "ideia" ao "olhar" análogo ao olhar do corpo, em que sentido a visão poderia ser ainda tratada como órgão do conhecimento? Em que sentido ainda podemos falar de um olho filosófico diante de um olho de vidro? De que conhecimento se trata no contexto das imagens em seu conjunto a que chamamos "Espetáculo"? Se o olho-tela é a prótese cognitiva, não seria o Espetáculo uma espécie de mundo tornado prótese, um mundo-imagem substitutivo da existência? Não seria o Espetáculo o modo de vida cuja distância com a imagem foi eliminada?

Se não podemos falar de um conhecimento no sentido de contato entre os dados da experiência e as ideias universais, se não podemos simplesmente dizer de um sujeito intencional que dá sentido às coisas, não seria sempre mais fácil antes falar de desconhecimento? Se o conhecimento é ato que envolve a experiência de abertura do sujeito à coisa, de uma intencionalidade que busca o outro, o diferente, o externo a si para conhecê-lo, o desconhecimento é uma relação de refração. Para falar de um ponto de vista ético e político, o desconhecimento seria uma espécie de antirrelação. A posição do sujeito diante da televisão implicaria sua capacidade de conhecer e de decidir, na ausência do conhecimento e da decisão, solto no desconhecimento e na indecisão própria à compulsão do *zapping*, o que temos é novamente a ausência de sujeito como figura da liberdade e o assujeitamento individual ao aparelho. A figura de um sujeito implicaria a hipótese de estar ou não estar autonomamente diante da televisão.

Historicamente, o ato do conhecimento pressupôs a contemplação, palavra que carrega a posição de um sujeito que se dedica a um objeto, a algo que se pode ver, em outros termos, teorizar. Se contemplar e teorizar significam pensar criticamente, não se pode dizer que o telespectador que assiste televisão a contemple. Aquilo que seria o gesto protopassivo do sujeito, entregue ao objeto na intenção de deixar que ele fale, aniquila-se na relação com a televisão pela aniquilação do sujeito diante de seu objeto. Se o estatuto do sujeito é o do telespectador, qual o estatuto da imagem diante dele? Qual o estatuto desta relação?

Neste sentido, gostaria de retomar o uso da expressão "lógica do espectro" no ato de interpretar o vão assombrado que liga e des-liga sujeito e objeto, aquele espaço que, para manter em suspenso a suspensão que lhe é própria, podemos chamar simplesmente de "entre-nós". O espaço que podemos chamar de espaço televisual que liga, num liame fantasmático, a tela e o olho, o fundo superficial da caverna e o olho que a contempla – para evocar mais uma vez a caverna de Platão, ela mesma compreendida enquanto ambiente projetado por uma relação com a visão e a superfície em seu fundo. O sentido da caverna platônica é ser o espectro projetado de uma relação entre observador e sombras. Espectro é o que o telespectador tem diante de si. Este relacionar-se ao visto é um gesto criador de espaço como se, pelo tempo da inércia em ver, não fosse gerado movimento, mas espaço. Se o movimento gera tempo, a inércia gera espaço. O telespectador posta-se diante de uma espécie de abismo que é a imagem espectral. Torna-se habitante do campo fantasmático – espécie de zona cinzenta – criado entre a tela e o olho/corpo. Abismo para o qual ele jamais olha de fato, não porque sinta medo do escuro ou da fundura do vão a experimentar, mas porque não o vê como abismo, pois para ver o abismo precisaria ter a referência de que a superfície que visualiza esconde algo, precisaria saber do caráter de máscara daquilo que vê. Apresentada de um modo cômodo ao olhar passivo e não como espectro amedrontador, a televisão mostra-se como mera interface, superfície que é feita para esperar o olhar ao qual se dirige.

Assim é que, percebendo o estatuto fantasmático deste protossujeito que introjeta seu objeto, teremos de pensar no que resta desta subjetividade: o que sobrevive deste morto-vivo que é o corpo entregue à imagem encarcerada no enquadramento da fantasia televisiva. O que resta de subjetividade é o que podemos entender pela figura da testemunha. Quem vê algo gostaria de contar o que viu. Como o habitante de um campo de concentração que precisa narrar o que presenciou para que outros saibam o que aconteceu, assim como quem vê um espectro. Lembremos da condição de testemunha de Hamlet, vítima da visão do espectro de seu pai, imagem que o prenderá a uma específica lei, a da vingança de um crime, ao mesmo tempo que é vítima de um desejo do qual não pode escapar. Hamlet age como a testemunha que precisa narrar aos amigos o encontro com o fantasma do pai. O fantasma é o enunciador de uma lei. Neste sentido, Hamlet é testemunha de uma verdade que advém de uma visão, verdade que, na forma de imagem, o aprisiona em seu campo espectral. Aquele que precisa contar o que viu – tal é o sentido da intenção coletiva presente no olhar do telespectador de TV, bem como do espectador de cinema, e que garante o sucesso da audiência – se deve à posição de testemunha que resulta da experiência de ter visto algo. No caso, como Hamlet, o telespectador é aquele que, vivendo uma relação com um espectro, vive uma relação com a superfície enquanto é incapaz de investigar seu fundo. Enquanto, ao mesmo tempo, não pode se livrar da verdade – a epifania espectral, a verdade da fantasmagoria, que neste encontro se revelou. O que Hamlet vem mostrar é que não é possível desvendar o véu, a venda é a verdade e a verdade não é descortinamento, mas aquilo que se antepõe aos nossos olhos como uma espécie de verdade que não passa de consciência falsa. A condição ignorante do seu testemunho lhe é inevitável.

Mas de que o telespectador seria testemunha? O que ele tem para contar?

A palavra espectador relaciona-se em certo sentido à palavra testemunha. Testemunha tem relação com as palavras *testis* e *superstes*[122]. É aquele que pode atestar algo por tê-lo presenciado. É aquele que viveu uma determinada experiência com a visão de uma cena. É aquele que presenciou, em geral, pela visão, ainda que outros de seus sentidos possam entrar em jogo, algo do qual ele será o seguro depoente. Dono de um saber, capaz de declarar o segredo que alimentará a curiosidade das gentes ou a justiça, a testemunha carrega algo de exclusivo pelo qual será adorada ou odiada, ou simplesmente vista com estranheza. A testemunha estará para sempre marcada pela experiência vivida quando for portadora daquilo que outros não sabem, ou por precisar narrar aquilo que lhe aconteceu de modo único.

A palavra testemunha tem relação com a palavra superstição. *Superstitio* relaciona-se a *superstes*, que significa exatamente "ficar sobre", ou "permanecer acima", como o *"standing over"* da língua inglesa. Supersticioso é aquele que fica, assim como a testemunha, suspenso. Também ele, no entanto, observa, mas apenas que, dominado pelo medo, fica em suspenso. O supersticioso teme morrer e teme que morram os seus, por isso ora, pratica mágicas e simpatias. Freud o veria como um obsessivo. A palavra superstição envolve a ideia de um medo paralisante que faz com que aquele que teme reze para sobreviver. O supersticioso e a testemunha se ligam à sobrevivência pelo fato da vida mantida ou do desejo de que não cesse. A palavra testemunha é, portanto, também feita de *superstes*, porque estar suspenso soa como ter escapado da morte, estar em vida como em uma sobrevida.

Enquanto *testis* liga-se ao atestado de um terceiro, *superstes* liga-se à "suspensão". Mas enquanto a testemunha e o supersticioso vivem a experiência comum da sobrevivência, seja objetivamente no caso do primeiro e tanto mais subjetivamente no caso do segundo, a experiência do testemunho é comum também na vida cotidiana. Escritores, por exemplo, apenas escrevem porque experimentam a vida como testemunhas. O narrador precisa contar algo, sejam os acontecimentos da vida, da imaginação, de seus pensamentos, de ideias que consideram, por inúmeros motivos, partilháveis no campo público. Assim é que a testemunha, em caso de ser portadora de um saber perigoso, é salvaguardada pela lei e retirada do convívio comum para que não corra o risco de sofrer violência por parte daqueles que não detêm o mesmo saber que ela. Do mesmo modo, o escritor retira-se do convívio pela escrita na qual conta aquilo que, não sabido pelos outros, é da ordem da exceção. Testemunhas são, neste sentido, sagradas porque apartadas do convívio comum e intocáveis pelos demais. Mas esta intangibilidade – inscrita também no lugar da distância e da relação – é relativa.

A testemunha sempre ocupa o lugar especial de um indivíduo que é diferente dos outros porque sobrevivente de uma experiência que outros não podem narrar ou porque vem narrar o que outros não podem imaginar ou conhecer. Ela vive um estado de exceção da visão que, sendo única, vem revelar um segredo de interesse coletivo. É esta diferença que a torna sagrada. Torna-se alguém especial pelo lugar de exceção que ocupa, posto que nem todos são testemunhas ainda que tenham em si a potência de serem. Todos podem entrar na exceção da imagem, compondo um corpo coletivo ao qual a administração televisiva nomeara audiência. Um estranho desejo de fazer parte desta ordem é administrado pela instituição televisiva.

É este corpo intocável da testemunha que vem nos dizer algo sobre o telespectador. Também ele foi posto por aquilo que visa – ele visa e é visado – em estado de suspensão, como uma espécie de sobrevivente. O telespectador é a testemunha universal, a testemunha genérica que se apresenta em seu absoluto paradoxo. Nada mais há para testemunhar quando o que um vê é visto por todos. Não há mais exclusividade da experiência. A rigor, não há mais experiência, mas mera vivência, se lembrarmos da diferenciação presente, por exemplo, em Walter Benjamin entre as camadas dos acontecimentos que definem a experiência como aquilo que exige narração enquanto que a mera vivência seria passível de uma ata de reunião. Aquilo que é visto por todos, no entanto, aplaca a angústia que seria própria de uma testemunha em sentido estrito. O que se testemunha diante da televisão é o testemunho de si mesmo por meio de uma suspensão. Quando conto o que vejo, sendo que ver é obrigatório se desejo ser alguém na lógica do espectro, o outro me responde já tendo visto. O saber alcançado pela prótese que é a tela é comum, mas apresentado a um indivíduo, especialmente quando telespectador, sozinho, testemunhando a tela em seu ambiente doméstico – o lar pode bem ser o campo de concentração agradável[123].

O testemunho geral não é mais nenhum testemunho, mas mantém a ideia de um segredo que foi instantaneamente compartilhado ao mesmo tempo que dispensa do comprometimento com ele, pois todos o conhecem. A experiência do telespectador apresenta-se, neste contexto de comunidade, como sendo da ordem do profano, algo que se dá na partilha, enquanto a experiência do espectador de cinema se apresenta como sagrada. Assim é que entendemos o cinema como arte – conceito e experiência tão específicos que se tornou "algo para poucos" –, enquanto a televisão, por seu caráter comum e banal, tornou-se emblemática da democracia, algo "para todos". Não devemos, no entanto, nos iludir com tal linearidade. Com um olhar um pouco mais atento, não é difícil ver que a experiência comum da televisão em seu aspecto profano torna-se sagrada, enquanto que a experiência com o sagrado do cinema se torna profana. O que parece mostrar apenas um jogo dialético é confirmado no cotidiano das massas, termos que uso apenas com a intenção de comunicar a ideia de uma vivência coletiva. Quando Guy Debord, ao início da *Sociedade do espetáculo*, cita Ludwig Feuerbach, afirmando que "a ilusão é sagrada, e a verdade é profana"[124], depreende-se de sua perspectiva algo como uma dialética em sentido perverso. Toda dialética possui um dado de perversão, na medida em que envolve a eterna passagem ao outro lado: o que é não sendo, o que não é tornando-se outra coisa. Mas o que na dialética é apenas método na busca da verdade, representação ainda que ativa, no espetáculo torna-se realidade que abdica de toda representação para tornar-se ela mesma a representação. Debord escolhe Feuerbach para marcar o caráter mais que religioso, o caráter místico do espetáculo enquanto poder baseado na inexplicabilidade de seu fundamento. A discussão mais profunda de Debord é sobre a função da representação na vida de seres humanos que a assumem como verdade. A preferência dos seres humanos pela representação, que Feuerbach declarava já ser o tom do desejo no século XIX, é, na vida espetacularizada do século XX, o mesmo velho medo da morte que justifica a superstição.

Gostaria de aqui retomar por um instante a questão da lógica do espectro de Derrida para pensar a questão de um testemunho espectral. Ao afirmar que existe uma "lei do fantasma", ele trata daquilo que "não está nem morto nem vivo, daquilo que é mais do que morto e mais do que vivo, apenas sobrevivente"[125]. Derrida refere-se ao famoso texto sobre a violência de Benjamin para justamente traduzir *Gewalt* não como violência, mas como a "Força de Lei". Derrida tenta uma aproximação entre *genspenstische* e *Geist*, ou seja entre espectral ou fantasmal e Espírito, quando interpreta o papel do poder de polícia em que se tornou a política fazendo degenerar a democracia. Assim, a *"polícia torna-se alucinante e espectral porque ela assombra tudo. Ela está em toda parte, mesmo ali onde não está, em seu Fort-Da-sein a que sempre podemos apelar"*. Refere-se, neste caso, ao termo freudiano *Fort-Da* e ao termo heideggeriano *Dasein* para exprimir a qualidade do ser-aí que reaparece e desaparece para logo reaparecer. Conclui que *"sua presença não está presente, assim como nenhuma presença está presente, segundo Heidegger, e a presença de seu duplo espectral não conhece fronteiras"*[126]. O que Derrida persegue é a compreensão do caráter espiritual da violência que fundamenta o direito enquanto se faz como "Força de Lei". Aquilo que ele chama no texto de "decisão instituinte" que, *"não tendo, por definição, de justificar sua soberania diante de nenhuma lei preexistente, apela somente para uma 'mística' e só pode enunciar-se sob a forma de ordens, de ditos, de ditados prescritivos ou de performativos ditatoriais"*[127]. Aquilo que era o espírito para Benjamin, a "faculdade de exercer a ditadura" define-se, em Derrida, como degenerescência na política do que nela é polícia. Mas o que é a polícia senão o espectro do poder que se impõe a toda força naquilo que Derrida chamou de "performativos ditatoriais"? O que possa ser o neofascismo contemporâneo explica-se neste "espírito" que "se eleva", como diz Derrida, ao mesmo tempo que "assombra" justamente com a potência da morte, da aniquilação, do nada.

  O que é a polícia na sociedade do Espetáculo senão os mecanismos de controle do olhar e da imagem? Uma pergunta deve ser feita anteriormente: haveria polícia sem controle do que acontece senão pelo olhar? O poder de polícia olha para a existência como o todo do visível. Para o poder não existe distância porque ele é o olho que tudo vê e a mão que tudo alcança. O poder faz do mundo um lugar pequeno. Este mundo é seu objeto capturado pelo visual.

A televisão é meio de comunicação que participa da história da tecnologia das comunicações as quais não escapam ao questionamento de Derrida. Embora ele não leve adiante a discussão sobre isso, a televisão deve ser lida no cerne desta "lógica do espectro" porque também ela lida com o poder de polícia ínsito na política enquanto se dispõe em imagem soberana aos olhos de quem a vê. Poder de polícia é poder de vigiar e punir, não apenas o criminoso que deseja fugir, mas o telespectador em seu corpo docilizado. Enquanto a audiência é a vigilância mística que exige do espectador "ver o que todos veem" sem que haja fundamento algum para tal ação que não seja simplesmente obedecer ao comando soberano que diz "faça isso", a punição é a consequência: quem não vir não verá o que todos veem, não saberá o que todos sabem, será excluído da comunidade destas testemunhas que, de fato, nada testemunham além de algo feito para ser coletivamente visto enquanto conta com o olho individual de cada um. Esta comunidade de estranhos "videntes", todo-videntes, vivente-videntes. Preso diante da tela, o mundo que ele habita na forma de um corpo que seria oposto ao espectro é o da superfície.

Assim é que a televisão, ao suspender o sujeito, ao impor-lhe uma lei diante da qual ele se posta como aquele ao qual nada cabe fazer, seria a porta que escancara tudo o que em uma sociedade é, segundo a expressão de Derrida, "performativo puro": o ato sem fundamento pelo qual *não teria de prestar contas a ninguém e diante de ninguém*. Se todos vemos o mesmo, se fazemos o mesmo, estamos todos desculpados e irresponsabilizados igualmente como em qualquer sistema corrupto.

Aquilo que Derrida busca ao interpretar o direito revela a estrutura fundamental do sem fundamento do ato performativo puro presente em toda tentativa de instauração do poder na base da autoridade da tela que se representa como lei criando um espaço público pelo visual. A publicidade é em si mesma o melhor exemplo deste novo lugar público. Um poder maior do que o direito em sua validade baseada em "performativos puros". Ou seja, atos discursivos ou imagéticos que se manifestam pelo fundamento de sua autoridade sem fundamento, sejam *slogans* que dizem verdades, imagens que valem em si mesmas sem nada que as justifique, que se impõem soberanamente apenas porque são postas no território da contemplação. A televisão é o veículo desta performatividade pura, vazia de conteúdo – ainda que haja, sempre é preciso dizer, exceções à regra –, que captura as consciências deixando-as presas, ao mesmo tempo que estão livres para decidirem sobre uma programação menor ou maior, sobre ligar ou desligar a televisão. Não deixam de estar livres, enquanto ao mesmo tempo estão aprisionadas. O mesmo vale para o aprisionamento virtual da Internet. O próprio ato de desligar a televisão torna-se apenas um ato banal da vida vivida no corpo do vidente com seu olhar protético diante de uma tela protética: como expirar faz parte da respiração, como digerir faz parte do ato de comer.

Trata-se, portanto, de pensar um olhar biopoliticamente controlado.

Se o espectador é aquele que vê, se é portador de um olhar em seu corpo, o telespectador é aquele que vê por meio da técnica da teletransmissão que é a televisão.

Se a televisão é um meio de comunicação atravessado em seu ser pelo poder como controle e dominação das consciências e dos corpos, o caráter da decisão que faz parte da experiência ética é o que foi colonizado. O sujeito que não é *sujeito de*, mas *sujeito a* tem sua potencialidade ética restrita na medida em que não possui uma intensa experiência de sua própria autonomia. Autonomia é um termo que se tornou clássico a partir da filosofia de Kant que a definia na própria compreensão do sujeito como "aquele que dava a si mesmo a sua própria lei". A experiência televisiva da vida define-se justamente na supressão da autonomia para dar lugar a uma heteronomia do comportamento que é almejada pela sociedade do consumo, mas que inicia com o controle dos protocolos cotidianos mais mínimos. Assim a televisão, que não é apenas um meio de comunicação, mas um meio de publicidade, algo, portanto, que fica muito aquém da comunicação como diálogo ou informação humana, define o modo de agir na micrologia do cotidiano não por ser meio, mas por ser a ação em si mesma, não a única ação que resta, mas a única que faz sentido no contexto da "lógica do espectro", ela é, enquanto ação, o único meio que justifica um fim, o do consumo. Será um veículo antiético se tiver um fim, o mercado ou o consumo, e meios que se justifiquem em função deles.

A famosa máxima maquiaveliana que trata da relação meio-fim não pode ser deixada de lado quando se trata de analisar meios de comunicação. Não se pode falar de autonomia ética sem que se leve em conta a autonomia estética que está em sua base. Não como uma autonomia da aparência, mas no significado primeiro da estética, como campo dos sentidos. A televisão como *ethos* contemporâneo – um modo de ser e agir e não um modo de agir de antemão julgável como correto ou não correto – não seria possível sem a captura dos sentidos no corpo do sujeito. Esta dimensão estética da experiência precisa ser relida em termos de biopolítica, ou seja, do cálculo que o poder faz sobre a vida.

A questão da vida do espectador não pode ser interpretada fora da relação com o poder exercido sobre sua vida na qual sua postura física é central. Vida biopoliticamente controlada, o espectador é a testemunha vazia, o supersticioso devoto à lógica do espectro. Jamais envolvido com aquilo que presencia sem estar presente senão por sua visão tecnicamente controlada – e inevitavelmente tornada mercadoria, objeto da indústria visual –, ele é movido pelo desejo administrado pela lei que se torna regra de seu comportamento na esfera miúda da vida. Esta imagem em sua condição técnica vem definir uma nova política, e uma nova ética que está por trás desta política, ou seja, um novo modo de comportamento na esfera pública que deriva de um modo de ser e fazer estabelecido na autossuficiência forjada da vida privada. Flusser falou de uma nova ontologia para caracterizar a mudança na ordem do ser. Interpretar o fenômeno ético e político da televisão é a tarefa de uma crítica estética que possa descortinar a mera superfície a que a vida se reduz em seu devir imagem.

Corpo-espectador

Comparar o cinema com a televisão não é algo novo. Não será desimportante por isso para pensar a experiência da distância. O espectador de cinema paira diante de uma tela, assim como o espectador de televisão. Realizam, contudo, experiências muito diferentes ainda que relacionadas ao "ato de puro ver" de que fala Buck-Morss. Em ambos os casos há uma tela, e esta tela define um comportamento cognitivo – ou seja, com o ambiente – que deve ser analisado em suas condições de possibilidade e suas consequências. Tais condições são relativas ao lugar do público e do privado – dentro dos quais estamos em condição de proximidade e distância – na experiência com as imagens técnicas. Se aquilo que se entendia como espaço público "cede diante da imagem pública"[128], como afirmou Paul Virilio, temos uma nova política para pensar, a imagopolítica como uso que o poder faz da imagem e da visão.

Não levar em conta os protocolos e rituais promovidos nestes espaços específicos seria negligência do pensador na observação do fenômeno. Televisão e cinema promovem aquilo que se pode chamar de uma *epokhé* – uma suspensão – na experiência com a imagem. Telespectadores são suspensos pela imagem. Mas é a imagem mesma que já havia sido suspensa quando vem promover outra percepção no telespectador. Benjamin foi quem primeiro falou desta percepção alterada. A percepção não pode ser vista como algo abstrato, ela envolve o corpo como organismo de relações. A suspensão, portanto, é uma categoria essencial para definir a relação entre aquilo que Jean-Louis Comolli chamou "corpo-espectador"[129] e a imagem. Este entre-nós, espaço – a casa ou a sala de cinema – onde experimentamos a distância em nosso próprio corpo. Quando falamos de cinema e televisão, portanto, é preciso ter presente esta semelhança que podemos resumir na expressão *corpo-espectador*, mas cuidar de sua diferença em nível formal é igualmente necessário.

Comolli apresenta-nos uma rara reflexão sobre a posição do espectador em geral. Falando de "lugares do espectador" (do teatro, do cinema, da televisão...), ele comenta a confusão na qual é mergulhado o espectador nestes complexos comerciais que formam espectadores para muito além do que era "sucessão e passagem" na experiência anterior à pressão comercial. Daí a ideia de que *mais espetáculo quer dizer menos espectador* (sic). O que ele chama de "enfraquecimento da função-espectador" se deve à "hiperestimulação dos desejos escópicos" que "desencadeia uma queda de intensidade" na experiência pessoal de quem vê. A diferença entre o desejo de tudo ver e o desejo de melhor ver entra no cálculo de Comolli para compreender a posição do espectador no tempo de sua supervalorização econômica. Esta supervalorização constitui sua transformação em uma espécie do que podemos chamar de olhar-mercadoria. Se o olhar do outro tem um preço é porque ele entrou no meio de produção. Vale como órgão a ser manipulado. E se tem preço é porque perdeu sua dignidade. Confundido com aquilo que a indústria e o mercado têm chamado de "consumidor", um especialista na destruição de bens e objetos úteis ou o simples devorador de mercadorias inúteis oferecidas a um poder de compra que se torna o mais cobiçado em uma sociedade regulada pela avareza, o telespectador é o portador de um olhar cobiçado pela indústria e pelo mercado e ao mesmo tempo maltratado por eles. Ele é perseguido por possuir o que a indústria deseja, e é também por ela renegado, sacrificado. *Homo sacer*, vivente pronto a ser sacrificado enquanto é sacralizado, o telespectador não percebe o quanto é a vítima essencial.

Pensemos, em primeiro lugar, na questão de ordem econômica no que ela atinge a visão e o corpo deste espectador em sua metamorfose capital. Para Comolli, o espectador é inicialmente o transeunte de uma feira que os irmãos Lumière trouxeram para dentro da sala escura. O cinema, diz ele, nasceu como espetáculo e jamais deixou de sustentar a cada sessão este modo de operar do espetáculo que se serve ou serve à *"insistência estúpida das propagandas que se obstinam em reconduzi-lo à porta do mundo do mercado no momento mesmo em que ele aspira tão somente a esquecer os manequins afetados e as máquinas lustrosas"*[130]. Assim, ele compara o lugar do espectador de cinema ao do *"caprichoso e volátil público das feiras ao ar livre"* que foi acomodado dentro da sala para avisar que por isso mesmo este lugar não pode ser "um lugar tão bom assim". Além de toda a parafernália publicitária que o ser humano tem de enfrentar dentro da sala, sofrendo uma acomodação física sem alternativa – do mesmo modo que diante da televisão só há a alternativa de desligá-la –, enquanto que, na feira, ele podia passear e ver mais ou pelo menos ver de outro modo, o desejo de ver é prejudicado no instante em que a única alternativa é se deixar levar pelo curso do filme. Ora, dirão os amantes da arte, mas isto é o cinema! Como desejar outra forma de apreciação? Que outra coreografia seria possível, que outra ambientação?

Isto faz pensar que o espectador de cinema será sempre traído pela imagem: enquanto busca a paz será chamado a engajar-se no projeto do filme, pelo tempo do filme, pela exigência da história, do personagem, do roteiro ou da fotografia. Enquanto busca a emoção, estará preso ao desconforto da própria sala. O desejo que o cinema vem prometer jamais se cumprirá e o espectador deverá, para poder ser espectador, conformar-se à própria frustração. Figura da passividade, o espectador será a vítima de uma única cena que será, para Comolli, *"o corpo do outro tomado pela morte ou pela monstruosidade"*[131]. A "única cena da qual não nos cansamos" torna-se, na visão de Comolli, uma espécie de cena originária psicanalítica. Aí é que o *voyeur* se explica: para ver a cena primitiva, o *voyeur* *"se colocaria em posição de não ser visto, mas cujo desejo seria, na realidade, ser pego em flagrante delito de ver e, então, ao ser visto, entrar na cena interdita"*[132]. Em cada espectador de cinema, completa ele, há um *voyeur* desse tipo agindo. Se, de fato, o desejo do espectador está organizado deste modo, o desejo é a isca por onde o espectador será capturado fora da imagem, apenas porque a imagem se tornou o campo que – pelo olhar – o pode conter.

Imaginária, e quase mítica, é a cena cinematográfica como esta coisa que se deseja ver e que enquadrada se dá a ver, que organiza a relação entre o que pode ser visto e o que não pode ser visto. Se o cinema oferece ao espectador não apenas o espetáculo, mas o "mais espetáculo", o que resta àquele que foi capturado pelo espetáculo senão dedicar-se a ele como um prisioneiro que dentro de um campo de concentração não tem outra lógica a seguir? Se o espectador de cinema é logrado, no entanto, ele permanece tendo a possibilidade de uma abertura, de inverter o campo enquanto é dono de sua imaginação pela sustentação do não-visto, do fora da tela. O espectador de espetáculos paga um preço que ele jamais compreenderá, pois é cativo de seus próprios olhos enquanto estes mesmos olhos são presas do que podem ver. A janela da alma abriu-se para o mercado, pondo o que lhe ia dentro simplesmente à venda. Olho-mercadoria no mercado do olhar.

O que não pode ser visto do lado de lá ainda pode ser suposto do lado de cá quando se trata de cinema. Corresponde, no entanto, na televisão, ao que não pode mais ser suposto do lado de cá porque desapareceu para o telespectador. O que desapareceu foi sua subjetividade, a prisioneira amordaçada nos calabouços que nem mesmo o construtor da imagem conhece profundamente, embora saiba abrir e fechar sua porta com a chave do desejo a diversos preços. O telespectador é o obeso que, ao carregar excesso de imagem, poderá morrer de seus efeitos. A inércia total – o sedentarismo de quem tudo sabe e pode porque tudo vê – é o paradigma da imagem total.

Para Comolli o espectador de cinema pagará outro preço, aquele que se estabelece entre *"a lógica cumulativa do espetáculo e a subtrativa do cinema"*. Aquela que envolve no contexto da cena um "dentro/fora"[133]. O sistema paradigmático do cinema também envolve a fotografia e, assim, um enquadramento, que não permite tudo ao dar limites exatos ao olho, e aquilo que outro teórico, Jacques Aumont, percebeu como "desenquadramento"[134], algo não é visto. A obrigação de ver de um lado e a de não ver de outro juntam-se no efeito cinematográfico sobre o corpo-espectador. Quem espera o espetáculo será impedido pelo quadro quando se é um espectador. Há opções e valores implicados naquilo que Comolli chamou de cena cinematográfica (a ação entre a câmera e os corpos filmados) e o gesto cinematográfico que obrigam à compreensão do ver como perda de algo que um dia teria sido visível. Em qualquer caso, quando se trata de espectador, se está a falar de um desejo de ver que facilmente se transforma em "avidez escópica"[135]. Todo desejo se move – e somente surge – na sinalização de um prazer que o cinema irá negar sempre que o olhar, em sua intenção totalizante, for quebrado pelo quadro que se propõe sempre fragmentário no campo que o desejo fantasia como inteiro e total. A ideia de Comolli – que segue Bazin – é de que existe uma máscara – a cena é esta máscara – que, suprimindo uma parte do visível, "enclausura o meu olhar". "Primeira violência sobre o meu desejo de (tudo) ver", diz Comolli. Assim, enquadrar e desenquadrar estabelecem uma dialética em que o espectador é uma espécie de sujeito inconsciente. O cinema ilude e quebra expectativas, por isso sua imagem pode ser crítica. O mesmo não acontece com a televisão.

Sempre vendido por processos que lhe escapam ao estarem fora do âmbito de sua consciência, o telespectador é também comprado por si mesmo no processo geral do mercado da subjetividade por uma ilusória descoberta de si definida na ausência de alternativa. Inexistem alternativas para o posicionamento do telespectador. A visão de Comolli pode nos ajudar um pouco mais nesta tentativa de entender o telespectador. Se o desencantamento está posto na relação com o cinema de um modo que não é possível para a televisão é porque no primeiro a tela é estranha, enquanto que no segundo ela é familiar. No primeiro há uma renúncia, quem vê cinema se torna caolho no olho único da objetiva. O controle da visão binocular não convence. Ver, neste caso, "passa por não ver tudo"[136]. "Olhar para o olhar", "olhar é ver que vejo" são frases que colocam a consciência no cerne da "perda iniciática" que está, para Comolli, no núcleo da visão do espectador de cinema. O que restaria para o telespectador de televisão?

Se a intuição de Godard tem sentido, de que Lumière seria o último pintor impressionista, o cinema é bem mais filho da pintura do que podemos considerar sem mais análise. O cinema é a ordem do que está, formalmente, dentro do quadro e fora do quadro. Esta simples constatação coloca o cinema dentro da história da arte e em um lugar especial na ordem da formação da percepção. Envolvida em um logro ou em uma satisfação radical do espectador, a percepção produzida pelo cinema define uma experiência totalmente especial em relação à tela. Uma questão mais básica não é menos importante: enquanto o cinema é imagem na forma de arte, ou seja, imagem como ficção e como autorreflexão (a pintura se enuncia como pintura, a literatura como tal; o cinema como cinema, vide *Cidadão Kane* e toda a produção da Nouvelle Vague, apenas para citar exemplos), a televisão tem a imagem sob outra forma específica que não se define como arte e que, ao mesmo tempo, não é autorreferida como o cinema, que reflete sobre si mesmo a cada vez que uma obra se enuncia como obra. A televisão nunca se anuncia como televisão, porque não envolve a ideia de um processo de construção de obra. Ela é ausência de obra.

A televisão é oposta ao cinema enquanto é o completo enfrentamento da imagem com as exigências coletivas e individuais do olho, ao contrário do cinema, que se propõe formar o olhar, ensinar a ver, quebrar, propor. Em outras palavras, se falamos em enquadramento e desenquadramento no cinema, devemos falar de encarceramento e libertação da imagem na televisão. A imagem sob o regime do encarceramento, eis o que é decisivo ao tratar-se de televisão. O regime da imagem encarcerada opõe-se à imagem da arte. Neste sentido, dizer televisão não é apenas falar de um aparelho, mas de um verdadeiro princípio que pode pertencer ao cinema e à arte quando é por ele incorporado. Televisão será a invasão do comum, daquilo que hoje apenas confusamente chamamos de vida real, no campo do ficcional. Neste sentido, a televisão pode estar presente na literatura como princípio. Não se trata da introdução do real, termo por demais abstrato, mas da irrupção da vida real – a vida compartilhada na ordem do senso comum – como se ela pudesse ser capturada pelo aparelho, domesticada por ele e submetida à sua lógica. Esta vida não é imitada pelo aparelho, mas nele deduzida com a promessa de sua repetição, a promessa de um real que é sempre renovado como eternidade sem a falta, sem a morte, que está presente em toda representação. Neste caso, a diferença entre o cinema e a televisão quanto ao lugar de seus espectadores é a da representação da arte que desaparece na televisão para dar lugar à simulação que é própria das experiências da vida digital que não imita, mas cria mundos próprios sempre referidos a um possível.

Aquilo que podemos chamar de forma-cinema define-se pela ideia da arte, uma determinada experiência corporal em que estão em jogo o tempo e o espaço que permitem reflexão. Antes disso, é bom definir que a experiência estética é esta experiência corporal que toca algo que nos dá a impressão de ser mais que corporal: o mental, o psicológico ou, simplesmente, o campo daquilo que chamamos de subjetividade. Entendemos a experiência estética como o mais que sensorial que não pode prescindir do sensorial. A diferença entre a imagem da arte e a imagem técnica não pode ser compreendida longe do espectador: a imagem da arte envolve um não saber e consequentemente uma curiosidade em saber ou, no mínimo, uma dúvida quanto à natureza do que é visto. Está manifesta a distância. Ela é o *locus* do pensamento. Quanta distância há entre o espectador e a imagem técnica que possa definir se nele houve experiência estética?

A imagem técnica difere da arte por prometer aquilo que a arte não cumpriu. Se a imagem técnica é uma impressão, ela é calculada em relação ao que se supõe ser a lucidez do espectador. Esta é a sua força. Não há imagem técnica sem o caráter impressionante daquilo que é visto. A arte, porém, não pretende causar um efeito que valerá em si mesmo. A arte, mesmo que impressione, não oferece uma experiência que se baste nesta impressão que vale em si mesma. A obra de arte se oferece à capacidade do sujeito de pensar por colocá-lo na distância com o real. Sustenta, assim, o ficcional que a imagem técnica se esforça por romper. As práticas da imagem que mantenham a compostura ficcional, que se esquivem a dizer ou renovar a realidade em sua aparência, ainda serão arte, uma futura forma de preservação da condição humana em extinção.

Se ficarmos atentos à questão da experiência estética em relação a tempo e espaço (refiro-me não apenas às condições de possibilidade da experiência que se tornaram um jargão do pensamento desde a filosofia de Kant, mas ao seu aspecto mais concreto e até mesmo mais vulgar), veremos que a questão é a do tempo do filme, tempo curto ou tempo longo, mas tempo delimitado por um começo e um fim. Conexo a esse tempo está o espaço em seu sentido mais banal como "lugar" que pode ser ocupado por um tempo, aonde é preciso ir para assistir ao filme: seja a sala de cinema, seja a locadora de fitas e DVDs. A noção corporal envolvida no deslocamento no ato de ir e vir, de comprar o ingresso ou alugar o DVD, não é perdida, mas adensada, seja pelo prazer, seja pelo desprazer do trabalho em ir até o *locus* onde o filme será exposto. Esta circunstância banal mostra, em sua microestrutura, a condição de uma relação que é preciso produzir. Ninguém assiste a um filme sem exercer um procedimento de trânsito no cerne do cotidiano. Não quero com isto definir que o ato de assistir televisão não tenha seus protocolos, seus procedimentos, no entanto são de qualidade totalmente outra em função das facilidades de um aparelho doméstico hoje movido a controle remoto. É claro que na medida em que filmes são assistidos em televisores, a experiência do cinema – como forma e conteúdo – se confunde com a da televisão – como forma e conteúdo. Um pouco além desta experiência vulgar, mas essencialmente estética, ainda que em sentido restrito, com o espaço e o tempo, temos em cena um avanço da experiência estética no sentido de uma específica consciência corporal. Diante da tela de cinema, pelo fato de que houve um processo que levou o sujeito a ela, haverá para este corpo que chegou à sala a necessidade de mover-se para fora dela. Na sala, por ser corpo que não pode ficar ali para sempre, por ser corpo que ocupa um lugar coletivo e público, a experiência é também de desconforto. A percepção do cinema é acompanhada das imposições do coletivo do qual este corpo gostaria de distanciar-se para assumir a condição do total prazer da entrega à imagem que, enquadrada, oferece ao espectador uma visão de um mundo que se apresenta como inteiro.

Por que este puro olho do mundo, mencionado na estética de Arthur Schopenhauer como a grande possibilidade do sujeito que frui a arte, se quebra no encontro com os obstáculos da realidade? Como um livro cuja leitura fosse interrompida porque alguém bate à porta ou é preciso ceder à necessidade de buscar um copo de água, é que se manifesta a distância entre o espectador e o objeto contemplado. A ficção não existiria sem que o corpo físico constantemente chamasse a concentração ou a atenção do pensamento e da sensibilidade. Neste ponto é que se pode perceber – à revelia de todo o desejo de abandono provocado pelos filmes – que não se está no filme, e que ele não é nada de real, ainda que nos capture com a promessa do mais real. Do mesmo modo, o espectador de cinema experimenta a distância que, mais tarde, o fará capaz de pensar no que viu. Na televisão a interrupção tem outro teor, outro é o significado da quebra da experiência.

Assim é que o argumento de Comolli vem ajudar a pensar o estatuto do espectador contemporâneo, não o que é criado pelo cinema, mas o da televisão: "não estaria mais tão dividido entre crença e dúvida, mas, *crendo que não crê mais*, estaria em posição de gozar das angústias da crença (e da dúvida) dos outros – os outros colocados em cena."[137] A diferença entre o espectador de cinema e o de televisão é o posicionamento político do primeiro contra o segundo. Podemos dizer que o primeiro deriva do que Comolli chamou a "inocência perdida" que seria, segundo ele, a grande nostalgia fundadora do cinema. O espectador de cinema parte dela para perdê-la e assim reencontrá-la como uma memória capaz de ativar a experiência presente. O cinema neste caso é a plena experiência da ficção. O segundo seria aquele em que a inocência perdida não é mais uma promessa que se pode conquistar pela nostalgia, mas um fingimento que se pode gozar pelo cinismo.

Assim como para o espectador de cinema, do mesmo modo, quando se trata da televisão, está em jogo tanto o estatuto dos olhos posicionados diante de uma tela quanto o estatuto corporal. O espectador de cinema, assim como o de televisão, tem a experiência de uma tela observada perto dos olhos e distante do corpo. No cinema estes olhos são aproximados e separados do corpo num pêndulo em que vence o olhar por um instante contra o peso do corpo. O olho pertence ao corpo por ser menor que ele, mas por um instante mágico, mais ou menos prolongado, ele se torna o "puro olho do mundo". O resto é distância entre o olho-corpo e a tela. Distância que mostrará seu significado no instante em que se tentar compreender o significado do filme. Na experiência televisiva tudo se inverte. O "puro olho do mundo" se torna total e por isso mesmo banal. A experiência do espectador é a do olhar crescente que, atingindo a totalidade, fará dela algo seu. Tanto o míope cujo olho cresce fisicamente quanto o supersticioso que tem "olho grande", em outras palavras, inveja, se igualam. Enquanto no cinema o olho do mundo era apenas uma parte, na televisão este "puro olho do mundo" se torna a experiência total. Dela desapareceram o tempo e o espaço, porque a tela está diante de quem a vê como se fosse parte de seu corpo. Olhos parecem separados do corpo na experiência televisiva porque se tornaram a totalidade do corpo.

O corpo é o que se joga fora na experiência televisiva. Mas de que corpo se está a falar? Não é difícil pensar que o testemunho televisivo não é corporal porque o corpo não está em cena, está antes suspenso de sua experiência pela totalização da experiência visiva. Mas sobrevive um corpo físico para além deste corpo que é "supra-assumido" pelo olho. E é por isso que é necessário considerar dois corpos. Um corpo vivo e um corpo morto, um corpo ativo e um corpo inerte, um corpo político e um corpo antipolítico. Na figura do espectador reside o sobrevivente e o não sobrevivente, o não exatamente vivo e o ainda não morto. Seu corpo é o de um zumbi cuja existência paradoxal consiste em que ele perambula enquanto está inerte, sobre a superfície macia de sua cadeira, com o dedo ativo sobre um controle remoto. Sua prática da inércia não é a da meditação contemplativa dos monges, mas a do apático consumista que exige mitos e uma programação em que os autores digam o que "se quer ouvir e ver". De antemão, o que se quer ouvir e ver é apenas uma pressuposição fantasiosa que adquire a aura de verdade por acordos aprovados em pesquisas ou pelo desejo de produtores.

A televisão cria assim diante de si o sujeito do "corpo mole". Uso aqui a expressão popular no que ela revela de significado ético e político. Corpo mole é o corpo desfalecente, o corpo que se invalida no ato de sua queda. Um corpo que finge que nada pode mesmo sem saber que finge, um corpo que se esquiva do trabalho, da luta, da responsabilidade, esquiva-se de qualquer prazer que não esteja diante dos olhos. O corpo mole é o corpo sem olhos. Dizer que sobre o sofá nenhum desejo de mudança, nenhuma revolução pessoal ou coletiva será realizada é tanto clichê quanto verdade. O espectador se basta em sua visão da caixa ou do pequeno quadrado em sua sala com suas promessas de felicidade sempre irônicas, mas que capturam tanto o ingênuo quanto o despreparado.

O que significa mimetizar o espetáculo quando não há mais vida real que possa ser imitada? Talvez aquilo que Kojève chamou "esnobismo em estado puro"[138] seja a condição própria do sujeito que reduz os rituais de sua vida a estar diante de uma caixa preta, no entanto luminosa. Pura relação com a superfície.

O termo "inoperância" é a categoria essencial para compreender o estatuto deste sujeito que não é do conhecimento, nem sequer do trabalho, mas paradoxal sujeito da inação.

A posição do "corpo mole" é a do sujeito insensibilizado. O corpo mole é antipolítico. Ele se basta seguro nos próprios olhos. O corpo só se torna inerte porque perdeu o domínio sobre as próprias portas por meio das quais recebe a informação do mundo. O que ele recebe como conhecimento, como aquilo que se há de saber ou aquilo que desde antes já se sabe. Primeiro é a separação entre olhar e corpo que se deu por meio da transformação do espectador no puro olho do mundo em sentido perverso. O puro olho do mundo é eviscerado de um corpo e suspenso. Ocupa uma posição de exceção, uma espécie de soberania em relação à coisa vista enquanto se submete ao aparelho que mostra a coisa vista. No entanto, como não há mais coisa vista, mas apenas o aparelho que a mostra, ver não é mais ver nenhum conteúdo, mas ver o próprio ver que olha para fora de si. Ver é a pura forma da visão. Por isso a queixa de tantos estudiosos em relação ao problema do conteúdo na televisão é em si mesma errada, um contrassenso, na medida em que ao assistir televisão opera-se a entrega à forma, não a relação com um conteúdo. Esta relação com a forma não é uma relação livre, é um imperativo estético-político que impõe o ver um enquadramento. O conteúdo, por sua vez, seja moral ou imoral, eticamente competente ou não, é apenas a exceção no contexto da forma. Filósofos como Hegel e Adorno acreditaram que a forma é conteúdo sedimentado. Neste caso, a Forma TV seria o completo esvaziamento do conteúdo que se depura em superfície plena. Assistir televisão é, neste sentido, exercício inerte da pura formalidade ou do mero esnobismo.

Zapping – ação entre o olho e a tela

O telespectador é o espectador da distância, da qual ele mesmo é o foco, e que se vê entre atenção e distração. A televisão como máquina de administrar o olhar condiciona o acesso ao mundo do conhecimento, mas condiciona, sobretudo, o modo de conhecer e o que pode ser conhecido pelo condicionamento do olhar. No processo de manipulação do tempo pelo olhar e do olhar pelo tempo, o avanço da tecnologia da televisão produziu diversos mecanismos. Nenhum jamais atingiu a contradição que vemos com o *zapping*. Por isso precisamos nos deter na ação que ele representa enquanto operação típica do telespectador na distância.

Zapping é a mais exata forma da distância enquanto esta também se diz no tempo. Entre o olho e a tela a relação fora, na história da televisão, acionada pelo ato de girar um botão, depois pressioná-lo, por fim carregá-lo na mão emitindo ondas sem que seja preciso mover o corpo. *Zapping*, esta novidade no uso da televisão, é a exata contramão da contemplação. Ele é a potência mais substancial da televisão que jamais promoveu o tempo reflexivo e contemplativo. Operador da desatenção, "zapear" tornou-se, no entanto, uma prática tão perniciosa quanto perigosa para o sistema do olhar cativo. Quem espera que o olhar desatento dirigido à televisão se torne atento erra o alvo. A questão que ele impõe é que, ao ter sido inventado como uma possibilidade de manipulação do espectador do aparelho (que o manipula sem que ele saiba), o espectador deixou de concentrar seu tempo no aparelho televisivo para concentrar-se na desconcentração ainda maior oferecida pelo controle remoto. A potência do objeto televisivo é a da desatenção total, o *zapping* leva-a às últimas consequências.

Mas é possível mais, a potência do *zapping* pode levar a consequências ainda mais drásticas. Quando ela se torna real, os administradores das televisões temem perder o olhar daquele que nasceu para atender à sua tela. A audiência é facilmente perdida para um mecanismo que, tentando controlar a competição entre os canais, mas, sobretudo, tornar o telespectador ainda mais passivo do que em seu limite mais natural, não contava com o vetor descontrolado do próprio controle. O controle aciona o telespectador. Ele é o novo aparelho capaz de programar o telespectador na direção de um contraditório "desprogramável" ativo. O *zapping* é uma extensão da televisão que desprograma o telespectador para desprogramar a televisão. Um curioso círculo vicioso. No limite, imaginemos que, por mera compulsão, ele pode chegar a desligar a televisão para sempre. Contra este extremo da ação ativa é preciso destruir o *zapping* pela destruição dos aparelhos que o permitem.

Hoje, no entanto, não é possível retroceder no tempo e vender televisões sem controle remoto, pois o controle tornou-se um direito adquirido do "consumidor" que já não saberia ver televisão sem ele. O que o controle aciona é a infidelidade a um mecanismo enganador que, no entanto, exige fidelidade. O que o *zapping* veio mostrar é que o controle total providencia mais que o caos, a quebra de uma ilusão de fidelidade que a televisão nunca prometeu, mas exigiu. A infidelidade é o nome próprio do *zapping*. Emissoras de televisão entram em guerra por audiência sendo minadas por ele. Como exacerbação da Forma TV, *zapping* é o extremo do sentido da audiência em sua falsidade finalmente explícita. Se a imagem e o olhar da televisão são espectrais, se a audiência como olhar coletivo mensurável é espectral, também o gesto que providencia a escolha do que ver o é.

Portanto, o conflito da televisão é que a desatenção desejável para a manutenção do mecanismo televisivo não poderia suportar o desequilíbrio. O paradoxo que a televisão teve de enfrentar é que aquilo que foi criado pelos tecnólogos, menos para motivar a concorrência entre os canais do que para ser um brinquedinho de uso doméstico, tornou-se uma arma poderosa que, caso fosse usada em nível geral, funcionaria como uma verdadeira guerrilha dos telespectadores contra a televisão. A falsa liberdade do *zapping* torna-se verdadeira no momento em que o telespectador a utiliza ironicamente. Claro que como telespectador ele não existirá mais, no extremo tornar-se-á livre também do mecanismo que carrega nas mãos. Mas, infelizmente, estamos diante de uma dialética em um primeiro momento sem síntese.

Nelson Brissac Peixoto, um dos poucos teóricos a dedicar alguns parágrafos à análise do *zapping*, afirma que a televisão é um "contínuo de imagens" em que tudo se confunde, em que os programas mal se distinguem. Segundo ele, "o espetáculo consiste na própria sequência, cada vez mais vertiginosa, de imagens"[139]. Não há, portanto, mais um programa a ser visto até o fim. E a mínima atenção necessária ao entretenimento não é mais uma questão para o próprio telespectador que articula, segundo ele, "de modo desconcertante, imagens as mais desconexas". *Zapping*, podemos concluir daí, é mais do que o ato de trocar de canal confusamente, perdendo a chance de algo que seria de se ver até o fim, mas a desarticulação da atenção que apenas superespecializa o efeito da televisão.

Brissac Peixoto, seguindo Arlindo Machado, entende que o *zapping* surge da impaciência do telespectador e que isto influencia os programas de televisão, mas a razão desta afirmação se perde diante do fato de que a televisão – aquilo que chamo de "Forma TV"– desde seus primórdios operou na rapidez assim que os intervalos comerciais passaram a fazer parte do cotidiano de sua produção e exposição. O que mudou é que o mecanismo da própria televisão gerou efeitos que retornaram sobre a própria televisão. E que, como mecanismo que programa os seres humanos, nem sempre os administradores humanos sabem dar conta daquilo do que foram programados.

Não há nada de exato quando se trata de promover um programa de televisão, muitas das novidades televisivas são lançadas como apostas quanto ao desejo do público. O efeito do *zapping* é próprio da televisão desde que ela se define pela mudança de programas, pelas novidades que ocupam um tempo. O fato de que os programas ocupem um tempo e que o tempo seja organizado em minutos que valem dinheiro explica o sentido do tempo televisivo. Muitos programas de televisão que duram cerca de uma hora em seu tempo contínuo são "cortados" três ou quatro vezes para o espaço destinado às propagandas. No começo as propagandas ocupavam um espaço menor, mas, com o avanço do consumo que elas mesmas promoveram, tornaram-se um serviço essencial que depende do mecanismo televisivo. O tempo televisivo é medido em minutos dentro de minutos que são vendidos aos patrocinadores que alugam por um tempo – quanto mais possam pagar – a atenção distraída dos sujeitos humanos tornados telespectadores. Programas são sempre arranjos do tempo: blocos de mais tempo onde cabem blocos de menos tempo como em um jogo de encaixe. Se o tempo é medido em blocos é porque o tempo é não apenas entendido como produzido pela Forma TV como fragmentário. Não se trata, contudo, do fragmentário dos românticos, nem dos pós-modernos, mas o fragmento do próprio capital, pois o tempo é medido, na televisão, em dinheiro, o capital da publicidade. A moeda é a atenção que só pode ser doada pelo espectador em esmolas enquanto ele não sabe que paga pelo tempo consumido diante da televisão – quem diante das propagandas apresentadas no cinema não se sente logrado ao pagar para ver o filme e acabar por ver propagandas, que certamente estão embutidas no preço da sessão – sendo que o espetáculo, embora possa ser compreendido como um *continuum*, é feito de pequenos instantâneos palatáveis. A atenção é o valor de uso da televisão, mas não uma atenção cuidadosa. Justamente aquela que será transformada em distração pelo tempo televisivo. Parte-se do pressuposto de que qualquer discurso mais longo, que não seja diretamente colocado em frases ditas em tempo curto, será desagradável para o telespectador. Pressupõe-se, como sempre, um telespectador, aquele que é capaz de estar ali, dado em seu *Dasein*, em seu tempo vivido, à televisão. Mas se pressupõem seu desejo – o do entretenimento – e a sua atenção que, amparada pelo perigoso *zapping*, pode escapar da distração onde ela se esvairia.

Zapping é um operador do tempo e do espaço, logo, da distância. Se o tempo e o espaço são condição de possibilidade da experiência, *zapping* seria a esquizofrenia da experiência dada no tempo-espaço. Ou a esquizofrenia do tempo que se apresenta como sustentáculo da experiência. A desproporção entre a máquina e o ser humano daria certo ganho de causa ao ser humano, na medida em que, pelo *zapping* levado ao extremo como ação pessoal e coletiva, a atenção humana chegaria ao extremo de seu esgotamento. Talvez ela acordasse ao cair no abismo de si mesma e retomasse o rumo da investigação sobre o universo do qual é parte da experiência. No entanto, talvez a atenção seja o esforço ao qual não podemos nos dedicar essencialmente, o impulso negado pela fadiga de tanto ver sem nada perceber. Atenção é uma característica do ato do olhar, é parte dele, mas antes é uma postura existencial que deixamos de lado desde que sobreviver às avalanches de informação exigiu de nós mais do que podíamos oferecer.

Esquizografia – *O Show de Truman*

O Show de Truman é uma produção norte-americana de 1998, dirigida por Peter Weir. O fato de que um filme com este conteúdo seja produção da maior indústria cinematográfica do mundo mostra que a Indústria Cultural do Cinema não teme a crítica ao seu próprio poder. Não é difícil ficar confuso diante do fato de que a indústria lucre com sua crítica, o que obriga a pensar em termos de alternativas: ou a indústria atira no próprio pé ao apoiar a crítica, ou a crítica é mais rentável do que a sua ausência. Neste caso, a democracia que deve resultar da crítica consistente pode ser verdadeira, embora a crítica apareça ao mesmo tempo como tudo o que o mercado desejava para sustentar seu próprio processo. Quem pensa em termos de "um outro mundo possível" é sumariamente traído. Aceitar a traição ou ressentir-se são alternativas sempre disponíveis. Além dela, apenas uma antiutopia, o pensamento de que a utopia não será possível, embora seja orientadora de um mundo justo, parece ser o modo mais correto de ver as coisas. Truman, como veremos, é também o sonhador de um mundo indisponível e o herói que precisará conquistar a própria vida escapando de uma estrutura material e psicológica criada somente para ele. O final do filme, no entanto, deixa claro que a saída de Truman de sua realidade falsa rumo a uma utopia sonhada não tem imagem preestabelecida.

Para compreender a riqueza imagético-teórica deste filme e poder lançar o conceito de esquizografia a ele relacionado, proponho que o analisemos com o mesmo método usado nos capítulos anteriores sobre *Videodrome* e *Fahrenheit 451*, interpretando os conceitos expostos nas circunstâncias relacionadas aos personagens. A aparente simplicidade de *O Show de Truman* acoberta uma formulação monstruosa. É esta tensão, que vai muito além de forma e conteúdo, o que o torna um filme fascinante na hora de pensar a experiência do tempo-espaço televisivo como lugar da distância.

O Show de Truman é uma evidente crítica à falsa ficcionalidade da televisão em sua forma de *"reality show"*. O filme também denuncia metateoricamente o cinema que se vende à televisão, No entanto, a busca pela audiência é algo que a televisão aprendeu com o cinema, a primeira arte especificamente de massa. Não há nenhum argumento que justifique que a busca por audiência é algo em si mesmo ruim, contudo, quando se trata a questão nos termos da lógica que une meios e fins, é claro que o modo como a audiência é buscada pode ser aviltante. O que o filme mostra é este aviltamento do ser humano enquanto transformação do indivíduo em mera imagem.

Para além da crítica que oscila entre o evidente e o sutil, o filme é a encenação mais perfeita do que poderemos chamar de metafísica do não saber. Truman Burbank protagoniza a existência de um homem que nasceu sob as câmeras, vendida que fora a parte visualizável de sua vida – quase a sua vida inteira, com exceção de cenas sexuais que chocariam a família – desde o útero da mãe, a propósito conivente com o que se fez dele. Esta mãe, não deixemos escapar, ainda que apareça como personagem menor na trama, será, ao contrário do pai que, ainda que tardiamente, tentará revelar-lhe a farsa, um dos principais sustentáculos da mentira que enreda Truman. Embora não seja sua mãe verdadeira, mas a que faz o papel de mãe, sem ter com ele um vínculo que ultrapasse a banalidade do *show*, coisa que não aconteceu com seu pai. A propósito, o posicionamento da mãe como uma senhora inofensiva é proporcional ao papel da esposa, uma enfermeira convencional. Ambas são figuras conservadoras que enredam Truman em laços de família tão infantilizantes quanto pragmáticos: Truman deve cortar a grama, olhar fotos de sua infância, comer o macarrão da esposa, ou preocupar-se em ter filhos e pagar o financiamento da casa. Assim se evita que ele deseje conhecer Fiji, o emblema de um outro mundo que não lhe é permitido acessar. Vítima do não saber, Truman é o personagem metafísico que representa cada um de nós. Metáfora da existência que não desvenda seu mistério em termos transcendentais. Tampouco em termos sociais descobre o jogo de forças a que está submetido.

O filme, que inicia com o efeito de realidade que se vê também em *Fahrenheit 451*, não simplesmente nos mostra, ele é o que devemos entender. Somos postos diante do vídeo em plena exposição do diretor Christof – o criador de Truman –, interpretado por Ed Harris, que justifica a um espectador inespecífico – no caso, nós mesmos – o interesse em Truman devido ao cansaço que telespectadores têm em relação a atores com emoções falsas. A expressão não poderia cair melhor em um mundo que hipervaloriza o "real" sem pensar que este real é construído pela televisão, não sendo, portanto, o real que se supervalorizava, mas aquilo que se põe em seu lugar. Em seu discurso o diretor define que, embora o mundo em que Truman vive seja falso, ao mesmo tempo o próprio Truman não tem nada de falso. Justifica assim que Truman não é Shakespeare, mas "uma vida". Ao dizer que Truman é uma vida, a fala do diretor já nos coloca diante daquela vida nua que a televisão sempre tenta capturar na contramão da ficção que seria naturalmente incapaz de tocá-la. Pois o que o diretor quer justificar, a isca que ele julga atrair o espectador, é o desencanto com a ficção que nos distancia do mundo, pela alternativa da vida, sob a crença de que esteja finalmente, posta a nu, diante de olhos sempre devoradores do telespectador. Truman é, já neste momento inicial, posicionado como vida nua. O fato de que o diretor não disponha de uma linguagem teórica nem torne explícito algum possível interesse na posição de isca ocupada por Truman, não retira o sentido desta observação. Truman é o ímã que atrai cada espectador, ele é o valor que está posto em jogo. O da vida humana e sua forma de exercer-se. A pergunta sobre o merecimento de uma existência fora do espaço ao qual foi confinado como "caça" para os olhos dos telespectadores ronda o filme e cria para ele uma perspectiva ética. Não parece gratuito que a primeira fala de Truman, dirigida ao vídeo/espelho/espectador, diga: "Coma-me, é uma ordem." A questão da inveja, conforme o primeiro capítulo deste livro, adquire um alto significado.

Os letreiros com os créditos começam a aparecer. Somos duplamente surpreendidos: pelo efeito de câmera: Truman Burbank se dirige a nós que o olhamos do lado de cá. Não seria errado imaginar um filme que ocorresse em segunda pessoa como vemos em certos romances. Não seria, contudo, producente do ponto de vista da ilusão que sustenta a ficção, mas o efeito é que isto nos lança com mais força no universo ficcional que se descortina logo após. Peter Weir consegue, com esta entrada em espelho, que o espectador do filme se instaure na desconfiança advinda da consciência de que há algo a ver e que ver é saber que se vê. Truman nos olha e retira seu olhar, dando-nos assim a consciência de que estamos onde algo deixa de estar, ou porque deixamos de estar onde antes estávamos. É como se nos olhasse nos olhos, ou então diante de um espelho, a dizer-nos que não conseguirá, que teremos que ir sozinhos, aumentando por poucos segundos nossa apreensão quanto ao que deseja de nós para logo escapar de nosso olhar esperançoso e cair nas malhas da prisão cuja encenação assistiremos até o fim. É somente aos poucos que percebemos que ele se dirige a alguém ou a si mesmo e que o chamamento de nosso olhar era apenas provocação de *trompe-l'oeil*. Somos chamados a este olhar até que percebemos que Truman interpreta, como em Shakespeare, uma peça dentro da peça, uma *play scene* que nos confundiria, mas que antes serve para nos posicionar conscientemente. Em um instante ele é o ator que ele mesmo não sabe que é: Truman Burbank é apresentado no papel de Truman Burbank conforme o letreiro que segue. Jimmy Carrey está presente, enquanto não está presente. Sua importância como ator é absolutamente relativa à importância da existência de Truman que precisa ser mostrada no máximo possível de sua realidade. Nós devemos fazer coro — faremos? — com os espectadores que surgem nos dizendo que somos iguais a eles, pois só nos cabe assistir à vida de Truman, o único que, ao longo do filme, parece, de fato, ter uma vida.

    Peter Weir tira partido da Forma TV durante todo o seu filme justamente para mostrá-la. A diferença entre cinema e televisão reside na autoconsciência do cinema, em sua vontade de ficcionalizar e de, por meio disso, promover reflexão, contra o ocultamento que a televisão promove quanto ao que nela é produzido. O cinema aparece como a mostração para que a televisão se explicite como acobertamento. Os recursos televisivos mostram-se em momentos tais como a cena em que Truman sai de casa pela manhã e cumprimenta uma família vizinha que olha para ele encantada. O cumprimento de Truman é dirigido ao mesmo tempo ao espectador que se sente o sujeito da cena da qual está fisicamente separado. Pelo olhar que é dirigido ao espectador por meio de câmeras estrategicamente situadas, esta separação jamais é evidenciada. O espectador de Truman é como qualquer espectador de TV instaurado entre a identificação e o reconhecimento espectral do olho televisivo que a ele se dirige. Mais do que um olhar bisbilhoteiro, do *voyeur* que goza com o que vê enquanto é clandestino, em Truman o telespectador experimenta a vida como ver a vida de outrem enquanto a sua própria desaparece no cotidiano banal. O espectador só é *voyeur* enquanto é *voyeur* banal. Truman lhe oferece tanto uma identidade quanto um foco ao qual dirigir-se na ausência de sentido. Como a mariposa em redor da luz, o telespectador tem algo que fazer: ver. Mas ver é banal. Por outro lado, há um olhar que o olha. Este olhar é o próprio aparelho, o olho do ator ou do apresentador de jornal é apenas a pupila, a potência que aprofunda o mecanismo básico do próprio aparelho. Olhamos necessariamente para aquilo que foi feito para ser visto. Se o que foi feito para ser visto inclui dentro de si um olhar que se dirige a nós, entendo que estou no espelho, mas não olho para mim mesmo senão porque alguém me olha e confirma assim o encontro hipnótico com o próprio reflexo a que se deu há muito o nome de narcisismo.

  Talvez Truman seja adorado pelos telespectadores por ser um bom sujeito, um rapaz simpático e ingênuo, ou por estar na posição do visado que todos almejariam em uma sociedade em que a lei é "sou visto, logo existo". O mais provável é que Truman se torne interessante aos espectadores por revelar tudo de si enquanto não sabe nada sobre si mesmo. Telespectadores antes de serem telespectadores são espectadores. Gozam com a ignorância da qual pensam escapar. Não sabendo nada de si mesmos, identificam-se com Truman. O que o diretor da vida de Truman faz com Truman é o que é feito deles mesmos. Mas diferentemente de Truman, que não sabe de si nem poderia suspeitar, eles supõem saber de si. A ignorância de Truman é prepotência em seus espectadores que, como ele, são colocados por Peter Weir diante de nós – também espectadores do filme – como pessoas simples, muitas vezes imbecilizadas pela televisão. A levar a sério o que o filme diz, somos, nós que o assistimos, também certa espécie de imbecis. O filme encena não somente uma dupla circunstância que envolve Truman e seus espectadores: de um lado está a prisão de Truman, de outro a prisão dos que o veem, mas surge uma tripla banda composta por todos nós que assistimos os espectadores de Truman assistindo Truman.

Não é difícil perceber que todos – Truman, seus espectadores e nós, espectadores dos espectadores e da armação da cena, para quem a imagem total é oferecida – fazemos parte de uma estrutura. Alguém está dentro enquanto alguém está fora. Mas é preciso prestar atenção às camadas: enquanto permanecemos espectadores e não produtores. Não somos tecnicamente preparados para entender o cinema, e por isso, por atingir o sujeito em sua inocência, é que o cinema pode ser uma arte de massa. Neste ponto, ocupamos um lugar no qual estamos colocados como todos os demais, a saber, somos prisioneiros da ficção pela ignorância, assim como Truman é prisioneiro de sua própria ficção – sendo ele mesmo personagem vivo de uma ficção que vende o vivo como verdadeiro contra a "emoção falsa" dos atores – pela ignorância quanto à técnica que a possibilita. A televisão em Truman é vista pelo cinema que dela em nada se diferencia enquanto mostra sua diferença. Se um filme imita o princípio de realidade da televisão, este filme precisa ser como Truman, mas pode fazê-lo em graus variados de relação com o real. Sendo que o real é, na televisão, algo que se inventa e que vem a substituir, pela simulação, a realidade.

Assim é que Truman nos mostra que a televisão já antecipa o princípio estético da era digital: a simulação. A realidade não é mais imitada ou representada, mas simulada. No entanto, em se tratando de televisão não é errado dizer que a realidade é, na verdade, dissimulada. Pela simulação se põe em cena o que não está, pela dissimulação não se deixa ver o que está. A sensação de enganação que a TV espalha nas próprias multidões que a assistem não serve para eliminar o engano, nem para causar revolta contra o enganador. Antes, certa crença de que a televisão "é o que é" vem deixar claro que a realidade se tornou desimportante diante dos meios de simulá-la. Que a aparência que os filósofos criticaram por séculos tomou o lugar da verdade. Como os espectadores de Truman, a vida segue. O guarda-noturno indigna-se com o fato de que a televisão não mostra "tudo" da vida de Truman; a garçonete espera que Truman seja fiel a uma ideia de amor que ela tem. Todos os espectadores retratados no filme assistem a televisão do ponto de vista do que podem entender. Como se estivessem se relacionando a algo real porque podem identificar seus próprios pensamentos com o que está dado a ver ali. Tomam por real a ideia que têm de algo a ser confirmado na simulação televisiva. O que seria do reino da simulação se não pudesse "realizar" o ideal? A telerrealização do mundo é a potência técnica deste tempo.

Tempo que tem seu espaço físico especialmente produzido. Assim como o *Pequod* é um "personagem" dos mais importantes, senão o principal, de um romance como *Moby Dick*, assim como Alice não seria ninguém sem o jardim onde escuta histórias, nem Bartleby sem o escritório onde trabalha, não seria lúcida a compreensão de *O Show de Truman* sem levar em conta Seahaven, a cidade/cenário especialmente construída para a existência social de Truman.

Seahaven é uma ilha simulada, da qual Truman só poderá sair atravessando um grande perigo: o mar. Perigo que ele teme desde que acredita que seu pai morreu em um passeio de barco durante uma tempestade igualmente simulada. Truman cresce como um sobrevivente e, como tal, marcado pelo trauma em torno do qual sua vida se erigiu. É, neste sentido, testemunha de uma catástrofe, a que atingiu sua vida e que não foi verdadeira para ninguém, senão para ele. Assim como tudo em sua vida é simulado, igualmente o modo como sua vida se estabelece só é possível desde a catástrofe em alto-mar, quando, no limite de ver outro mundo, outras formas de vida, Truman teria a chance de escapar à simulação. A simulação de realidade é física para Truman, que fica preso a um espaço-tempo nas amarras de um não saber. Seahaven é uma espécie de embalagem cujo objetivo é deixar o "produto" Truman em situação de conforto moral, estético e político. Nada é desarmonia nesta cidade de plástico.

Como cidade, Seahaven é espaço-tempo, lugar delimitado como uma ilha. A ilha é o que não tem relação nenhuma com o mundo senão por pontes, barcos, balsas ou outros artifícios humanos de ligação. Seahaven é, enquanto invenção jurídico-política, um campo de concentração, uma estrutura jurídico-política delimitada. Giorgio Agamben definiu-a enquanto *"nómos* do moderno"[140], ou seja, como uma matriz oculta, como regra do espaço político. A interpretação invertida de Agamben é valiosa: em vez de tratar o campo como um local onde "a mais absoluta *conditio inhumana*" foi realizada, ele se pergunta sobre o que é um campo para poder responder por que tais eventos puderam ter lugar nesta estrutura. A estratégia teórica de Agamben possibilita encontrar a materialidade do evento malévolo, sabendo que o "porquê" depende de um "como". O direito ordinário não funda um campo que surge historicamente dentro do estado de exceção e da lei marcial. Agamben remete aos campos cubanos e ingleses do século XIX, onde populações foram amontoadas. Se compararmos a Seahaven não teremos o caso de populações inteiras vivendo em condições aviltantes, mas atores pagos para executar um trabalho em que nem encenar, nem entreter são o bastante, mas em que é preciso enganar um único indivíduo que participa da encenação como marionete vivo. Todos de certo modo e em certo grau são internos, mas supostamente possuem uma vida exterior. Teremos, contudo, em Seahaven, o campo de Truman: o único sumariamente internado. O campo surge como lugar de custódia que não é sustentada por nenhuma lei. O Estado não comparece, nem tem nada a ver com a vida e Truman, pois, desde que foi entregue à empresa da qual é "adotivo", não se ocupam dele. O estatuto jurídico do local é evidentemente o campo. Fosse uma prisão e o roteiro deveria providenciar alguém – advogado ou promotor – que se interessasse em livrar Truman da prisão. Trata-se, no entanto, de um mero confinamento do qual não se pode dizer que seja proibido. Ao contrário, Truman pode e deve viver em um lugar tão "perfeito" quanto Seahaven. Truman tem, assim, um estado de sítio dedicado somente a ele e sustentado pelo sistema da televisão que agrega em si desde o "criador" até o espectador. Tudo, explicitado no filme, como base do capitalismo ao qual o projeto serve. A instituição é a televisão, o diretor é o soberano que decide tudo. Truman vive em total suspensão de seus direitos políticos, as liberdades pessoais asseguradas para todos não o são para ele que nem sequer sabe que as tem. Truman é a exceção dentro do espaço de exceção onde todos os direitos são suspensos. Ali está em vigor o princípio de que "tudo é possível" como em qualquer estrutura totalitária. Aquilo que Agamben chama de "zona de indistinção entre externo e interno, exceção e regra, lícito e ilícito"[141] está claramente explícito na montagem que é Seahaven. Por sorte trata-se de ficção, mas o fato de que "tudo seja possível" não nos deve animar desde que conhecemos a história dos campos de concentração que chegaram a ser de extermínio como nos casos nazistas e os mais recentes africanos, orientais, americanos[142]. Seahaven seria o que Agamben chamou de "terra de ninguém entre a casa e a cidade"[143], mas muito mais é o domínio do público/privado do privado como público que só pode ser sustentado enquanto isolado do mundo.

Aliás, o campo de concentração de Seahaven segue o conhecido modelo fascista. Um líder autoritário garante a ordem com mão de ferro. Christof, o "criador" de Seahaven e de Truman – e da vida de Truman como um *show* –, é uma espécie de criador autoritário, como o próprio Hitler, que almejava ser o maior artista de todos os tempos, coordenando a criação de obras de arte pela Alemanha afora num projeto de estética nazista. Como um grande olho que organiza o mundo, ele observa o campo de fora para melhor coordenar soberanamente o funcionamento do campo. Dentro do campo, Truman é confinado junto de atores que pelo menos saem do seu "trabalho". São funcionários do sistema. Seu grande amigo e sua própria mulher também são funcionários, mas de certo modo são "ajudantes do regime". Como que "capos" que, mesmo sendo da mesma espécie humana e igualmente prisioneiros, podem gozar de certas vantagens: sair dali, ter um salário. Logo ao início do filme, o personagem Marlon, que é amigo de Truman desde a época da faculdade, diz que ali nada é falso, mas apenas "normalmente controlado". A esposa, por sua vez, expõe sua opinião dizendo que Truman vive uma vida nobre. Subjugam Truman pelo conforto que lhe oferecem. Truman, por sua vez, foi bem treinado pelo medo que resulta da ignorância.

Todos sabem que encenam, participam com acinte do *merchandising*, a informação subliminar sobre o que pode ser comprado mesmo em situações de absurda tensão, como na cena em que a esposa de Truman lhe oferece um chocolate de marca específica. A esposa enquanto é atriz interpretando um papel não é tão boa atriz como deveria, mas o personagem que interpreta também não lhe dá chance. O *merchandising* que representa a entrada do capital em cena e que ela deve mostrar a qualquer custo, mesmo da crise emocional do marido, mostra apenas que ela, a atriz, é a fria funcionária do sistema do qual tanto ela mesma quanto sua personagem não podem fugir. Ao mesmo tempo, realiza seu trabalho de modo banal, como um carrasco que tortura e logo depois segue para jantar com a família. A banalidade do mal sobre a qual falou Hannah Arendt é, em um momento como este, apenas um ramo do espetáculo. Assim é que o fascismo sobrevive em uma sociedade democrática.

Truman, cuja vida foi capturada no espetáculo para servir de imagem, sendo o herói da utopia que Seahaven é para os espectadores, partilha com estes a necessidade de uma utopia que está para ele em outra ilha, Fiji. O desejo de conhecer Fiji mostra que Truman não pensa em termos diversos dos que aprendeu. Sua vida biopoliticamente orientada é parte de uma ilha. E ele vê o outro mundo possível como outra ilha. Os laços com outros seres humanos dentro desta ilha, margem do mundo que se mostra para ele como centro do mundo, são todos controlados. Mesmo politicamente, para além dos laços mais imediatos com a família, o controle é total. Truman é vigiado pelos atores que o obrigam a fazer um papel, sem saber que finge, como demonstram diversas cenas. Por exemplo, seu pai reaparece e é expulso da cidade/cenário por atores. Do mesmo modo, o diretor/criador apenas cuida para que o projeto se realize por completo perante os olhos posicionados para além das câmeras. São estes olhos – a união entre diretor e público – que controlam o regime desde dentro. Só há Truman porque há espectadores. Mesmo que os espectadores sintam um profundo alívio quando Truman se liberta, é verdade que esperavam por isso apenas como um desfecho heroico. Ou seria porque, de um lado, mesmo estando coniventes com o olhar do diretor, sabem o quanto são idênticos, pela metafísica do não saber, a Truman?

A única verdade é que Truman, assim como o trauma que ele experimenta, não é ele mesmo um simulado. Seu não saber é tragédia, mas também pode ser trunfo. Depende do uso que será dado ao fato. Em outras palavras, se Truman foi posto no lugar de Truman pela instauração de um estado de exceção, do mesmo modo, ele poderá inverter a história a seu favor na medida de sua própria experiência. O sistema que conta com a ignorância de Truman não imagina que, ao não compactuar com o cinismo geral, ao perceber a possibilidade da farsa, mesmo supondo que possa estar ficando louco, ele preserva a própria inocência, aquela que virá a ser sua libertação. Truman é a simulação de outros que, ao não se saberem simulação, salvam-se para si mesmos. Somente enquanto ingênuo é que ele pode imaginar a liberdade. Por meio do trauma que permite sua sujeição à vida simulada – não esqueçamos que se trata de trauma real, fruto de uma catástrofe simulada – temos a dupla banda que explica a vida de Truman, um sujeito real apenas para si mesmo já que os espectadores o veem como alguém que está posto ali para satisfazer seu desejo de ver. A possibilidade da visão real e total que se promete com a apresentação de Truman mostra-nos apenas que o desejo de ver é irrealizável. O espectador é um sonhador e nunca será mais que isso. A perversão de Christof, o criador funcionário da indústria, que tem ao mesmo tempo algo de artista, é dar ao público a realização deste desejo – um desejo que, por ser desejo, é sempre irrealizável – como algo que seria realizado. O espectador é tão traído quanto Truman.

É clara a dependência entre a vida de Truman e o que podemos neste instante invocar como sendo o trauma. Não devemos deixar passar esta semelhança anagramática entre as palavras, embora não seja possível tentar explicitar psicanaliticamente uma teoria do trauma a partir da vida de Truman. O filme é mais do que esta ilustração, embora esteja fortemente manchado pela questão. O poder do trauma nele é imenso. Truman não é apenas uma palavra que insinua o trauma, mas alguém que pode ser mantido em uma prisão pelo artifício de um trauma. O trauma do qual ele é vítima é um dos eventos mais fundamentais na sustentação do projeto ao qual foi submetido, pois é nele que o medo vem ocupar o lugar de uma curiosidade proibida de realizar-se. Se pensarmos no alemão de Freud, o pai das análises do inconsciente, o trauma (em alemão se diz "*das Trauma*") aparece como uma espécie de razão em torno da qual gira a realidade como proibição de experiências que venham a repeti-la ou liberar dela. Não se deve aqui partir para uma leitura psicanalítica do personagem Truman, pois ela desviaria da abordagem política; no entanto, é interessante reter que como trauma, ou seja, a condição determinante da neurose, Truman é a condição determinante não apenas de sua vida, mas da vida de todos os que a ele se ligam como espectadores; afinal, foi para ser visto, para fazer parte, portanto, da vida destes espectadores, que ele foi criado. A fixação do espectador em Truman, assim como qualquer fixação, ou evitação da vida real, pode ser definida em termos de neurose, no sentido de um pensamento adoecido, torto, incapaz de orientar-se pela saúde do pensamento que se ocuparia de diversas coisas e não apenas da vida de outrem.

Truman pertence, no entanto, a uma outra banda ainda mais curiosa. Se seguirmos com esta intuição freudiana, Truman é além de "*das Trauma*", também *der Traum*, ou seja, o sonho. Como eleito para ocupar a utopia de Seahaven, ele está no lugar do sonho coletivo. Antes de ser um neurótico, coisa que o filme não projeta, Truman é vítima do não saber, ainda que toda neurose surja de um não saber. Se Truman é anagrama de *Traum*, sonho, é preciso perceber que, para que possa ser mantido no lugar do sonho, precisa ser marcado pela dor do acontecimento funesto. A sociedade que elege Truman como seu "sonho de consumo" só pode fazê-lo estando contra ele. Não revelando a ele a mentira da qual ele é vítima. Truman é, assim, o garante de uma falsidade que alimenta o coletivo em seu desejo pelo ideal. Truman é, de certo modo, sacrificado pelo coletivo. Assim, elegemos o sonho ao estarmos contra ele na realidade da qual ele mesmo não suspeita. Por fim, a vida de Truman, cuja catástrofe é simulada, não é outra do que a catástrofe da simulação. A simulação é a verdadeira catástrofe da vida de Truman, seu contorno mais preciso. Contorno pelo qual se sustenta o contorno de sua vida dentro do contorno de Seahaven, este exato campo onde Truman foi concentrado pelo projeto da indústria voyeurista que o adotou.

Por fim, cabe pensar no sentido desta vida/show. Truman é uma espécie de Kaspar Hause moderno. O título alemão do filme de Werner Herzog, *Cada um por si e Deus contra todos* (*Jede für sich und Gott gegen alle*), relaciona-se a Truman: *Cada um por si e TODOS contra Truman*. Todos, pois o diretor apresentado ao início como alguém de quem Truman é a "criação" representa este grande olho de Deus que tudo cria e tudo vigia e que, em seu poder de onividência, decide soberanamente sobre a vida de quem é por ele olhado. Como câmeras ocultas espalhadas na cidade sugerem dementes, bandidos, anormais. O elo que liga diretor e público é Truman, enquanto vida nua tornada *show* ao alcance dos olhos de todos. Trata-se de algo bem mais delicado do que ser "turista da realidade de outros"[144] como se expressou Susan Sontag. Assim, sendo como Truman, são também contra Truman. Escolhem sua vida para um sacrifício. Em uma sociedade capaz de sacrificar um garoto, não se pode considerar que alguém esteja incondicionalmente a favor dele. Certo é que os telespectadores que assinam a televisão que transmite a vida/*show* de Truman tornam-se afetuosos com sua existência traída, mas ao mesmo tempo não são capazes de intervir para que ela seja diferente. A conivência com o diretor e com a empresa de televisão é mantida porque a vida de Truman interessa a cada um como garantia de felicidade, nome falso do mero entretenimento bovarista – desejar ser outro, viver outra vida, por meio da ficção, mas ao mesmo tempo desincumbir-se da própria – de uma sociedade que perdeu seu próprio sentido. Não espanta que Truman se torne um sonho que deve ser sustentado a qualquer custo, mesmo que a audiência não veja o quanto paga por isso.

Seus olhos valem tudo, sua alma nada. Os olhos da audiência nunca são de mero vidro, mas de diamante. Que a televisão encante numa escala ainda maior do que o cinema é porque ela encurta o caminho entre a ficção e a realidade. Apenas a televisão pode oferecer a vida nua na vitrine como um aqui e agora disponível aos olhos que tudo medem, avaliam, matam. Olhos de diamante da audiência de Truman que, mancomunada consigo mesma, e com o diretor, não percebe o quanto é vítima da própria estrutura da qual participa Truman. Perceber que Truman é enganado seria perceber-se enganada caso houvesse chance de uma percepção como esta.

Truman é, no entanto, o homem eleito para ser sacrificado, e isto define o estatuto de sua vida. Não tendo pai nem mãe, foi adotado por uma empresa de telecomunicações. O não saber ao qual está submetido inicia com sua própria origem à qual ele não tem acesso, assim como não terá acesso ao desenvolvimento do processo ao qual está condenado. Diferentemente dos personagens kafkianos que querem entrar no castelo ou entrar na lei e não podem, estando assim de certo modo já dentro dela, Truman é o que quer sair e não pode: estaria fora se houvesse algum grau de consciência quanto à separação? Nosso grau de consciência quanto à injustiça do mundo nos põe, de certo modo, de fora da estrutura desta sociedade como espectadores que participam mesmo quando não participam. É esta consciência de Truman que, pela desconfiança, se faz crescente e que culminará em sua busca por liberdade. Ele se torna assim um emblema da consciência livre e feliz que escapa daquilo que lhe tolhe a liberdade.

Libelo da esperança, Truman se faz nosso herói nestes tempos de tecnologia da teletransmissão que apenas ensaia as potências de uma era digital em que o virtual será de uma vez por todas o próprio real. Mas não sem antes ter sido a imagem mais contemporânea do *"homo sacer"*, a vida matável e insacrificável de um eleito para ser morto por todos. *Homo sacer* é a vida nua, o isolamento da vida no âmbito político que permite controlá-la. A mesmíssima consequência que já vimos exposta em *Videodrome* é o que cabe retomar aqui: a vida sacra de Truman é banida para um mundo exterior e nele confinada como vida que pertence a todos e a ninguém, vida sobre a qual se decide enquanto não se pode decidir sobre ela, na medida em que está disponível aos olhos pela audiência e indisponível para além da imagem na qual ele se tornou. A lei – o grande *nómos* soberano de que fala Agamben ao tentar explicar a estrutura da soberania que decide sobre a vida e a morte enquanto é base do poder – é a imagem.

Truman vem mostrar que a vida nua encontra seu lugar no mundo da imagem. Que, em nossos tempos, a morte do corpo está dada como vida da imagem que nos engana sobre a morte do corpo que começa como morte pela imagem, já que a imagem e as técnicas de sua construção o capturaram, afirmando-o como a vida nua da qual a política consequente tenta fazê-lo escapar. O dito de Agamben, de que "se hoje não existe mais uma figura predeterminável do homem sacro, é, talvez, porque somos todos, virtualmente, *homines sacri*"[145], precisa ser interpretado hoje de modo literal. O advérbio "virtualmente" não define mais apenas uma possibilidade, mas a realidade da imagem que substitui nosso corpo no mundo. A isto podemos chamar esquizografia, a separação da vida em duas, uma vida real esquecida, enquanto uma outra vida imagética é vivida como totalidade do sentido. A esquizografia é esta vida bipartida, vivida em duas dimensões, uma real, como um rastro das representações que são forjadas na lógica do sentido espectral da imagem. Tomando o conceito de sentido como uma prática do ser, como a sustentação do que nos diz respeito no lugar existencial que ocupamos, e que este sentido depende da imaginação como faculdade que nos situa no mundo, temos que entender sua manipulação no contexto da política da imagem. A política da imagem, ou imagopolítica, produz narrativas sintomáticas da administração da imaginação. Se tudo é Véu de Maia no mundo do Espetáculo, cabe saber quem o fabrica, quem o rasga, quem se cobre com ele e quem será por ele sufocado. Se a *Poética* de Aristóteles definia a tragédia como imitação da ação que está no mito, o que significa que a narrativa trágica só é possível porque ela retoma o cerne da narrativa anterior, sendo de certo modo sua repetição, mesmo que reelabore o mito, um tempo em que as narrativas não imitam mais ações, não contam mais o que já foi contado, nem o reelaboram, é o tempo da esquizografia: antinarrativa vazia em si mesma. Esquizograficamente, mostro-me. Mostrar-me é a única ação que resta àquele que vive sob o *"video, ergo sum"*, o "vejo, logo existo", fórmula da nova subjetividade esvaziada de si, cujo correspondente direto é a objetivação de si mesmo: "sou visto, logo existo". Existo, portanto, como a imagem que não advém de outra ação do que o gesto que constitui a imagem. Gesto que não é nenhuma ação, mas mera simulação que se basta em si mesma. A nova objetividade é ilusão, fantasmagoria. Não se trata mais da "fabulação do mundo" de Nietzsche, entendida enquanto nova objetividade do mundo que também está dada na debordiana Sociedade do Espetáculo e que Gianni Vattimo percebeu como o oposto do anseio por transparência da sociedade científica[146]. A tese da fabulação do mundo de Nietzsche não se interrompe na criação de uma *second life*. Na tese de número 6 é que aparece o cerne infinitamente mais complexo do problema da fabulação: "*Eliminamos o mundo verdadeiro: que mundo restou? Talvez o aparente? ... Não!, ao eliminarmos, o mundo verdadeiro, eliminamos também o aparente!*"[147]. Eis que, se pensássemos com Nietzsche, teríamos atingido finalmente a compreensão do niilismo social que ele tanto combateu.

Aprendemos a des-narrar, privados que fomos de biografia desde que nossa história tem outros autores. A partir da separação espetacular que faz do espetáculo a vida, já não somos donos de nossa história. Des-narrar equivale aqui a encenar, ou imitar, ou emular. Jamais elaborar o que se passa conosco na esfera da interioridade. Pois é justamente esta instância que sai da cena para transformar tudo em cena. E a cena é histérica por simples acionamento do processo emulatório. Uns imitam passos de outros não apenas por busca de integração, mas porque é preciso obedecer à lei da integração. Nada há para além do ver, é assim que facilmente perdemos o sentido pela ilusão de que ele estava todo explícito e dado aos nossos olhos. Só o que há para mostrar é o que pode ser mostrado ao outro que já conhece o que será mostrado, a antinarrativa da vida de cada um, presa que é das máquinas que nos transformam em imagens.

POSFÁCIO

Uma filosofia efêmera da televisão diante do estado de sítio da imagem

A função das imagens técnicas é a
de emancipar a sociedade da necessidade
de pensar conceitualmente.

Vilém Flusser, *Filosofia da Caixa Preta*

Dois fios assintóticos que podem ser ligados apenas se fortemente tensionados por um gesto artificial. Filosofia não é apenas o contrário, mas o contraditório da televisão. Entre elas não há nenhuma relação que se viria a descortinar por estar preestabelecida em misteriosos arranjos subterrâneos. A ligação entre filosofia e outras áreas (literatura, ciência, direito, psicanálise, artes, cinema) se dá quase que naturalmente pelo encontro do que, nelas, seja conteúdo verdadeiro, seja forma, se dispõe ao conceito. A televisão é aparelho que se desvia da intenção própria ao conhecimento, daí que a percam como objeto os sociologismos em geral. Em relação à televisão a filosofia torna-se mais do que nunca um jogo de forças com seu objeto. Ela é trabalho de exposição enquanto esforço do conceito tanto quanto esforço da escrita capaz de estabelecer conceitos, ultrapassando, enquanto ao mesmo tempo mantém, a heteronomia como única relação possível ao seu objeto. Que haverá de dizê-lo enquanto não o diz. Tão refratária à explicação quanto o é uma obra de arte, mas em um sentido totalmente diferente, a televisão hoje precisa de uma análise hermenêutica que possa encaminhar à sua crítica. Interpretar para poder negar dialeticamente. Decerto que uma abordagem fenomenológica também poderá nos dizer algo sobre o ser deste aparelho que ordena o mundo televisual em que o olho humano devém transformado pelo olho de vidro.

A reflexividade é a característica da filosofia como pensar do pensamento. Ao filósofo que trabalha com a literatura, ou o artista que se dedica a pensar sobre seu universo formal, trata-se de afundar em seu próprio processo, tornando-o, de algum modo, algo exposto. O que aparece aqui especificamente como filosofia é o pensamento que se pensa, e pensamento autoconsciente, embora seu caráter fundamental seja o de trazer à tona o desenho interno dos objetos. Filosofia é, assim, o trabalho que, aproximando-se ao ato do *design*, se lhe opõe por eviscerar aquilo que ele acoberta. A reflexividade define-se pela pergunta imanente que move cada uma destas áreas. Assim, a psicanálise se ocupa com o inconsciente ou o desejo, a literatura com a escrita, a arte com a estética ou a expressão humana, o direito com a questão da justiça e da lei. Cada área se coloca como campo de conhecimento ou de ação, de teoria ou de prática. A midiologia, campo fundado por Régis Debray, é, em princípio, a área própria dos estudos sobre televisão. Mas à filosofia, enquanto é experiência e não instituição, compete não fundar uma nova área antes de afundar em seu objeto e sofrer dele os efeitos.

Que objeto é este que é forma e conteúdo e, ao mesmo tempo, muito além deles, é aparelho que administra o campo da experiência humana que devemos chamar de "o sensível"? Emanuele Coccia tratou como vida sensível "aquilo que não é sujeito nem objeto, mas o espaço da percepção que está entre nós" (COCCIA, 2010). Segundo ele, "a vida animal – a vida sensível em todas as suas formas – é a capacidade de se relacionar com as imagens: ela é a vida que as próprias imagens esculpiram e tornaram possível" (p. 10). A vida sensível se mostra naquilo que se estende de nossos corpos: imagens, roupas, arte. A televisão é um dos tantos aparelhos que, presentes no campo do sensível, o administram. Pensar a televisão apenas do ponto de vista do que ela pode em relação ao pensamento, ou sua evitação, não nos fará entender o nível em que somos afetados por este aparelho que se apresenta como elo ou ponte entre nossa solidão e a fantasia de um mundo comunitário. A televisão não é apenas tecnologia de contato, mas antes, e sobretudo, o aparelho que nos coloca na prazerosa fantasia do contato. Se podemos pensar o sensível como universo das imagens capazes de atingir a percepção, devemos, no entanto, entender que o estatuto da imagem na televisão é atuação desta imagem sob o signo do fantasma – o que mesmo não existindo se nos faz visível –, sob um aspecto do sensível que é terra de ninguém. Ali onde a ausência, onde o vazio se expõe se escondendo, é ali que a televisão irá estabelecer seu véu colorido e mortal, na substituição deste espaço de ausência onde o fantasma da morte que não é mais do que o medo da solidão vem lançar seu grito de silêncio. Grito que paradoxalmente vem a ser a voz emudecida a articular o elo antipolítico da comunidade espectral. Neste sentido, a televisão não escapa de ser mais um espectro de comunidade segundo a definição de Peter Pál Pélbart[148]. A ideia de que o comum é sequestrado está aqui em vigência. Ali onde se deseja o desejo do outro, na falta de mim mesmo que me põe em relação de viés com o outro, no vão que há entre nossos corpos e os outros corpos com os quais uma comunidade atual teria sua vez, ali é que a televisão se instaura como vida alternativa. A televisão é esta outra vida possível, desarticuladora do verossímil, no vão que há entre o desejo e o desejo do outro, aquele vão inexplorado pela psicanálise.

Assim é que a televisão, na contramão de todo o projeto filosófico do Ocidente, que a muito custo tem afirmado a importância da pergunta sistematizada como dúvida, apresenta-se como um aparelho reprodutor de respostas, mas igualmente produtor de conceitos falsos que advêm de imagens não questionadas, validadas na repetição; imagens que valem como verdade para todo aquele que, perdido de seu próprio desejo, assume o desejo alheio como verdade sem condições de supor o que nele é fantasmagoria, o que nele é distorção imagética do real. Na metamorfose de si mesmo como a mais pura distorção.

Mas a televisão não é apenas a impotência para perguntar, é também a eliminação do campo onde a pergunta poderia acontecer, o que a torna arma letal da industrialização da cultura. O que ela faz, como uma espécie de atualização sutil do que antes era industrialização da cultura, é industrializar o sensível. Colonizando o sensível, demarcando-o como um espaço ocupado por sua própria lógica – este espaço que antes era aberto –, ela constrói um sensível próprio cuja qualidade é a eliminação do aberto entre corpos, espaço onde o desejo para além da fantasmagoria do espaço completo poderia nascer. Essa eliminação do vazio constitui a promessa imanente de chegar ao real renovada pela televisão a cada minuto de transmissão. Não podendo ser cumprida e atuando sobre o desejo de completude dos telespectadores que tudo desejam ver desde que ver é desejar e desejar é ver, a televisão é a imagem sob o signo do logro, pois já não podemos vê-la como imagem desde que a imagem se tornou a ilusão do desejo realizado. Eis o que o telespectador toma como real: o desejo feito imagem. O desejo de estar na televisão não é mais do que o de ser visto por todos, tornando-se assim o desejo em si mesmo, a autorrealização total. Ilusão, pois não existe esta audiência total, mas muito mais a fantasia de uma subjetividade completa, sem a falha ontológica que caracteriza a condição do vivente humano.

Que ela venha a ser o duplo deste lugar compartilhado simbólica e imageticamente a que chamamos mundo, não é uma consequência difícil de imaginar. Que ela seja espelho está em que, repetindo o que há, encanta magicamente por uma espécie de devolução do real ao qual finalmente o telespectador teve acesso. Em lugar de perguntar, responde com o que já se sabe. Reflexo da imagem sem a reflexividade do trabalho que, em busca do conceito, nos faria saber que vemos e, assim, impediria de sermos capturados pelo que vemos pela barreira da consciência. Este caráter de espelho implica a forma televisual como aquela que abriga conteúdos que não poderiam ser veiculados pela pintura, nem pela literatura, nem pelo cinema, nem pela fotografia, com os quais a televisão possui tanta afinidade, na medida em que, sendo imagem técnica, participa da mais vasta história fisiológica da Imagem interrompida por este olho ciborgue.

Quando digo que não "poderiam", não quero afirmar que a banalidade da violência que se vê na televisão não está presente na literatura, ou nas artes visuais de um modo geral, da pintura ao cinema; antes quero falar de um "*locus*" capaz de abrigar tais conteúdos, tais possibilidades de aparição. Sempre dependendo de um certo "modo" com que as coisas são mostradas. Em termos mais precisos: toda forma chama por um conteúdo – este vem a adequar-se a uma forma a ponto de não sabermos se não é o conteúdo que define a forma enquanto é modificado por ela. O mesmo episódio de violência mostrado na pintura ou no cinema diferirá completamente caso seja submetido à forma televisiva. A pergunta é delicada: o que há na exposição da televisão que difere das exposições por meio de outras formas?

O termo "exposição" define a diferença específica da representação televisual que põe em jogo a condição de uma pura exposição. Toda imagem define-se sempre por sua forma de exposição em determinadas condições. A imagem é duplo, é cópia, ou é outro. Mas é sempre referida ao que não é ela mesma. Sob condições televisivas, um outro estatuto da imagem, o do seu cativeiro, entra em jogo. Mas como é possível pensar que a imagem que nos cativa está ela mesma cativa? Ora, a imagem não teria a natureza do seu próprio suporte? Haveria uma imagem existente fora do meio onde se dá sua vida? Na televisão a exposição é impositiva. E seu cativeiro é a própria ideia do real ao qual ela está referida. Não é possível ter da imagem televisiva a noção de uma pura imagem, pois ela se refere a uma compreensão do real que a imagem vem iludir como puro real.

Podemos dizer que, assim como a lei tem poder de lei enquanto mera vigência sem significado como analisado por Derrida e Agamben, ou seja, como imposição na base de um poder constituinte, a televisão é a imagem enquanto pura exposição sem significado, o que se dá em função de que a apresentação da imagem na televisão dispõe-se como se não fosse imagem. Esta é a sua mais precisa definição e que faz ao mesmo tempo com que ela se torne algo fundamental à vida justamente por não ser compreensível. Afinal, expõe-se sem que estabeleça a necessidade de que algo nela seja compreendido. Assim é que a mais básica das perguntas filosóficas se torna totalmente importante diante da televisão: ainda é preciso perguntar sobre o seu ser mesmo. O que é a televisão, o que nela se dá que a torna tão essencial no contexto da cultura humana?

Toda a questão da televisão é, pois, o fato de que ela seja exposição. Imagem que se expõe como se não o fosse. Exposição como estatuto dessa imagem. A filosofia também depende de sua forma de exposição. Mas da exposição possível à reflexividade por meio de palavras. No contexto da análise da diferença entre filosofia e televisão, há o abismo da imagem que só pode se tornar filosófica após a análise discursiva. Podemos falar em imagens de pensamento, imagens conceituais, mas elas dependem de uma exposição discursiva que as elabore para que possam ser filosofia enquanto algo pensado pelo ser humano. Por mais que a filosofia possa quebrar com a intencionalidade – o fato de que um pensamento pensa um objeto –, sempre terá de se haver nem que seja com seus estilhaços. A fantasmagoria como um resto da coisa, sua imagem, sua ressonância, o que da coisa é memória. Quem pensa é porque aciona a reflexão contra o que ainda não foi refletido, assim não se contenta com o fantasma.

Entre filosofia e televisão não é, portanto, possível definir a existência de um reino comum porque a televisão pertence ao reino da irreflexividade, território onde a filosofia deve entrar apenas em nome de um combate. A única relação que pode haver entre elas é de luta da filosofia contra a televisão; do mesmo modo, a televisão, por seu modo próprio de ser, sempre luta contra a filosofia. Mas esta luta pode ser dialética, uma luta limpa e lúcida. Para que esta luta se dê é preciso que televisão e filosofia, antirreflexividade e reflexividade se reúnam no mesmo espaço, seja ele o lugar concreto da tela da televisão, onde a filosofia só será compreendida como infiltrada, sob pena de mera ilustração, seja ele o espaço de um livro, de um debate, da conversação que caracteriza a filosofia. A reflexividade filosófica tem no diálogo a construção de seu ambiente; quando o diálogo se realiza, está dado o lugar transcendental-físico do filosófico. Este espaço pode ser a praça pública, a sala de aula e até mesmo um programa de televisão. A estranheza de conteúdos filosóficos que aparecem vez que outra na televisão é apenas a memória da distância entre a verdade buscada pela filosofia e a ocultada pela televisão. Ao mesmo tempo, é a exposição do conflito formal entre elas. Conflito que o pensamento sempre travou com o mundo que se deseja conhecer e as tentativas de mistificar ou acobertar esta possibilidade pela aparência ou pela explicação tão enganadora quanto satisfatória para quem não se importa com a cena estética e ética dos acontecimentos.

Se é possível "fazer filosofia na televisão"? É pergunta que se coloca tão necessária como falsa. O teatro filosófico cabe em qualquer lugar. Mas não se trata disso, de uma mera encenação de conteúdos e métodos que sai da sala de aula e se expõe na tela. Quem faz esta pergunta não está esperando uma aula à distância. Ele pressupõe um conceito de televisão bem diverso do da aula. Do mesmo modo não será possível uma filosofia da televisão que não parta da confissão da polaridade irredutível entre o modo de pensar por excelência e a forma de comunicação antirreflexiva por excelência. Não se trata, portanto, de pensar a relação entre elas em termos de uma dialética negativa, mas, se quisermos continuar pensando e buscando aproximação, de construir uma relação, e que seja dialética justamente onde não há dialética. De antemão, sequer se trata de dialética, nem mesmo de uma relação, mas de proposição de um experimento conceitual baseado em um impulso que é tanto desejo quanto, o que sendo ética, implica reconhecimento e decisão sobre ele. Neste sentido, esta filosofia da televisão é proposição de um desejo não apenas teórico, mas prático. Neste sentido, uma filosofia crítica da televisão deve ser uma ética, uma filosofia prática. Mas não deixa de ser experimento, com teor de *experimentum crucis*, que se propõe filosoficamente como um esforço de construir uma ponte sobre um abismo.

    Pensemos mais um pouco no encontro destes objetos que soam, ao mesmo tempo, métodos. Se a filosofia, como modo de pensar dedicado ao encontro entre o desejo de saber e o objeto do saber, é sempre marcada pela experiência vivida neste encontro, se, por este motivo, podemos falar de um pensamento abismado no objeto, como, por exemplo, um pensamento-corpo, um pensamento-literatura, um pensamento-ciência, o que dizer, no entanto, de um pensamento-televisão? Não parece a formulação perfeita de uma contradição? Surgindo deste impossível, desta tensão que não pode ser eliminada, pois é posta em cena por um desejo filosófico de superação que poderá não acontecer, vem à tona uma filosofia sobre a televisão. Não sendo possível "pensar como a televisão", pois televisão significa exatamente a impossibilidade do pensar apresentada como pensamento pronto ou "verdade", nada impediu de tomá-la como objeto e, pela análise, descobrir que estes raciocínios sobre a intangibilidade entre filosofia e televisão podem cair por terra pela evolução da análise. Se queremos, portanto, pensar a televisão à luz de uma reflexão filosófica, é preciso construir um acesso a este objeto que, necessariamente, se esquiva. Busquemos nos aproximar para ver mais.

    O que pode significar esse "ver mais"? Trata-se de algo como "ver além"? Mas até que ponto esta seria uma frase feita, um clichê com o qual o pensamento cansado – um cansaço atingido diante de seu objeto – se regozija? Neste momento, ao estabelecer a relação entre a filosofia e o campo do olhar, encontramos a sua definição mais precisa. Filosofia como parte da história do ver e do visto, posta neste caso como "teoria", é revelação do inconsciente conceitual, a saber, do pensamento que se mostra enquanto não viu a si mesmo, do pensamento inconsciente que se expõe sem se saber. A televisão não deixa de ter relação com isto. Daí meu interesse em compreender mais o aparelho e sua fenomenologia do que o sistema social que o configura. A ideia era compreender a imagopolítica em jogo a partir desta fenomenologia.

O conceito de inconsciente conceitual surgiu em um trabalho chamado *Filosofia Cinza*[149], de seis anos atrás, e se inspirava em uma proposta de filosofia como revelação que transpunha a noção de inconsciente óptico de Walter Benjamin para o trabalho próprio à escrita filosófica, ela mesma espécie de "gravação", de trabalho de gravura do conceito, de revelação primitiva como nas técnicas de gravura ou de revelação do negativo fotográfico. Na contramão, a televisão, por sua vez, é negligência ou até mesmo ocultação daquilo que poderia ser visto pela imposição da imagem antes de sua revelação. Seria a televisão a imagem técnica que, na contramão da fotografia, esconderia o que antes deveria ser revelado. Potência do sistema produtor e difusor e do aparelho enquanto foco de um experimento sensorial.

Enquanto a filosofia se estabelece como abertura ao possível da verdade, a televisão é, como avessa à revelação, recalque da verdade pelo controle do que não é evidente. À forma da linguagem que é atenta ao que não se mostra, e que precisa do esforço que só a linguagem pode realizar para aparecer, podemos dar o nome de expressão. É preciso, neste caso, concordar com Arlindo Machado, para quem a televisão é o sistema de expressão mais desconhecido de nosso tempo como foi tornado problema no prefácio que inaugurou esta investigação, mas, ao mesmo tempo, não é possível afirmar que, na televisão, a expressão seja bem-vinda. Na televisão de um modo geral a expressão surge como erro – a exemplo da ironia – e é aceita apenas se submetida à comunicação. Que a televisão seja um meio de expressão social, política e até mesmo artística não define que ela seja um *locus* onde a expressão tomada como categoria possa se ambientar livremente. A expressão como forma relacionada ao silêncio e à incomunicabilidade que lhe é própria causa espanto e estranhamento e é sempre tratada como *nonsense* a ser eliminado. A expressão é a chave da verdade como aquilo cuja potência é ser revelado. A lógica da televisão é a racionalidade que age contra o imprevisível do que pode ser revelado. Contra o surpreendente, a televisão é, no entanto, a favor da surpresa desde que ela possa ser administrada como uma revelação da televisão. No entanto, esta revelação da televisão não passa do surpreendente enquanto algo que possa ser compreendido, ou seja, como nada que, de fato, surpreeenda.

    A própria televisão, neste sentido, possui em si mesma uma teoria da verdade que ela não somente tenta como impõe realizar. Que nao se veja na diferença entre tentar e realizar apenas o desejo do efeito banal da frase, mas que ela possa guardar a expressão do desejo de inexistência de erro e fracasso na apresentação televisiva. A televisão não admite a fratura exposta do erro. A teoria da verdade imposta como uma certeza ausente de erro, cuja imagem soa como a verdade posta diante de nossos olhos tão teológica como, por outro lado, cientificamente irrevogável, define que a verdade é a comunicação. A comunicação na televisão é a própria realização da certeza como ausência de erro. Certeza da imagem, certeza de um conteúdo transmitido que se eleva à forma. Certeza de que há algo "certo" e visível, e que é sempre, por seu recorte, algo enganador. À televisão importa o dito e não o silêncio, ainda que ela mesma seja produtora de silêncio. No entanto, o telespectador lúcido é aquele que se torna apto a ver o silêncio, o não dito. A ver, pelo que está exposto, o que ficou escondido. A televisão é um aparelho de escamoteamento que joga com a verdade. Enquanto isso, a filosofia não tem a verdade senão como um possível a ser buscado sob o escamoteamento, sem que haja um conceito predefinido de que ela seja aquilo que jaz no oculto. A propósito, não é possível pressupor um oculto, mas apenas projetar uma atenção ao que esconde, ao modo como esconde, pois tudo está no modo como algo, mesmo que não seja nada, foi escondido. O que se deixa ver e o que não se deixa é a polaridade do visível no qual a televisão vai atuar como aparelho estético-político.

Só entenderemos a televisão se compreendermos esta lógica. Enquanto a filosofia seria o desejo de ver a qualquer custo e até as últimas consequências (o que ela deseja como "verdade" e que não é mais do que um foco suposto, um elemento orientador do projeto do conhecimento), a televisão é o controle do visível, sua administração, mas também administração do que pode ser pensado, pela administração da visão. Neste momento, o que surge é que a televisão faz confundir a visão no sentido platônico e a visão no sentido literal, ou seja, a visão da alma — visão da ideia, modo do pensamento — e a visão da imagem física. O que nela é "verdade" está à mostra aos olhos sensíveis. A televisão é um objeto platônico por excelência, mas no sentido de uma inversão cínica. Ela é, mais exatamente, um retorno pré-platônico ao tempo da falta de crítica: a verdade finalmente seria a sombra no fundo da caverna, como aparece na famosa alegoria de Platão. Na sustentação platônica do conhecimento filosófico como sendo o verdadeiro – por oposição a todos os processos retóricos –, Platão não quis apenas condenar a imagem dada aos olhos sensíveis como *locus* da falsidade, quis também declarar que, ou a filosofia entrava em cena, ou os homens permaneceriam na ignorância das imagens que, por serem quase que essências empalhadas do que seria vivo em outro mundo, não passariam de sombras do que em outro contexto seria luz, a luz da ideia que a imagem mundana não faz mais do que iludir. Platão, que foi a favor do diálogo e contra os livros, do mesmo modo foi contra a poesia imitativa e a favor da poesia inspirada, foi sempre contra a pintura como reino do simulacro, mundo da sombra, portanto oposta a uma determinada compreensão do que era, para ele, a verdade/essência. Não precisamos, no entanto, ver Platão como alguém que não entendeu a beleza da ficção e da arte. Platão não era contra as artes, mas apenas de uma certa produção da imagem que iludia. Não é necessário ao pensamento platônico no curso desta argumentação, mas e importante reter que a célebre alegoria da caverna carregava uma verdade que está em vigência ainda hoje. Quando prestamos atenção à tela como ao fundo de uma caverna é porque a superfície nos chama a olhar. Este chamado a olhar é sempre mágico. Em princípio, inexplicável, ele nos carrega como um olho que nos vê. A aparição da coisa garante a sua verdade no reino da irreflexividade, todos os que participam, produzindo em qualquer setor a sociedade do espetáculo, sabem disso. A explicação para esta garantia de funcionamento da mágica é tanto física quanto gnosiológica. Nossos olhos esperam algo para ver, insaciáveis órgãos do desejo que são. Aceitamos a hegemonia do discurso de que o que se mostra na superfície da tela-fundo-da-caverna é a verdade de todas as verdades. A televisão não é compreensível sem que se perceba o quanto ela é hegemonia imagética e do discurso. Prova disso é que a linguagem a ser usada na televisão não pode jamais ser a linguagem do especialista, nem a do poeta, a não ser que ela seja recolocada em termos não somente traduzidos, mas palatáveis ao senso comum.

Aqui uma nova diferença já previamente esboçada sugere, no entanto, uma nova aproximação. A inadaptabilidade entre filosofia e televisão não reside somente na luta contra este senso comum que é não apenas o lugar de êxito da televisão, mas parece se confundir com ela, sendo o extremo oposto da filosofia, embora a filosofia dependa dele para realizar-se. O caráter inadaptável de uma à outra permanece sendo questão relacionada ao mundo da imagem. Mas vejamos se o projeto de aproximação continua sendo possível.

Filosofia é uma espécie de pensamento em estado de fotografia: revelação pela luz. A televisão também possui afinidade com a fotografia. Mas de modo inverso. A televisão é a transmissão iluminada como em uma lâmpada de uma imagem muito distante – no espaço ou no tempo – acessada de modo fotográfico por uma câmera de filmar. Refiro-me aqui à televisão enquanto eletrodoméstico que pode tanto capturar um programa transmitido ao vivo em rede quanto, associada a um reprodutor de vídeo (um DVD), permitir que a imagem de cinema ou de um vídeo qualquer apareça. O fato é que, além da transmissão ao vivo, ainda que este seja um aspecto secundário, a televisão é também uma grande lâmpada que ao ser acesa faz aparecer uma imagem. Uma luz posta sobre um negativo (mesmo que este negativo seja hoje apenas uma quantidade específica de *bits*) que permite ver. E, pensando em termos de causalidade, é claro que convém pensar de onde viria a imagem.

Embora, ao falar em televisão, pensemos sempre em "câmeras", a definição da televisão nunca pode se dar pela compreensão da câmera como elemento primordial da televisão. Não haveria diferença entre cinema e televisão, ou entre televisão e vídeo, se considerássemos a questão apenas do ponto de vista da câmera e do que se faz com ela. Do mesmo modo, se pensássemos que o cinema é apenas tela, não poderíamos perceber a conceituação mais específica de cada um. A relação entre câmera e tela expõe a relação entre produção e produto. A analogia da televisão com o papel fotográfico onde a imagem é revelada é mais apropriada para pensar a televisão do que um pensamento sobre a câmera com que a imagem é capturada. A televisão é uma prática estética que se encaminha para uma estética pura em que tudo o que poderia ser visto depende da atenção com a superfície.

Como exposição do desenho interno das coisas em seu estado bruto, a filosofia é pensamento selvagem, e pensamento guerreiro que não teme a verdade das coisas. A televisão é controle do que é mostrado muitas vezes até a ausência de pensamento. No entanto, como especialização do trabalho de inventar conceitos – o meio pelo qual a filosofia se torna possibilidade de compreensão do mundo –, a filosofia é ação de busca sutilíssima por esta mesma verdade. A televisão não se importa em ser ocultação. É porque a filosofia é autoquestionamento enquanto a televisão é antiquestionamento.

No entanto, pode haver algo de comum entre filosofia e televisão. Se indivíduos de povos ditos primitivos não se deixavam fotografar e conheceram as máquinas fotográficas apenas por meio de seus investigadores europeus, os antropólogos, a filosofia não está no ato perscrutador do cientista, mas no gesto do indivíduo dito primitivo que, de posse da máquina que não foi inventada por sua cultura, a experimenta como estranheza, curiosidade e diversão ou simplesmente como uma monstruosidade a ser compreendida. Após capturar as imagens que sua própria inexperiência com o aparelho produz, este ser humano dito primitivo pela cultura bárbara dita civilizada abre o aparelho, verifica suas partes, detalhes, a engenharia que o sustenta, os parafusos que o agregam. Corre o risco de passar o resto da vida tentando remontá-la.

Filosofia é uma espécie de revelação do *design* – tanto das coisas às quais se dedica quanto de si mesma. O *design* das coisas não é outro que o desenho ou a teoria interna, aquilo que se dá a ver de algo. Filosofia é a apreensão da forma que sustenta cada objeto como ossos sustentam o corpo e músculos sustentam a pele. É visão da estrutura. Assim como pilares sustentam uma construção, a filosofia é a visão da base, mesmo que aquilo que há de ver não seja sólido, mesmo que seja aquele sem fundo sobre o qual se instauram as coisas entre a existência incomum e a vida sempre comum. Na natureza ou nos artefatos da cultura, filosofia seria a forma com que um olhar pode revelar o que vê. Por isso, podemos dizer *"design"* para entender algo como uma filosofia das coisas. Que seria modo de pensar, caminho, método. O desenho como projeto inteligível na medida em que se traduz em pensamento. O ser enquanto, mais do que acessível ao conhecimento, como seu objeto de desejo. O ato filosófico por excelência seria aquele que permitisse saber sobre este desenho interno das coisas, sendo projeto de dissecação, anatomia que permitisse abrir – e desenhar – para olhar por dentro, para aprender a ver. Na era da técnica, no entanto, não se pode simplesmente falar de anatomia como uma técnica científica para analisar o corpo em partes, pois quanto mais sobra em técnica menos temos o corpo que, enquanto anatomizado, é coisa morta.

Filosofia se torna enfrentamento desta análise do que está morto, mas, se o morto é a técnica, podemos dizer que é preciso hoje buscar uma anatomia da técnica. De nada adiantará salvar o ser humano sem nos preocuparmos com o que, sendo invenção sua, é ele mesmo.

É o corpo vivo, pois que desaparece para dar lugar às tecnologias que o invadem e, ao retirarem-no da cena, ocupam seu lugar. A tecnologia vem a ser um novo corpo, esse corpo não-corpo, o inorgânico, que vem pôr em xeque corpos ainda orgânicos cujo tempo ela mesma tornou questionável. A tecnologia vem dizer o mesmo que a morte: que a datação de nosso corpo não é a morte de um corpo, mas a do humano. Se o corpo orgânico era mistério, o novo corpo está ao nosso inteiro alcance. Ora, o corpo era aquilo que em filosofia se pôde por longo tempo chamar de ser, enquanto nele o inacessível e o acessível, aquilo que os filósofos chamaram de ôntico e de ontológico, se combinavam. O ser era o mistério da existência. O que será o novo corpo enquanto "ser"? Não há mais o caráter inacessível que fazia o ser, nem o corpo continua sendo a coisa em si como um dia acreditou Schopenhauer. Assim como um dia Immanuel Kant insistiu que só se pode conhecer o conhecimento porque a coisa em si nos escapa, hoje podemos conhecer não apenas o conhecimento, mas de certo modo o ser enquanto penetrado de conhecimento. Este ser é a técnica. Curioso que na ficção científica se reserva a palavra "ser" para falar de algo estranho, o ser que interessa a esta forma de narrativa é o ser extraterrestre.

Antigamente se falou em seres humanos. Mas aos poucos perdemos a propriedade da palavra e com ela o alcance do conceito. No entanto, após o advento da técnica, o ser não pertence mais a este mundo antigo de seres humanos. A ideia de uma nova coisa em si e, no entanto, acessível é aterradora para aqueles que aprenderam a ser humanos por meio de uma relação com o mistério das coisas. A ideologia e a história da ciência que estão por trás de tudo isso são a eliminação deste caráter intangível da existência. A coisa em si, no entanto, permanece como cerne de tudo o que há. Theodor Adorno, um grande crítico do pensamento sobre a coisa em si, criticou-a como um excesso do pensamento, a queda na imaginação delirante. No entanto, talvez a ideia de uma coisa em si fosse absurda quando se tratava de pensar a natureza; não o é, contudo, quando se leva em conta que a técnica resulta do ato da imaginação que sugere a coisa em si e se expande a partir dela. A técnica não é outra do que a efetivação da coisa em si que um dia foi imaginada. A técnica é o ser que não nos escapa na medida em que é fruto deste conhecimento, sua continuidade inevitável.

No entanto, esta continuidade do ser não existe sem a morte daquele velho ser que se torna constitutiva em um sentido infinito e aterrador. É esta relação com a morte que não pode ser perdida de vista quando se trata de pensar a tecnologia.

A televisão faz parte da história da tecnologia, restringindo-se a um tempo curto dentro do século XX cuja temporalidade, como a interpretou Hobsbawm, inicia na Primeira Guerra Mundial para concluir-se na queda do muro de Berlim. Tal temporalidade, no entanto, é também determinada pelo "ser" da tecnologia que, em vez de restringir o século XX, torna-o infinito, sobretudo quando pensamos na associação entre tecnologia e armamentos que fomentam o mercado da guerra, o consumo da guerra e a manutenção do seu desejo e do seu *status*. Neste século curto e, no entanto, expandido no aspecto da tecnologia que o caracteriza, século em que guerras físicas e simbólicas dão a ilusão de um tempo – o que seria o tempo senão uma forma específica de ilusão – infinitamente móvel, a televisão ocupa um espaço significativo na experiência individual e coletiva. Tivemos pouco tempo para compreender a televisão e, no entanto, já se anuncia seu desaparecimento diante da mobilidade própria da tecnologia. Assim, a televisão pode ser entendida no circuito do movimento geral do tempo – ele mesmo ilusão – dentro do movimento geral da existência, este movimento que encantava os filósofos gregos, mas que é experimentado por nós em ritmo de disputa, de concorrência, de anseio progressivo e mesmo histérico de se chegar antes. Assim, vivemos a imagem como a vida, mas como o paraíso perdido que, finalmente, foi restaurado.

    Não poderia ser diferente em se tratando de tecnologia. Não existe tecnologia que não tenha em si a marca do efêmero. Cada produto da tecnologia é, enquanto acontecimento, algo que carrega em si o seu caráter passado. Esta é a estrutura do novo ser que vem substituir a totalidade daquilo que filósofos chamaram "ser" ao longo de dois mil anos de tradição. Ao mesmo tempo foi a tecnologia, ser artificial criado pelo ser humano – mais precisamente pelo homem e não pelas mulheres –, que acabou por tornar-se natural, foi ela que colocou a relação do ser humano com o tempo em ritmo acelerado. Foi ela que pôs no mundo este clima passado das coisas que antes era dado por um tempo que demorava a chegar. Tempo da morte como lugar em que se podia experimentar o passado. Mas, enquanto a morte nos dava a finitude como uma perspectiva tão real quanto dolorosa, a tecnologia nos dá a esperança como se não houvesse mais finitude. Eis a nova ilusão que tomou o lugar da religião. O futuro de uma ilusão tão bem teorizado por Freud é novamente o que cabe levar em conta quando se torna evidente que a técnica se tornou parte do ser humano. É esta interiorização e incorporação plástica da técnica que define o novo ser. Somos ciborgues em gradações diferentes e cada vez mais. E, se levarmos em consideração que o ser humano não existe sem a técnica, a ideia de um pensador como Simondon, de que, para salvar o homem, é preciso salvar a técnica, adquire todo o sentido[150], mas ao mesmo tempo não nos liberta da melancolia que surge diante da efemeridade da invenção humana.

Fazendo do seu próprio ser algo efêmero pela aceleração, produzindo a sensação do efêmero no mundo ao seu redor, a tecnologia não pode ser pensada fora da metamorfose ôntica e ontológica em que vivemos. O termo metamorfose aqui não deve significar mais do que aquilo que carrega a sua palavra: mudança da forma, alteração para além da forma em outra forma e assim sucessivamente. Uma filosofia que pense em termos futuros, pois produzir o futuro é o que fazemos no presente com nossos atos consequentes ou inconsequentes, sem desejar ser profecia sobre a realidade vindoura – mas que antes pense apenas em questioná-la –, não pode deixar de lado este movimento incessante rumo ao não-vivo que desaparece enquanto toda a tecnologia se faz como novo ser definindo-se em seu próprio desaparecimento. A relação entre a condição humana e a tecnologia nos fornece um enredo na forma do movimento de um paradoxo do qual não nos livraremos mais.

Se o desaparecimento for, de fato, a categoria essencial para compreender a tecnologia, teremos que voltar à discussão metafísica, e, mais profundamente, à questão teológica do enfrentamento humano do homem com a morte. Se Hegel um dia tratou a filosofia como negação redentora, capaz de nos tirar da imediatidade da existência como ser total, ela desaparece enquanto faz desaparecer tudo ao seu redor para tornar-se a única coisa existente. Paradoxo da vida não viva. Ela é a morte da vida que se torna a nova vida livre da vida. A tecnologia torna-se, assim, a totalidade da vida, e, substituindo a vida, torna-se, ao mesmo tempo que seu movimento inorgânico, a responsável pelo desaparecimento do orgânico que, por fim, desaparece ele mesmo: lugar da vida não viva. A vida futura que podemos tentar compreender enquanto a questão da compreensão humana for um valor. Também a compreensão é descoberta em seu caráter efêmero, de passagem, própria de um tempo em que esteve em jogo a relação do ser humano com o mundo ao seu redor como um mundo cognoscível. Conhecimento é o nome de uma relação em que está implicada a distância com o mundo.

É neste sentido que se pode falar de uma filosofia efêmera da televisão. Por mais curta que seja a história da televisão, por mais datada que possa ser, ela representa um momento particular, mas essencial, em que se torna visível o desenho interno da história da tecnologia relativa à relação entre olho e imagem. Foi esta relação entre olho e imagem que a televisão tornou tão problemática quanto visível. Foi a televisão que pôs o ser humano diante da periculosidade da imagem que não é apenas perigo da televisão, mas da própria imagem que, sob o estatuto da televisão, tornou-se mensagem que se auto-oculta da consciência. A televisão é a evisceração do que se encontrava em germe no próprio olho humano que foi, ao longo destes séculos de tentativa de civilização, sempre rendido pela linguagem reflexiva em sua limitação e angústia. Foi pelo desejo do pensamento de, por meio da linguagem, chegar à verdade das coisas que não sucumbimos ao poder das imagens. Assim como o computador exacerbou a potência do cérebro e de um corpo do qual a máquina é apenas uma metáfora empobrecida capaz, no entanto, de revelar sua verdade, assim como a Internet exacerba a potência da relação pondo-nos no leito de uma existência virtual, a televisão definiu o todo de nossa experiência visual nos últimos cem anos, pois a televisão tem sua pré-história recente na história da fotografia e do cinema como imagens técnicas, enquanto sua pré-história remota está na pintura sacra e em toda a mistificação feita por imagens que determinam que o Espetáculo sempre foi assunto de um mundo religioso que pretendia administrar as imagens com objetivos de poder. A televisão é a metafísica de um tempo que anuncia o fim da metafísica. Claro que esta queda não deixa o ser humano impune, antes o condiciona na ordem futura digital em que o ser da televisão desaparece para dar lugar à sua superespecialização que é a Internet.

Foi a televisão como superespecialização da potência do visível que definiu o lugar entorpecido em que ele habita como ser relacionado a imagens. É a televisão, no entanto, que, ao colocar seres humanos neste lugar de inoperância, num estranho retorno ao inanimado enquanto vivente de um corpo ainda animado, nos avisa, ainda que cinicamente, do que vivemos. Assim como ela é símbolo de um tempo, ela é símbolo de uma forma de consciência marcada por sua falta. Ela se torna um *experimentum crucis* da condição humana posto na micrologia do cotidiano, em que a decisão e o desejo, sua possibilidade ou negação, auguram uma ética ou uma antiética no todo da experiência. Pode espantar a alguns que as chamadas "massas" possam ser compostas de corpos inertes diante de imagens. Tempo de passagem em que ela mesma, imitante da passagem, costura os olhos dos seus devotos para que não vejam o tempo passar. A morte ilude que não está ali. Assim como nas pinturas barrocas uma caveira era constantemente situada na composição como uma lembrança do caráter passageiro da vida nela representada, *"memento mori"*, a televisão seria o objeto que, na contramão da caveira, afirmaria a lembrança da vida eterna. Ela seria *"oblivio mori"*.

Como objeto datado, ainda que historicamente entrelaçado à história do olhar e dos mecanismos óticos que o formam, a televisão carece hoje de um reconhecimento de seu conceito. Ligada ao que Paul Virilio chamou a "visiônica", a ciência da visão sem olhar[151], a televisão remete, em função da autonomia de suas imagens, a um tempo em que relações de imagens entre máquinas serão comuns até o ponto de um "Imaginário maquínico" que virá substituir nosso imaginário "orgânico". A televisão não participa apenas desta visiônica como vigilância geral por meio de uma visão que não olha, uma máquina de monitoramento (seja na forma de câmeras espalhadas pela cidade, seja como aparelho ambientado em lugares de estar que medem audiência e submetem fenomenologicamente os que ali devem ou desejam permanecer), mas também de uma invenção do ato de sonhar. Como substitutiva do sonho, ela é a máquina-mor do *"onirokitsch"*, o "caminho direto à banalidade"[152], o sonho "adornado baratamente de frases feitas" de que falou Benjamin. A televisão é o aparelho responsável por nos colocar dentro do sonho em um campo com vigência de estado de exceção: se a vida é o real, a televisão oferece algo melhor do que o real e, no entanto, por demais semelhante a ele. Por isso, avaliar a televisão também como o que nos dá o *kitsch* nosso de cada dia, esta parcela de sonho de que talvez precisemos para sobreviver ao horror que constitui o ato mesmo de estar neste mundo, da experiência aventurosa do mundo, torna-se questão das mais sérias. O *kitsch*, no entanto, não é apenas o sonho sem estilo, fraco, barato, mas, como diz Vattimo, "aquilo que, na época do ornamento plural, pretende valer como monumento mais perene que o bronze, reivindica ainda a estabilidade, o 'caráter definitivo', a perfeição da forma clássica da arte"[153]. A combinação entre o *kitsch* e a cultura de massas que tanto moveu Walter Benjamin não o espantaria hoje? Eis o que a televisão garante para nossos dias empoeirados com as cinzas do tempo e da experiência ainda não avaliados.

O tempo da lógica televisiva é surrealista, mas apenas porque a atual lógica do visual é paradoxal. Ao substituir a realidade, a televisão, sobretudo no contexto da corrida pela alta definição, não ultradefine mais a imagem da realidade, mas a realidade tornada imagem. A alta definição, como bem colocou Paul Virilio ao perceber este paradoxo do visual, é da própria realidade[154]. A grande descartada não é apenas a realidade como era na visão sobre *A Sociedade do Espetáculo*, de Guy Debord, mas a própria imagem. O que temos é um imaginário em que a imagem é a realidade e, neste sentido, não é mais imagem. Até agora, por mais que se insinue como nosso futuro, o senso comum, este lugar de autocontentamento com a pobreza da experiência, que põe a sua palavra imediatamente disponível como última, não trata a possibilidade de um tal imaginário mais do que como coisa de loucos; no entanto, a substituição da imaginação humana pela imaginação virtual cada vez mais comum em nossos dias deveria ser interpretada como um alerta quanto às potências do vídeo. A televisão ainda é coisa humana que implica a interação humana, mas analisada de um ponto de vista do futuro ela insinua não apenas a sua própria dissolução, mas igualmente a dissolução do resquício humano em seu próprio conceito. Este resquício humano é ainda o olhar não especializado do corpo humano que, embora sirva de inspiração para a invenção dos aparelhos, que ainda interage com a máquina, é também o sinal de decadência, de não-progresso, de alguma coisa pobre e não elaborada que a pura máquina promete superar. A pura máquina é o futuro em que o olhar humano, sem o qual não se pode pensar a condição do humano, estará completamente fora de jogo. Afinal está provado, na contramão do que podíamos supor, que há um olhar sem o humano, embora o raciocínio de que não exista humano sem o olhar possa nos levar mais longe.

  Diante deste clima de decadência que a televisão nos obriga a ter em vista, escrever sobre o cinema ou sobre o documentário na intenção de compreender a história filosófica do olhar talvez fosse algo mais glamoroso para aquele que se dedica ao trabalho teórico. A questão da pequena tela pode parecer perda de tempo ao não deixar espaço para nenhuma metafísica. Este pensamento, embora comum, não deve ser descartado como falso, afinal toda teoria surge manchada pelo objeto a que se dedica; desenvolve com ele afinidades inconfessáveis. Do mesmo modo, não é difícil pensar que talvez o alcance de uma grande filosofia relativa à imagem apenas fosse possível em relação à arte das telas nobres, a pintura e o cinema, que discutisse sobre os símbolos, alegorias e ícones tão benquistos na história da arte quanto nos estudos visuais da atualidade. Excelentes livros sobre a pintura e sobre o cinema são publicados para leitores de diversos níveis. Há livros para todos aqueles que estudem diletante ou academicamente a arte da pintura e do cinema, até porque a compreensão da arte combina muito com o ato de ler, e até mesmo de escrever um livro de arte. Um livro sobre televisão, no entanto, sempre parece um livro menor ao versar sobre tema antierudito, tudo o que não é erudito parece não combinar com um livro. Afinal o que há para se dizer sobre a televisão que não tenha sido dito por toda a sociologia, a antropologia e as teorias da comunicação em curso? O que há para ser dito sobre a televisão que o mero fato de que "um livro seja aberto" já resolveria a questão da falta de crítica própria à televisão? Para aqueles que acham que a melhor crítica é a prática – sempre potencialmente revolucionária –, melhor seria escrever muitos livros que nos permitissem vencer materialmente a televisão. Neste sentido, um livro sobre um tema antagonista em sentido formal soa como reconciliação entre opostos. No entanto, não deve ser perdida a tensão, nem fingida a sua inexistência.

Mas filosofia não é algo que precise necessariamente de livros. Por maior que seja a sua importância, um livro é sempre secundário no programa de qualquer filósofo. Mesmo que não seja possível tratar das mais urgentes questões de nosso tempo longe dos livros e que estes sejam o melhor veículo para a divulgação da pesquisa, ao mesmo tempo que forma do pensamento enquanto exposição por meio da escrita, a intenção de todo livro de filosofia é sempre levar para além dele mesmo pelo gesto potencial de fazer pensar. Neste sentido, toda filosofia é, em sua essência, efêmera. Tanto mais será uma filosofia cujo objeto se esquiva enquanto objeto do pensamento. Uma filosofia efêmera, longe de toda pretensão universalizante, entra em cena quando se trata de um objeto que resvala à compreensão por categorias, não porque seja intangível como todos os objetos misteriosos ou pelo mistério que é próprio a tudo o que está por ser conhecido, mas porque se dispõe como o grande sujeito do mundo que, em vez de ser pensado pela consciência, define o que ela mesma pode pensar. O problema da televisão é sua anamorfose lógica: tomá-la como objeto é ter de enfrentar sua pretensão de não ser objeto, de ser subjetividade impositiva que impera sobre olhares a ela dirigidos.

É neste sentido que a opção deste livro não poderia ser por uma ampla filosofia da tela, uma teoria que se dedicasse ao conceito de tela e à questão da "superfície" que lhe é adjacente, embora se pretenda que esta teoria esteja aqui presente. A opção pela televisão, após a reflexão sobre a intuição da efemeridade da televisão, precisa insistir justamente neste caráter passageiro da televisão, que é resvaladiço no tempo. Assim é que tomei a televisão como aparelho, no sentido dado a esta palavra pelo filósofo Vilém Flusser. Como aquilo que nos regula, o aparelho exige um posicionamento subjetivo que implora por reflexão. Theodor Adorno afirmou que um sujeito pode ser objeto, mas que um objeto nunca pode ser sujeito; no entanto, a dialética do efêmero, própria da televisão, mostra que isto não é bem assim, que a subjetividade fantasmática – ausência de interioridade ainda que haja subjetividade – relaciona-se intimamente ao universo da televisão.

Filosofia é, neste sentido, teoria enquanto busca marcada por um projeto ético. Um olhar que pretendesse construir uma filosofia da tela da televisão não poderia deixar de lado as telas com as quais seres humanos estabeleceram relação. O foco no fenômeno curioso da tela enquanto superfície ampla – e, por isso mesmo, mais restrita, a hipersuperfície – sobre a qual apenas uma filosofia efêmera, como interpretação que pretende com seu gesto definir seu objeto e, mesmo sem querer, deixar-se manchar por ele. Contra a ideia de uma crítica definitiva, a proposta de uma filosofia efêmera pretendeu apenas abrir caminho a reflexões envolvidas na educação de um olhar livre e questionador, um olhar que libertasse o sujeito espectador no círculo da experiência e que, neste processo, abra seus olhos.

Uma crítica do olhar situando-o no contexto de sua metamorfose em tempos de espetáculo, eis o que podemos de agora em diante entender como uma filosofia da televisão. Que não se confunda o método da análise com a tão necessária pedagogia no uso da televisão. Não se trata de pensar a educação ou a didática implícita no aparelho no sentido do modo como o aparelho pode ser usado para a emancipação dos espectadores, o que não seria má ideia. Mas de perceber sua relação com o sujeito pensante, aquele antigo sujeito do conhecimento que, retirado de seu lugar ativo, é sujeito a um objeto que lhe eviscera o olhar enquanto é, ele mesmo, a especialização e a objetivação de um olhar eviscerado. Pensar a televisão como método, porque é olho que faz ver, situando-se deste modo entre nós, é o desafio.

Não é possível levar isto em conta sem que se pense o momento de interdição da TV ao que pode ser conhecido. O que pode ser conhecido não é primeiramente um problema de conteúdo, mas um problema epistemológico, ou seja, do que significa conhecer, mas, principalmente, do *como* conhecer. Mas esta é, antes de qualquer outra, uma questão da ordem do momento em que a lógica encontra a estética, o conceito encontra a forma e que a televisão se faz prisma, antes que simples lente, pelo qual o mundo pode ser visto e, pela via do olhar, conhecido. Está em questão pensar as transformações do olhar – nosso órgão de acesso ao mundo, à cultura, ao conhecimento – em olhar televisivo. Desvendar o método é descobrir o funcionamento deste olhar, a função do olhar no contexto de sua aniquilação pela hipóstase do visual. Hipóstase esta que tem a vigência de lei.

As teorias do estado de exceção discutem a forma política da lei que se estabelece pelo mero ato impositivo do soberano capaz de suspender a lei para impor, em seu interior, uma outra que seria de certo modo ilegal, mas que adquire vigência legal desde que amparada no ato jurídico tão curioso quanto perigoso que a instaura, o ato soberano. Uso a expressão "estado de exceção da imagem" para declarar a condição da imagem televisiva dentro de um mundo de imagens. A meu ver é esta noção de estado de exceção que explica a vigência radical da televisão na cultura e na vida social de um modo geral. Esta noção define a televisão como algo bem diferente de um mero eletrodoméstico ou mera instituição que deseja manipular espectadores, ainda que a manipulação exista, nao como manipulação ideológica ou religiosa, mas tão somente como controle da audiência – e que hoje tem que se haver com a contramanipulação do *zapping* ao alcance da mão do telespectador. A televisão não é só tela, nem mera transmissão de programas mais ou menos livres, inteligentes, cultos, éticos ou não; a televisão não é apenas um olhar a mais no contexto dos diversos olhares em um mundo visual; a televisão é um sistema político-estético em que está em jogo a colonização do olhar e do imaginário e que, com muito trabalho de abertura e estratégias contra-autoritárias, tem a chance de, aos poucos, se fazer rede democrática. A definição da televisão que persegui se dá a partir do que Giorgio Agamben chamou "campo", um espaço-tempo de exceção, um "lugar" que é interno e externo, no qual estamos capturados dentro, ao mesmo tempo que este lugar nos mantém "fora". Do qual somos incluídos enquanto excluídos, excluídos enquanto incluídos. Quem pode aparecer na televisão senão o indivíduo que também é exceção à regra por suas características físicas, intelectuais, temperamentais? A televisão guarda a exceção como o mais igual e o mais diferente. Em nossa época, a novidade também é o sujeito ordinário, a pessoa comum. Mas esta só penetra na televisão quando o comum se tornou a exceção em um mundo em que todos, ao serem efeitos de imagens, e, portanto, de um modo ou de outro, as suas cópias, querem a renovação do espelho que os fará, novamente, olhar apenas para ver a si mesmos.

Nossa cultura nunca existiu fora das imagens que a ajudaram a sustentá-la, a imagem sempre imperou estabelecendo lógicas e comportamentos nos sujeitos que a puderam conhecer ou respeitar, fosse na religião ou na arte. A era do visual, aquilo que Régis Debray chamou de "videosfera"[155], vem a ser este tempo em que o corpo – sob diversas formas, inclusive e principalmente sob a forma do telespectador – é capturado pela soberania da própria imagem que vale em si mesma e tem vigência absoluta, vigência pura e sem significado. O que Susan Sontag afirmou em seu livro *Diante da Dor dos Outros* – que as narrativas podem nos fazer pensar enquanto as fotos nos perseguem[156] – deve ser dito das telas de televisão. Na prática o "estado de exceção da imagem" realiza-se como lei em toda parte: na presença autoritária das telas em todos os lugares públicos ou privados, desde lares até salas de espera de médicos a aeroportos, restaurantes e cafés, e, contraditoriamente, até mesmo em escolas; na hegemonia da programação da televisão, aberta ou não, apresentada nestas telas impostas ao público sempre sob a desculpa de que a tela é desejável pelas próprias pessoas que nunca são convidadas a opinar, mas cujo desejo de que "queiram ver televisão" está dado igualmente como uma lei abstrata, e, no mais banal, e por isso mesmo mais perigoso dos mecanismos de controle, na cobrança legalizante que os próprios indivíduos fazem uns contra os outros sobre o fato de que ver televisão é a norma da qual quem escapa é visto como um estranho. Mas se isso, pelo menos entre as classes mais favorecidas intelectual e/ou financeiramente, já não é uma verdade que valha para adultos, afinal tais classes possuem outros meios de informação e relação com o todo social (entre estes indivíduos a cobrança é pela leitura de jornal e não para que se veja televisão), o mesmo não pode ser dito quando se trata de crianças, mesmo nestas classes. Raramente alguém apoia a iniciativa de pais que não oferecem televisão a seus filhos. A crítica popular que não é mais do que o senso comum com o grau de autoritarismo que lhe diz respeito, acostumado a tratar preconceitos como verdades, afirma que as crianças fora de uma relação com a televisão ficarão estranhas em relação a seus colegas e que não serão integradas socialmente. Não ver televisão é como estar excluído socialmente. É por isso que, no Brasil, e na maioria dos países do mundo, quem está nela tem o *status* de pessoa importante, por parecer estar mais dentro do lugar que importa estar do que outros. Não apenas por estar em um lugar desejável na medida em que as populações que veem televisão pensam que quem é visto obtém um alto grau de satisfação narcísica que aqueles mesmos que veem televisão gostariam de ter, mas porque a televisão obliterou a ideia de sociedade ao apresentar uma comunidade como se fosse a única, o que ela consegue, esteja isto em sua intenção ou não, ao estar em todos os espaços como um Olho de Vidro que, assim como parece tudo mostrar fazendo-se olho do mundo, também vê a cada um que a ele se dirige. A ilusão da audiência é que ela está sendo vista por todos, na medida em que vê aquilo que todos veem. A sensação de solidão é facilmente extirpada pela sociedade transformada em um espectro do que poderia ser.

EPÍLOGO

Opticário ou
Pequeno dicionário óptico[157]

**Esboço provisório, porém útil, para quem nos dias de hoje pretende olhar e ver.
Nota metateorética**

Este *Opticário* ou *Pequeno dicionário óptico* poderia ser feito de imagens. Seria então "imagi-nário", reunião das imagens que compõem uma sociedade, uma época, um contexto pessoal ou coletivo. Não seria, contudo, explicativo, algo que se deseja com esta compilação: que a conceituação posta ao alcance da mão, ou melhor, dos olhos, vá além deles, que chegue ao espírito e faça pensar. Do contrário será mais um fracasso com o qual só se alegram as estantes inanimadas que enfeitam monotonamente o dia a dia onde cremos depositar tudo o que um dia poderíamos ter sabido. A relação social com os livros é a de uma promessa feita ao saber que não será cumprida e que se devolve com a esperança de que um dia sejam lidos. Assim como o presente é feito de passado e o futuro é feito de presente, o desejo íntimo desta teoria que precisa sustentar-se na Forma Livro na posição de epílogo de um livro sobre a televisão, algo que fica perdido na caducidade da intenção da autora que não acredita na lógica espetacular de que uma imagem valha mais do que mil palavras, é que possa oferecer sinais de pensamento capazes de mover seus leitores a lugares tão divertidos quanto perigosos.

Óptico é aqui conceito. Método aqui seria certa traquinagem: perigosa brincadeira infantil. Todos que já leram algum livro de Agostinho ou Adorno, de Barthes ou Beckett, de Calvino ou Cioran, apenas para ficar no ABC que aqui faz tanto sentido, sabem o quanto a escritura de um livro é uma brincadeira perigosa. O ensaio que exige rigores conceituais enuncia o perigo, mas nem sempre o realiza. Pois este texto quer ir além do ensaio, ou ficar aquém dele, não importa. Porque seu gesto, mais que semiológico ou crítico, mais que fenomenológico ou dialético, é o da diversão. Assim, como criança a divertir-se, seu narrador vira as costas e pratica a oniromancia conceitual. A adivinhação do sonho contido no conceito e do conceito contido no sonho. Talvez este *Opticário* deseje ser o antídoto contra o *onirokitsch* de nosso tempo. Talvez ele seja apenas o desejo que resta da imagem de nos transportar ao sonho ao qual chamamos vida.

Do mesmo modo, este dicionário óptico é perigoso aos pensamentos que não se tornam brinquedos, pois desvia a atenção da seriedade, esta estaca que tanto mantém plantas em pé quanto serve para empalar vítimas eleitas. Intocáveis como relíquias ou despachos de magia negra, certa seriedade do pensamento é tratada como material contaminado pelos pensadores enfermeiros – aqueles que tratam o pensamento como um moribundo a requerer cuidados de conservação – que são os mesmos enfermeiros que olharão para a brincadeira conceitual como descuido em tempos de preparação para a morte. Se livros pudessem criar pensadores brincantes, o esforço daqueles que se dedicam a escrevê-los não seria vão. Penso assim em brincar com ideias. Escrever um sistema para guardar em uma caixinha de papel ou deixar espalhado pela casa até que se quebre, que alguém o deseje levar consigo para ultrapassar o escuro da noite, que algum olhar infante se encante dele e arme uma casinha para bonecas. Que surjam olhos que possam ler, ainda que não compreendam tudo, ainda que apenas se divirtam com as imagens feitas letras, ícones, sinais de alguma coisa que acorda de sonhos maus.

Além dos olhos, este *Opticário* se dispõe ao pensamento que, na verdade, se explica também pela metáfora do olhar que sobrevive em alguma camada mais funda e talvez surreal para além do globo ocular que nos permite ver. Afinal, pensar não precisa ser da ordem do real – por quanto tempo ainda teremos que enfrentar esta fantasia? –, nem as teorias que lhe correspondem.

Um filósofo, sempre que faz sua filosofia, precisa antes construir a filosofia de sua filosofia, uma teoria sobre a filosofia, na qual ele crê – mesmo descrendo – e a partir da qual ele pode pensar. A minha inclui anatomia de imagens e deboches teóricos. Composição de caixinhas de brinquedo como esta. Meu *Opticário*, portanto, é um dicionário e não um sistema. Seria uma constelação ou um mosaico se não fosse uma caixinha de conceitos-brinquedos.

O efeito de um *imaginário* seria outro que o reflexivo aqui buscado, seria o do alusivo. Não teria distância, impossibilitaria a interpretação. Faltar-lhe-ia o conceito, esta potência mística que, bem usada ou usada para o bem da atividade brincante, se torna esclarecedora. Para que serviria o conceito além de dar trabalho aos filósofos, estes descontentes com o mundo "como ele é"? Conceitos são como anzóis, palavras são como iscas, o resto do mundo – o ser que é o-que-há – são os peixes. Conceitos deixam o mundo mais definido, como num desenho, com traços que vão da luz à sombra.

A definição das coisas é um encontro entre luz e sombra.

O olho, matéria especial deste ensaio descritivo-reflexivo das categorias do ver-olhar, mais que conectado a imagens e por elas orientado, é definido por sua habilidade de capturar e projetar conceitos. O olho é o cerne de um aparelho orgânico, o óptico, especialíssimo e, todavia, simples como um espelho de efeitos nada simples. Estamos loucos desde que percebemos que há um mundo de imagens que está para além de nós. Olho é o motor do olhar. E, como o espelho, ele é o lugar da fundação das imagens. O que é o olho? O que dele vem e o que nele se põe? Questão fundamental a uma sociedade comandada por sua visão e, todavia, em larga medida, ignorante do que vê.

É o olho quem define as imagens? São as imagens que definem o olho? Pura e simplesmente não é possível dizer nem isto, nem aquilo. Há uma dialética, literalmente um ir e vir, banda de Moebius — uma imagem da geometria projetiva baseada num traço que explica o mundo, em outras palavras, exposição de um conceito fundamental de dialética — entre olho e imagem. Conceitos, por sua vez, dizem-se como traços e palavras. Mas traços ainda têm extrema conexão com imagens. O traço, mesmo que viva no limbo entre palavra e imagem, ainda pode necessitar das palavras que o digam, mesmo que muitas vezes as palavras não possam expressá-los. Ainda assim, a palavra é o elemento que mais nos aproxima do mundo a ser conhecido. Porque as palavras são conceitos que estão em nossa boca e ouvidos, enquanto imagens estão apenas em nossos olhos pedindo uma adesão imediata. As palavras parecem ser muito próximas, mas na verdade são muito mais separadas; há, entre elas e os que falam (nós), uma distância. Por isso são explicativas.

Aproveitemos o poder explicativo contido no discursivo próprio às palavras. Modifiquemos as imagens em conceitos comuns e compartilháveis. O conceito de tradução deve aparecer aqui. Só as palavras, que recuperam o desenho interno das coisas-que-são, dizem conceitos comuns e compartilháveis. As palavras transformam as coisas (vistas, ouvidas, tocadas, pensadas) em coisas-que-podem-ser-ditas, e, por isso, compreendidas. Para isso, toda palavra precisou revestir um conceito. Mas entre roupa e pele sabemos que a diferença é de camada. Só o legível pode ser compreendido (por isso, costuma-se colocar legendas em obras de arte, nos filmes, nos *outdoors*, por isso, as canções como que colam nas pessoas; por isso, é preciso levar em conta que o "mais" e o "demais" que fazem parte da arte definem a desmedida da sensibilidade, o que não pode ser dito como "essencial adendo" próprio à substância da obra. Ainda que se saiba que o dito nada vale sem o não-dito, deve-se saber que o não-dito de nada vale sem o dito). O visível não é legível, as palavras o tornam. E o legível é necessário. "Mais respeito, portanto, com as legendas", sentencie-se aos *dictoclastas*. A questão que a arte contemporânea se coloca da inutilidade da legenda (a denominar-se a obra "sem-titulo") não elimina o seu valor, apenas coloca em questão a crise da legenda. A legenda, ainda que não substitua a imagem, nem sequer a explique de todo, se for sincera, poderá ser parte essencial da obra. E isso modifica por completo a consistência da explicação e da interpretação. Que para ver seja preciso ler pode também tornar-se verdade. Quem supuser que basta eliminar a leitura e dar lugar à "visão" não estará levando em conta uma complementaridade entre registros e sentidos que precisamos, em vez de eliminar, fomentar. Entre nós a prática da crítica, e da *intelligentsia*, seria outra. O olho é o que vê e é também o que lê, para ler é preciso ver, mas ler é um modo de ver que altera a qualidade do ver. Leitura é visão para palavras.

Palavra e imagem pertencem ao território da representação. Nem toda representação é palavra, mas certamente é imagem. Não deixam, portanto, as palavras, de ser, elas mesmas, imagens. As imagens, porém, não são palavras. A imagem é sintética mesmo quando analítica, a palavra é analítica e nem sempre sintética. Ou, melhor dito: toda palavra transforma-se, em seu próprio *movimento para ser palavra* – no devir palavra de cada intenção de dizer –, em *imagem de palavra*. Enquanto imagens, as palavras são apenas imagens de si mesmas, e por isso novas palavras surgem para explicar as palavras que se metamorfosearam em imagens. É preciso, portanto, distinguir a palavra-imagem e a palavra-palavra. A palavra-imagem precisa sempre da palavra-palavra para explicar seu sentido. Eis a função que só a palavra-palavra pode ter. Toda palavra é a esperança guardada de um conceito de vir à luz. Num mundo em que todos pudessem compreender imediatamente a imagem e a palavra-imagem, as palavras-(simples)-palavras, que são as palavras explicativas, que têm função de mediadoras, não seriam necessárias. Talvez pudéssemos simplesmente sair dançando, olhando o céu (bem, digamos que o mundo não seria este que compartilhamos). Nem mais falar seria necessário, seria, antes que necessidade (pena ou lamúria da falta), o novo gozo, suposição, crença de preenchimento. Por enquanto, porém, toda palavra-palavra é necessária e urgente, tem a função de colocar o corpo (a mera vida, o desconhecido) na política (no espaço público, compartilhado, da exposição das ideias onde se tomam decisões), no caso da questão aqui proposta, de elevar o olhar ao universo do partilhável, ou seja, de torná-lo lúcido acerca de si mesmo na troca de olhares e perspectivas. Novo papel de espelhamento.

Desde o mito de Babel, segundo reza a explicação mítica, falamos e isso nos complica a vida. Antigamente a reprodução da espécie se bastava com o grunhido, até que mais recentemente discursos parcos e pobres vieram ideologizar a natureza, o amor, a propaganda, tudo isso que é linguagem serve a esta vontade de dizer o indizível. A palavra sempre esteve presente em todos os contextos para manter a ordem. Por outro lado, ela também promove a desordem e a revolução.

Entre conservadora e revolucionária, apresenta-se como prova de seu poder central, o da mediação (que faz dela instrumento), para além do qual não é insensato dizer que tudo o mais é "conversa". Foi também a palavra (por ser veículo das ideias) que instaurou a iconoclastia e a iconofilia, horror e amor pela imagem que constituem a história de seu *pathos*. Se pudéssemos só ver, se fôssemos de fato inteligentes (capazes de compreender sofisticadamente) por meio de nossa visão, não hiperelaboraríamos nossas falas. Não haveria retórica sem esta necessidade sempre apontada de usar a fala para alcançar o poder de explicação e mesmo o poder (sempre autoritário ou autoral na sua explicação). Ora, é pela palavra que o discurso vem a ser imagem e, como poder da imagem, propaganda. Mas isso não prova que o poder é o que se quer pela palavra, mas antes que o poder se dá *como palavra*. Ela vem antes do poder. O poder da palavra é uma forma de sua exposição, não algo simplesmente controlado e controlador. A palavra é, acima de tudo, fatalidade e destino. Ela é aspecto inexorável de nossa cultura, assim como a imagem, embora ocupem bandas específicas com uma estreita relação de continuidade. A palavra nos encaminha ao aprofundamento da cultura, para a democracia, para a abertura, para a partilha. A imagem nos coloca no registro do infinito e da verdade imediata. Se não precisássemos das palavras mediadoras, seríamos como Adão no Paraíso, que dava nomes (palavras-imagens) sem precisar traduzi-los. A Queda obrigou à tradução. Falamos para explicar desde que não vivemos no Paraíso. A palavra mediadora e explicativa, a palavra-palavra, é a ponte entre a situação alcançada na Queda e o Paraíso Perdido. Foi isso que levou Proust a acreditar que não há vida fora da literatura, acreditava que se podia contornar o fracasso com a única arma teológica que restava, a linguagem, proveniente dos tempos anteriores à expulsão. Direito que Deus deu ao homem, enquanto a dúvida era a "Queda-no-Real".

Pensamos que sabemos ver, eis nossa prova de ingenuidade de fato. Ver é infinitamente complexo. Nosso ato mais banal e habitual e, todavia, algo que não se basta. Numa sociedade em que o Espetáculo se demonstra como ontologia, como nos oferece a experiência com o século XX (que nasceu da fotografia e chegou à televisão), é preciso fazer um mapa da visão das coisas e traçar as categorias interpretativas, ou seja, fazer a anatomia do fenômeno de nossa visão. Toda visão parcial é também coletiva. Não apenas uma sociologia do olhar seria oportuna hoje, mas uma filosofia que deslindasse os meandros da ação do ver. Porque ver não é simples, nem direto, é que falamos, e por isso precisamos – enquanto não podemos ver diretamente –, das palavras que nos coloquem na ponte da qual se pode olhar sem sucumbir ao abismo do visível. Por que o visível é abismo? Porque nele caímos como moscas, sendo que alguém nele colocou o papel no qual colam, desavisadas, as nossas asas. As palavras são setas que sinalizam pontes e papel mata-mosca.

Com isso quero dizer: hoje em dia, quem queira saber ver não poderá fazê-lo sem falar sobre o que viu. Somos *negloptentes* e não sabemos ver, ainda que a nossa seja a civilização fundada sobre o olhar. Nem basta, em nosso mundo de cegos, a prática da filosofia de Tomé, que via para crer. Também Tomé tem sua cegueira. Que fizemos com nossa habilidade para ver? Não falar equivale a não ter visto para efeitos pragmáticos. É uma exigência sobre tudo o que se vê atualmente se se quer mostrar que realmente foi visto. Como vejo? Vejo falando. A conexão entre um discurso e outro é inevitável. Ela é o signo de nosso fracasso a partir do qual continuamos fundando a cultura como tentativa de ser.

No movimento das palavras surgem a filosofia e a prosa, a poesia e a gíria, o balbucio e o grito, que são as formas fundadoras no registro léxico-existencial, o que aqui podemos chamar território de uma linguística básica aplicada, cujo conteúdo é a descrição do que já conhecemos por usá-lo todos os dias. Língua e Fala, se usarmos as teorias linguísticas mais conceituadas, mas a proposta aqui é outra. A de um mapa do tesouro básico sem tesouro que encontrar. É preciso revelar a palavra-palavra, ou seja, a palavra em busca da palavra que vemos na filosofia e na prosa; tanto uma quanto outra investem no poder da descrição, na esperança de tocar os fenômenos e possibilitar à palavra que conectam, explicativa e mediadora, algo que possa ser dito sobre o mundo. A poesia e a gíria, por sua vez, são a palavra-imagem, palavra mito sem explicação: por isso, a poesia e a gíria podem penetrar as canções, ali não há explicação alguma que ultrapasse o poder do mito, mas criação de uma imagem que vale como narrativa da vida que conhecemos e que podemos acessar por gozo, não porque sejam verdadeiros. Num terceiro momento, e mais primitivo, há o balbucio e o grito como sinalizações primitivas, espécie de inconsciente de passagem que sustenta a memória da angústia, bem como do gozo, própria a todo fenômeno de linguagem.

Todas estas formas dizem imagens e se refazem como imagens no combate às imagens. Este dicionário óptico pretende suster em seu prumo a noção da palavra como ato explicativo e conceitual anterior à imagem-palavra e posterior à imagem-imagem.

A palavra, da qual o dicionário é a "dicção" (ação de dizer a coisa), serve-nos aqui de imagem sobre a imagem, imagem de "desmancha a dúvida", própria a toda imagem que não passou pela explicação. A dúvida não é só exercício do intelecto que se impõe à coisa da qual se duvida, mas a sombra, o outro lado da banda sobre o qual é preciso perguntar. A pergunta encena a dúvida, mas a dúvida só é possível porque a coisa vista, vivida, ouvida, presenciada ou tocada, possui o caráter do não-dito. Toda imagem é não-dito.

Portanto, o que se coloca em jogo aqui é a palavra em seu poder de *dictio* sobre a imagem. A pretensão da glosa seria melhor, pois mais humilde, mas perderíamos em possibilidades. Melhor o risco do erro, o que equivale nos termos deste dicionário ao cisco no olho. A filosofia, neste momento, é uma espécie de tradução do visível ao que pode ser dito na busca pelo que não pode ser dito. Jogo de palavras? Nada! Seria como enfrentar uma anamorfose: o que primeiramente se vê quando se abre um olho e se presta atenção. Neste *Opticário* os ícones indicam ludicamente, em princípio, setores ou campos semânticos; são como que encenações do que, tentando ser palavra, foge à palavra. Sem esta encenação a palavra seria autoritária em seu poder de *dictio*. A palavra precisa cultivar sua própria negação.

A ordem dos verbetes não é a do dicionário de palavras, mas do olho compreendido na lógica da enunciação tal como exemplarmente se coloca num dicionário, na verdade uma lista alfabética, baseado na lógica do alfabeto, que se prevê a partir de letras ordenadas. A descrição da lógica do olho não tem por que seguir um alfabeto, mas deve descobrir ou propor uma taxonomia que envolva a coisa sobre a qual expõe. Sistema descritivo do olho: olhário. A ordem do olho, o que se vê como o que se diz. A escolha das palavras é parcial e tem função apenas provisória e propedêutica. O mais correto é considerar este trabalho em progresso. Além disso, a inspiração adorniana de que a história da filosofia poderia ser uma história de sua terminologia é aqui acolhida. As palavras carregam e forjam história, sentido e revoluções. Do mesmo modo, o trabalho aqui obedece aos limites do espaço e, por isso, é programático de uma enciclopédia a ser doravante desenhada.

P. m. s. os verbetes deste *Opticário* são como notas de rodapé. Cabe, pois, considerar a função das tais referências ao pé de página, tão execradas pelo gosto não especializado, não apenas para elevá-las ao centro da página num gesto de mero arranjo estético (ainda que toda estética carregue uma política), mas para revelar a verdade metódica contida naquele espaço que, notadamente, serve somente ao olho mais atento, que não apenas escorrega, mas busca. Que se torne evidente o *gesto de lupa* que orienta a busca por tais palavras e termos, em breve esboçados em verbetes. Que tal gesto situe a verdade da intenção que aqui ainda pode oferecer rumo a uma filosofia do olhar. A função de rodapé eleva-se à centralidade da página sem deixar de ser nota de rodapé deslocada de seu berço inicial. O foco secundário avança para o centro. A perspectiva está definitivamente invertida, o ponto de fuga ensandece, não é ele mais quem define o *redemoinho* do olhar.

A definição, o exemplo, a demarcação de um conceito, o direcionamento da atenção ao que precisa de atenção, o refúgio da hiperespecialização (sabemos o quanto a nota de rodapé não é apenas coisa para especialistas, mas objeto dos sensíveis), da curiosidade e, sobretudo, da atenção. A autora do *Opticário*, que aspiraria a ser semente de uma enciclopédia visual (pensa-se em D'Alembert se tivesse visto as possibilidades da Internet no futuro), gostaria de um dia escrever um livro feito apenas de notas de rodapé a uma frase. Falta-lhe a frase que o justifique. Mas isso não é o que interessa. Não há, aqui, a descrição de noções e conceitos que escapem da tentativa de categorização própria a uma filosofia do olhar. Uma teoria dos modos de ver, dos modos de olhar, e uma tentativa de demonstração pela definição das categorias capazes de expressar as contradições do olhar. Este

Opticário se favorece da função de constelação dos seus elementos. Para os fins da compreensão lexical, dicionários como *Houaiss* e *Aurélio* servem-nos com mais propriedade. A ordem da exposição segue a lógica da caixinha de guardar brinquedos e não a do alfabeto, classificam-se as obras em categorias essenciais (cat. ess.) e acidentais (cat. acid.), sob o denominador comum da categoria fundamental (cat. fund.) *video*, cuja forma negativa e complementar é *invideo*. **Ou se interpreta o mundo enquanto é visível e invisível, ou enquanto é invejável. Ver é antônimo de invejar.**

Video *cat. fund. v.* **1** primeira categoria fundamental da visão **2** conjugação na primeira pessoa do verbo latino *videre* **3** primeiro ato da visão: *eu vejo* **4** *video, ergo sum* (vejo, logo existo) emulação substitutiva do *cogito, ergo sum* de René Descartes **5** fundamento ontológico de uma teoria da visão **6** movimento pessoal a partir do qual tudo existe ou deixa de existir, sem que deixe de existir ■ *s. m.* objeto dentro do qual se revela uma imagem eletrônica, monitor de imagens + controlador do olhar + ◊ começo do ser ◊ o que faz ler ◊ o que faz pensar ◊ o que leva a crer † HAGIO São Tomé, apóstolo incrédulo, que precisava *"ver para crer"*, Thomas, Dídimo, Gêmeo, autor de um evangelho apócrifo, duvidou do que viu • SIN/VAR VER escopia, buscar com os olhos ☛ ANT *fechar os olhos, morrer* ☛ ANT inveja ❡

Inveja *cat. fund. s. f.* **1** segunda função fundamental da visão, associada ao *video* **2** *Video, sed non invideo*, disse Santo Agostinho para mostrar que a inveja começa no olhar. A função da visão está intimamente associada ao *pathos* da inveja, ou seja, à sucumbência do olho a si mesmo, à sua absolutização, à ausência de crítica que só é possível pela mediação do olhar com outros olhares, confunde-se com a hipersuficiência em ver, olho que basta a si mesmo, que é suficiente diante de todos os demais sentidos. Invejar não é simplesmente antônimo de ver, mas a visão perturbada por si mesma no seu sentido de ligação com o visível, o olho vê a si mesmo enquanto vê o outro sem mediar-se no outro e autocriticar sua posição **3 +oso** aquele que obtura no próprio olhar o visível, que inverte o visto almejando colocar-se no lugar impossível do visto, almeja sair do *vídeo* e tornar-se o visto. Subtrai do visto ao outro por colocar-se em seu lugar. Inverte assim o olho fazendo-o todo, ou crescendo o olho, em contraposição ao objeto visível ⬤ POP olho gordo, olho grande ⊙ SOC categoria de análise do comportamento social ➜ ANT voyeurismo consensual ▮

Olho de vidro *cat ess. s. m.* **1** réplica de um olho orgânico feita em vidro usado por quem perdeu um olho, cujo objetivo é ocultar o caolho, fornecendo, deste modo, conforto visual para quem o observa **2** objeto de cena usado pelo protagonista de *O Cheiro do Ralo*, filme de Heitor Dhalia a partir de livro homônimo de Lourenço Mutarelli, para construir seu pai, o que possibilita a leitura psicanalítica de que o olhar não apenas sustenta, mas é a própria lei representada pelo pai, ou, em outras palavras, tendo o olho que nos olha, mesmo que não nos veja, temos já um lugar ao sol como o homem kafkiano que, diante das portas da lei, sabe que elas estão fechadas para ele, enquanto que, somente para ele, estão, ao mesmo tempo, abertas **3** olho que não vê **4** vitral **5** *trompe-l'oeil avec l'oeil* **5** televisão enquanto *Das Unheimlich* **6** prótese visual ➜ ANT visão real ▮

Espelho *cat. ess. s .m* **1** superfície na qual se reflete algo e que se torna paradigma da imagem por sua função de ilusão **2** o que faz crer na realidade sendo ela ilusão **3** parente próximo da retina e do papel fotográfico onde se guarda uma imagem que adquire realidade própria **4** mundo ilusório com aspecto real **5** objeto que assusta pessoas suscetíveis que passeiam à noite por suas casas como se estivessem em lugar estranho **6** o que Alice, personagem de Carrol, atravessou **7** instrumento tornado famoso pela Madrasta má da Branca de Neve **8** instrumento que provoca a *estranheza inquietante* % *Das Unheimlich* em Freud ☛ *Catóptrica:* arte de produzir e estudar espelhos e reflexos

Espetáculo *cat. acid. s. m.* **1** mostra enfática de qualquer coisa que se queira apenas mostrar, coisa feita para ser vista e não mais que vista, que não vale além da aparência **2** sensacionalismo **3 sociedade do E.** arranjo social no qual o *ser visto* define a existência % Guy Debord formulou a ideia de **E.** como circo e prisão, no qual todos os seres humanos, possuidores de olhos, são escravos e títeres (*A Sociedade do Espetáculo*, Rio de Janeiro, Contraponto, 1997) EX A sociedade visual contemporânea, seus meios de comunicação e todos os seus célebres ☛ ANT herói

Fotografia *cat. ess. s. f.* **1** técnica ou resultado da técnica de fixação da imagem em uma superfície bidimensional com uso de luz e escuro, imagem técnica reprodutível **2** semelhante ao espelho, porém estática **3** memento **4** mapa **5** forma de arte que favorece a aparição do **inconsciente óptico 6** 3x4, 5x7, 9x11, 13x15 **7** objeto de estudos de % Roland Barthes, onde se guardou a imagem de sua mãe quando morta (*A Câmara Clara*, Rio de Janeiro, Nova Fronteira, 1994) **8** tema das obras de % Walter Benjamin (*Pequena História da Fotografia*; *A Obra de Arte na Era de Sua Reprodução Técnica*. Obras Escolhidas, São Paulo, Brasiliense, 1995) **9** objeto da crítica de % Susan Sontag que a desmascara como ideologia (*Sobre Fotografia*, São Paulo, Companhia das Letras, 2004), tema de % Vilém Flusser (*Filosofia da Caixa Preta*, Rio de Janeiro, Relume-Dumará, 2002) 10 documento visual 11 filha do daguerreótipo, invenção de Daguerre 12 **máquina de f.** máquina de ver e reproduzir o visto 13 HIST retrato antigo

Ilusão *cat. ess. s. f.* 1 crença sobre algo que se vê 2 enganação à qual se sucumbe sem querer ou querendo 3 submissão ao visível ou ao invisível tratado como visível 4 ROMANTISMO fundamento do amor, *aquele que ama ama o que não vê*

Míope *cat. acid. s. m e adj.* 1 pessoa de visão curta, incapaz de ver um palmo adiante de seu nariz e que deve usar óculos para corrigir-se 2 diz-se do indivíduo obtuso, cuja inteligência tem alcance curtíssimo, sujeito incapaz de prever seu futuro por não saber ver o que está à sua frente, que crê no que vê # OFTALM aumento constante do diâmetro do olho, que provoca o desfocamento da visão

Anamorfose *cat. ess. s. f.* 1 categoria comum à visão, confusão da perspectiva, eclipsamento do real 2 distorção primeira, visão da distorção, transfiguração da natureza 3 distorção provocada matematicamente 4 arte óptica comum nos séculos XVI e XVII % Baltrušaitis, *Anamorphoses* Les Perspectives Dépravées – II (Paris, Flammarion, 1996) ☞ VER *trompe-l'oeil*

Voyeurismo *cat. ess. s. m.* 1 incontinência da visão, desejo incontido de ver, semelhante à inveja 2 função social do olho 3 ansiedade visual pela intimidade 4 +ista PSIC aquele que se masturba apenas com o que vê @ ETIM fr. *voyeur*, olhar, curiosidade em ver. ☞ ANT narcisismo

Atenção *cat. ess. s. f.* 1 ato de dedicar-se a algo com os olhos e todos os sentidos 2 gesto essencial a quem quer conhecer 3 dádiva *** ÉTICA gesto da máxima elegância possibilitado pelo olhar ⁂ TEO forma de se alcançar a santidade ▮

Narcisismo *cat. ess. s. m.* 1 doença de quem acredita ser visto eternamente e por todos os ângulos 2 iludido pela visão de si 3 FIG que só vê a si mesmo 4 MITOL personagem que acabou morrendo por apaixonar-se por sua própria imagem refletida no espelho ▮

Imagem *cat. ess. s. f.* 1 simulacro 2 ídolo 3 coisa que se vê, da qual se tem certeza que exista 4 fantasma que é visto, mas não existe 5 objeto de crença da ilusão 6 a imagem tira seu sentido do olhar % Régis Debray, *Vida e Morte da Imagem*, Vozes, 1993

Contemplar *cat. acid. v.* 1 olhar com paciência e demora 2 demorar-se até perceber se guardar a si mesmo no olhado 3 ato pelo qual alguém se torna o que vê (Confúcio) 4 FIL teorização possível pelo gesto de olhar, construção de ideias pela atenção demorada, atitude dos sábios, dos filósofos e dos sofistas 5 ad-mirar • SIN **Observar** *v.* olhar concentrado e relaxado a um só tempo fingindo não estar olhando ou olhar concentrado no que vê que se vale da aparência de certa difusão para enganar o observado & enxergar

Esquizografia *cat. ess.* 1 narrativa dos tempos sem biografia que separa a vida em vida real e vida virtual 2 escritura estilhaçada pelo olhar separado do corpo 3 antinarrativa @ ETIM gr. *skhízō* + *graphé*

Paquerar *cat. acid. v.* 1 olhar para uma pessoa como se ela fosse uma vitrine 2 olhar para a vitrine como se fosse uma pessoa 3 olhar desejoso e interesseiro 4 código de oferecimento sexual • SIN/VULGAR secar 🌶

Obra de arte *cat. acid.* 1 objeto que ensina a ver por reenviar o olhar a quem olha 2 imagem que ensina a finitude por oposição ao ídolo que ensina o infinito 3 coisa para ser vista, ouvida e pensada 4 objeto que confunde a intuição, a imaginação e a razão 5 o que faz pensar hoje em dia por oposição à anestesia geral da sociedade 6 complemento das ideias 6,5 máquinas de sensibilidade 7 objetos que colocados em museus e galerias podem ser chamados como tais 7,5 o que não cabe em galerias 8 **fotografia como o. de a.** mostra o que não pode ser visto a olho nu 9 **cinema-arte** filmagem que interrompe o tempo, ☛ ANT cinema de ação e Hollywood 10 **instalação como o. de a.** semelhante a uma instalação elétrica ou montagem, confusão ou explicação de uma ideia por meio de objetos eleitos ou aleatórios com o objetivo de proporcionar uma experiência estética e reflexiva ♥ EX iluminuras de Hildegard von Bingen, *Monalisa* de Leonardo, *Las Niñas* de Velázquez, *La Fontaine* ou o mictório de Duchamp, instalações de Joseph Beuys, metais distorcidos de Amílcar de Castro, pinturas de Magritte, Iberê Camargo e Maria Tomaselli, gravuras de Picasso e Mira Schendel, esculturas de Giacometti, Louise Bourgeois e Felix Bressan & a história vista do ponto de vista de hoje revela a vida e a cultura como uma grande obra de arte: misto de deboche e barbárie. De quem zombam os artistas?

Mau-olhado *cat. acid. s. m.* 1 olho grande 2 olho gordo 3 olho com fome, tb. fome de olho 4 olho exagerado 5 olho como boca 6 olho desviado de sua função 7 olho que vê televisão **8** olho que só vê a si mesmo **9** olho doente ☐ inveja ☐ *zapping* – atravessando uma filosofia da televisão de M. Tiburi & desmontando o mau-olhado teremos uma sociedade com chance de ética ▸

Teoria *cat. ess. s. f.* **1** o que se pode ver, o que se vê **2** forma especializada e transparente de paranoia **3** oposto à prática ◇ complementar à prática ◇ delírio com aspecto de ordem ◇ ordem em forma de delírio **4** sistema de pensamento

Trompe-l'oeil *cat. acid.* ETIM *fr. engana-olho* ▸

Desenho *s. m.* **1** imagem baseada no traço **2** imagem intelectual oposta à pintura baseada na mancha e na cor **3** algo próximo da palavra, que exige leitura **4** objeto ou arte do esboço, esquema e estrutura **5 d. de quadrinhos** forma contemporânea de desenho usada como entretenimento, mas mesmo assim obra de arte ☐ *disegno* VER obra de arte EX Michelangelo, Leonardo, Frank Miller, Francisco Faria, Teresa Poester, Antonio Augusto

Traço *cat. acid. s. m.* **1** linha ◇ corte ◇ seta ◇ risco ◇ marca ◇ esquete ◇ esquema ◇ vão ◇ senda ◇ caminho seguido pelo olho ao prestar atenção em algo +-+-+-+

Focar *cat. ess. v.* **1** direcionar o olhar para um ponto específico • SIN mirar ⦿ POP ou GÍRIA secar ▸

Óptica *cat. acid. s. f.* **1** ciência que estuda a luz e o olho como receptáculo da luz **2** feminino e masculino, ciência e fenômeno, relativo ao olhar, à luz

Olho *cat. ess. s. m.* 1 órgão do corpo formado por pálpebra, cavidade e globo ocular, situado na cabeça a fazer par com outro olho, de tamanho e cor geralmente idênticos 2 o que serve para ver 3 o que não sabe o que vê 4 foco corpóreo 5 imagem arquetípica do centro em torno do qual gira algo 6 *f.* **o. do furacão** centro calmo do furacão ☐ *vulgo* associado ao centro da parte inferior do corpo, entre as nádegas & Mesopotâmia (entre rios) ℅ Guimarães Rosa: *Grande Sertão: Veredas*.

Olhar *v.* 1 ver, enxergar, mirar, concentrar o olho em algo 2 *s. m.* sistema perceptivo cujo formato é o de um *redemoinho*; tem como centro o olho & redemoinho

Olhômetro *s. m.* 1 parte intuitiva do olho que calcula medidas imediatamente 2 capacidade comum a cozinheiros profissionais 3 usado por pais para medirem o tamanho dos filhos na hora de comprar roupas para as crianças crescentes

Colírio *s. m* 1 remédio ou calmante para olho, lubrificante 2 substituível por óculos escuros 3 MET alegria visual, o que faz bem para o olho

Óculos *s.m.* 1 aparelho usado por quem tem alguma deficiência visual 2 aumentador de letras 3 aparelho que incomoda quem não quer ver 4 protetor de intelectuais 5 parte da indumentária de quem quer intelectuais escuros ◉ POP quatro olhos

Zapping *s. m.* 1 forma do olhar marcada pela interrupção do ver elevada a efeito de olhar 2 olhar forjado após a invenção do controle remoto 3 esquizo-olhar ◇ olhar fragmentado ◇ olhar estilhaçado ◇ olhar instantâneo ◇ visada curta e interrompida de quem não quer ver 4 *switching* ou ir e vir entre canais diferentes

Controle *cat. acid.* 1 aparelho que promove um olhar como
remoto evitação do próprio ato de olhar 2 objeto de controle do olhar 3 fomentador do sistema do olhar como inveja & o controle remoto é um pequeno objeto de uso cotidiano que expressa a esquizofrenia do olhar forjado na atualidade pela televisão, mediador da esquizofrenia

Televisão *cat. ess.* 1 aparelho formador do olhar ⊙ SOC **caixa preta** da história social e da contra-história pessoal de cada um & Quando a abriremos?

Inconsciente *cat. ess.* 1 o que é revelado pelas imagens técnicas
óptico 2 & **inconsciente conceitual** ou o que é revelado pelas palavras e traços, o que se elabora no desenho e na filosofia por oposição à imagem % Márcia Tiburi, *Filosofia Cinza* % Walter Benjamin, *A Obra de Arte na Era de Sua Reprodutibilidade Técnica*, *Pequena história da fotografia* (Obras Escolhidas, 1995) % Rosalind Krauss, *The Optical Unconscious* (MIT Press, 1994)

Videomaker *cat. acid.* 1 ser humano de posse de uma câmera 2 cinegrafista amador ou profissional 3 nova forma de cidadão em tempos pós-humanos 4 pós-subjetividade 5 guerrilheiro da visão

Notas

1. WOLTON, Dominique. *Elogio do Grande Público*. Uma teoria crítica da televisão. Trad. José Rubens Siqueira. São Paulo: Ática, 1996, p. 23.
2. MACHADO, Arlindo. *A Televisão levada a sério*. São Paulo: Editora Senac/SP, 2005.
3. WOLTON, Dominique. *Elogio do Grande Público*. Op. cit., p. 69.
4. Idem, p. 68.
5. ADORNO, Theodor. Televisão e Formação. In *Educação e Emancipação*. Trad. Wolfgang Leo Maar. Rio de Janeiro: Paz e Terra, 2009, p. 77.
6. NANCY, Jean-Luc. *The Inoperative Community*. Minneapolis/Londres: University of Minnesota Press, 1991.
7. RANCIÈRE, Jacques. *A partilha do sensível. Estética e Política*. Trad. Mônica Costa Neto. São Paulo: EXO Experimental Org. Ed. 34, 2005, p. 17.
8. VATTIMO, Gianni. *A Sociedade Transparente*. Lisboa: Relógio d'Água, 1992, p. 76.
9. DEBRAY, Régis. *Vida e Morte da Imagem. Uma História do Olhar no Ocidente*. Trad. Guilherme Teixeira. Petrópolis: Vozes, 1993, p. 327.
10. ADORNO, Theodor. A televisão e os padrões da Cultura de Massa. In Bernard Rosenberg e D. M. White, *Cultura de Massa. As Artes Populares nos Estados Unidos*. São Paulo: Cultrix, 1973, p. 556.
11. BOURDIEU, Pierre. *Sobre a Televisão*. Trad. Maria Lúcia Machado. Rio de Janeiro: Jorge Zahar, 1997, p. 40.
12. MACHADO, Arlindo. *A Televisão levada a sério*. Op. cit., p. 16.
13. WOLTON, Dominique. *Elogio do Grande Público*. Op. cit..
14. Ver DUARTE, Rodrigo.*Teoria Crítica da Indústria Cultural*, Belo Horizonte: UFMG, 2003, p. 116. — termo que usarei ao longo deste texto, mantendo sempre sua referência à expressão original da *Dialética do Esclarecimento* contra o uso da expressão "cultura de massas".
15. FLUSSER, Vilém. *Filosofia da Caixa Preta*. Rio de Janeiro: Relume-Dumará, 2002, p. 19-28.
16. AGAMBEN, Giorgio. *O que é o contemporâneo e outros ensaios*. Trad. Vinícius Honesko. Chapecó: Argos, 2009, p. 25-51.
17. COCCIA, Emanuele. *A Vida Sensível*. Florianópolis: Cultura e Barbárie, 2009., p. 20.

18. Ver AGAMBEN, Giorgio. *Homo Sacer. O Poder Soberano e a Vida Nua I*. Trad. Henrique Burigo. Belo Horizonte: Ed. UFMG, 2002.
19. Idem, p. 173.
20. Idem, p. 121
21. COCCIA, Emanuele. Op.cit. p. 10.
22. FLUSSER, Vilém. *Filosofia da Caixa Preta*. Op. cit., p. 20.
23. Idem, p. 23
24. Para uma compreensão do conceito, ver o *Dicionário comentado do alemão de Freud*, de Luiz Alberto Hanns, Rio de Janeiro: Imago, 1996. A expressão *"das Unheimliche"*, do ensaio de Freud de 1919, é traduzida por Hanns como estranho, sinistro, inquietante, macabro. Interessa para o efeito do que aqui busco, no entanto, a ambiguidade entre familiar e desconhecido pela iminente aparição do recalcado. O olho de vidro seria compreensível a partir desta categoria na medida em que remete a algo furtivo, não explícito, com o qual se convive como o mais elementar sem que, no entanto, se possa vê-lo.
25. TÜRCKE, Christoph. *Sociedade Excitada. Filosofia da Sensação*. Trad. Antonio Zuin (et al.). Campinas: Ed. Unicamp, 2010, p. 158.
26. BATAILLE, Georges. *História do Olho*. São Paulo: Cosac Naify, 2003, p. 97.
27. Idem, p. 95.
28. DIDI-HUBERMAN, Georges. *O que vemos, o que nos olha*. Trad. Paulo Neves. São Paulo: Ed. 34, 1998, p. 29.
29. HEGEL, G. W. F. *Fenomenologia do Espírito*. Trad. Paulo Meneses e José N. Machado. Petrópolis: Vozes, 1992, p. 126.
30. BENJAMIN, Walter. *Para una crítica de la violencia*. Madri: Taurus, 2001, p. 44.
31. RANCIÈRE, Jacques. *A partilha do sensível*. Op. cit., p.15.
32. SCHOPENHAUER, Arthur. *O mundo como vontade e representação*. Porto: Rés, s/d, p. 258.
33. DEBRAY, Régis. Op. cit., p. 327.
34. BARTHES, Roland. *A Câmara Clara*. p. 46.
35. DEBRAY, Régis. Op. cit., p. 327.
36. SODRÉ, Muniz. *A máquina de Narciso*. São Paulo: Cortez, 1994.
37. VIRILIO, Paul. *A máquina de visão*. Trad. Paulo Roberto Pires. Rio de Janeiro: José Olympio, 2002, p. 93.
38. DIDI-HUBERMAN, Georges. Op. cit.
39. COMOLLI, Jean-Louis. *Ver e Poder. A inocência perdida: cinema, televisão, ficção, documentário*. Seleção e organização César Guimarães e Rubem Caixeta. Belo Horizonte: Ed. UFMG, 2008, p. 15.
40. LE GOFF, Jacques. *O Maravilhoso e o Quotidiano no Ocidente Medieval*. Lisboa: Ed. 70, p. 18.
41. NASIO, Juan-David. *A alucinação e outros estudos lacanianos*. Rio de Janeiro: Jorge Zahar Ed., 1997, p.38.
42. AGAMBEN, Giorgio. *Estâncias. A Palavra e o Fantasma na Cultura Ocidental*. Trad. Selvino José Assmann. Belo Horizonte: Ed. UFMG, 2007, p. 49-50.

43. Idem, p. 53.
44. NASIO, Juan-David. Op. cit., p. 38.
45. AGAMBEN, Giorgio. *Estâncias*, Op. cit., p. 56.
46. NASIO, Juan-David. Op. cit., p. 41.
47. Idem, p. 43.
48. Idem, p. 44.
49. Idem, p. 51.
50. Idem, p. 53.
51. Idem, p. 53.
52. Idem, p. 54.
53. Idem, p. 17.
54. Idem, p. 24.
55. QUINET, Antonio. *Um olhar a mais. Ver e ser visto na psicanálise*. Rio de Janeiro: Jorge Zahar, 2002, p. 271 ss.
56. FREUD, Sigmund. *Notas sobre um caso de neurose obsessiva (O Homem dos Ratos)*. Rio de Janeiro: Imago,1998, p. 48, 65.
57. DEBRAY, Régis. Op. cit., p. 242.
58. FLUSSER, Vilém. *Filosofia da Caixa Preta*. Op. cit., p. 37.
59. BUCK-MORSS, Susan. *A tela de cinema como prótese de percepção*. Desterro (Florianópolis): Cultura e Barbárie, 2009.
60. BENJAMIN, Walter. A Obra de Arte na Era de Sua Reprodutibilidade Técnica. In *Magia e Técnica, Arte e Política*. Trad. Sérgio P. Rouanet. São Paulo: Brasiliense, 1985, p. 192.
61. BENJAMIN, Walter. Op. cit., p. 192
62. TÜRCKE, Christoph. Op. cit., p. 42.
63. BENJAMIN, Walter. *A Obra de Arte na Era de Sua Reprodutibilidade Técnica*. Op. cit., p. 192.
64. FLUSSER, Vilém. Linha e Superfície. In *O Mundo Codificado*. São Paulo: Cosac Naify, 2007, p. 105.
65. Idem, p. 106.
66. Idem, p. 108.
67. Idem, p. 142.
68. BUCK-MORSS, Susan. Op. cit., p. 35.
69. FLUSSER, Vilém. Linha e Superfície. Op. cit., p. 145.
70. MACHADO, Arlindo. *O Sujeito na Tela. Modos de enunciação no cinema e no ciberespaço*. São Paulo: Paulus, 2007, p. 198.
71. BUCK-MORSS, Susan. Op. cit., p. 19.
72. Idem, p. 28.
73. VERNANT, Jean-Pierre. *A Morte nos Olhos. Figurações do Outro na Grécia Antiga: Ártemis e Gorgó*. Rio de Janeiro: Jorge Zahar, 1988, p. 40.
74. VERNANT, Jean-Pierre. Op.cit., p. 49.
75. Idem, p. 62.
76. VERNANT, neste caso, se refere aos estudos de Agnello Baldi e outros autores cujas teses não discutirei por escaparem ao objetivo deste livro.

77. VERNANT, Jean-Pierre. Op.cit., p. 102-103.
78. Idem, p. 104.
79. Idem, p. 104.
80. Idem, p. 105.
81. COCCIA, Emanuele. Op. cit., p. 88.
82. QUINET, Antonio. Op. cit., p. 185.
83. VERNANT, Jean-Pierre. Op. cit., p. 106.
84. VIRILIO, Paul. Op. cit., p. 94.
85. NANCY, Jean-Luc. Op. cit.
86. BUCK-MORSS, Susan. Op. cit., p. 25.
87. Idem, p. 28.
88. HEGEL, G. W. F. Op. cit., p. 74.
89. KAFKA, Franz. Diante da Lei. In *Um Médico Rural*. Trad. Modesto Carone. São Paulo: Companhia das Letras, 1999, p.27.
90. AGAMBEN, Giorgio. *Estado de exceção*. São Paulo: Boitempo, 2004, p. 11.
91. AGAMBEN, Giorgio. *Estado de exceção*. Op. cit., p. 12.
92. Idem, p. 43.
93. MACHADO, Arlindo. *O Sujeito na Tela*. Op. cit., p. 189.
94. AGAMBEN, Giorgio. *Estado de exceção*. Op. cit., p. 12.
95. Arlindo Machado tem ótimas observações sobre a relação entre a CAVE e a caverna platônica. Uma das melhores análises feitas sobre a atualidade da caverna platônica está em seu livro *O Sujeito na Tela*. Op. cit., p. 187-195.
96. AGAMBEN, Giorgio. *Estado de exceção*. Op. cit., p. 39.
97. Idem, p. 97.
98. Idem, p. 93.
99. DERRIDA, Jacques. *Força de Lei. O Fundamento Místico da Autoridade*. Trad. Leyla Perrone-Moisés. São Paulo: WMF Martins Fontes, 2007, p. 84.
100. AGAMBEN, Giorgio. *Estado de exceção*. Op. cit., p. 182.
101. AGAMBEN, Giorgio. *Homo Sacer*. Op. cit., p. 57.
102. VIRILIO, Paul. Op. cit., p. 94.
103. DERRIDA, Jacques. Op. cit., p. 63.
104. BARTHES, Roland. Op. cit., p. 20.
105. DERRIDA, Jacques. Op. cit., p. 78.
106. MACHADO, Arlindo. *O sujeito na tela*. Op. cit., p. 134.
107. BRADBURY, Ray. *Fahrenheit 451*. Trad. Cid Knipel. Rio de Janeiro: Ed. Globo, 2009.
108. BRADBURY, Ray. Op. cit., p. 120.
109. PÉLBART, Peter Pál. *Vida Capital. Ensaios de Biopolítica*. São Paulo: Iluminuras, 2003. p. 28-29.
110. BENJAMIN, Walter. *A Obra de Arte na Era de Sua Reprodutibilidade Técnica*. Op. cit., p. 179 ss.
111. COMOLLI, Jean-Louis. Op. cit., p. 12.
112. FLUSSER, Vilém. *O universo das imagens técnicas. Elogio da superficialidade*. São Paulo: Annablume, 2008, p. 39.

113. CRARY, Jonathan. *Techniques of Observer*. Cambridge: The MIT Press, 1992, p. 32.
114. BARTHES, Roland. *Como viver junto*. São Paulo: Martins Fontes, 2003, p. 218.
115. FLUSSER, Vilém. *O universo das imagens técnicas*. Op. cit., p. 19.
116. SODRÉ, Muniz. Op. cit., p. 34.
117. BENJAMIN, Walter. Onirokitsch. Glosa sobre el Surrealismo. Trad. Ricardo Ibarlucía. In *Onirokitsch, Walter Benjamin y el Surrealismo*. Buenos Aires: Manantial, 1998, p. 114
118. SODRÉ, Muniz. Op. cit., p. 24.
119. AUERBACH, Erich. *Figura*. Trad. Duda Machado. São Paulo: Ática, 1997, p.13.
120. ACCETO, Torquato. *Da Dissimulação Honesta*. São Paulo: Martins Fontes, 2001. Ver a apresentação de Alcir Pécora.
121. MACHADO, Arlindo. *O sujeito na Tela*. Op. cit., p. 140.
122. SCHMITT, Jean-Claude. *História das Superstições*. Lisboa: Publicações Europa-América, 1997, p. 15.
123. TIBURI, Márcia. Corpo, lar e campo de concentração. In *Mulheres, Filosofia ou Coisas do Gênero*. Santa Cruz do Sul: Ed. Unisc, 2008, p. 53-73.
124. DEBORD, Guy. *A sociedade do espetáculo*. Rio de Janeiro: Contraponto, 1997, p. 13.
125. DERRIDA, Jacques. Op. cit., p. 62.
126. Idem, p. 105.
127. Idem, p. 106.
128. VIRILIO, Paul. Op. cit., p. 93.
129. COMOLLI, Jean-Louis. Op. cit., p. 135.
130. Idem, p.136.
131. Idem, p.137.
132. Idem, p.141.
133. Idem, p.138.
134. AUMONT, Jacques. *O olho interminável. Cinema e pintura*. Trad. Heloísa Araújo Ribeiro. São Paulo: Cosac Naify, 2004, p. 136.
135. COMOLLI, Jean-Louis. Op. cit., p. 138.
136. Idem, p. 140.
137. Idem, p. 15.
138. KOJÈVE, Alexandre. *Introdução à leitura de Hegel*. Trad. Estela dos Santos Abreu. Rio de Janeiro: EDUERJ/Contraponto, 2002, p. 412.
139. PEIXOTO, Nelson Brissac. As imagens da TV têm tempo? In *Rede Imaginária. Televisão e Democracia*. São Paulo: Cia. das Letras, Secretaria Municipal de Cultura, 1991, p. 77.
140. AGAMBEN, Giorgio. *Homo Sacer*. Op. cit., p. 173.
141. Idem, p. 177.
142. Ver a propósito o livro *Genocídio – a retórica americana em questão*, de Samantha Power. São Paulo: Cia. das Letras, 2004.

143. AGAMBEN, Giorgio. *Homo Sacer*. Op. cit., p. 98.
144. SONTAG, Susan. *Sobre a Fotografia*. São Paulo: Cia. das Letras, 2004, p. 72.
145. AGAMBEN, Giorgio. *Homo Sacer*. Op. cit., p. 121.
146. VATTIMO, Gianni. Op. cit., p. 31.
147. NIETZSCHE, Friedrich. *Crepúsculo dos ídolos*. Lisboa: Guimarães, 1996, p. 42.
148. PÉLBART, Peter Pál. Op. cit., p. 28.
149. TIBURI, Márcia. *Filosofia Cinza*. Porto Alegre: Escritos, 2004.
150. *Apud* Laymert García dos Santos. *Politizar as novas tecnologias. O impacto sócio-técnico da informação digital e genética*. São Paulo: Ed. 34, 2003, p. 66.
151. VIRILIO, Paul. Op. cit., p. 86.
152. BENJAMIN, Walter. Onirokitsch. Op. cit., p. 111.
153. VATTIMO, Gianni. Op. cit., p. 77.
154. VIRILIO, Paul. Op. cit., p. 91.
155. DEBRAY, Régis. *Vida e Morte da Imagem*. Petrópolis: Vozes, 1993, p. 205ss.
156. SONTAG, Susan. *Diante da Dor dos Outros*. Trad. Rubens Figueiredo. São Paulo: Cia. das Letras, p. 76.
157. Uma primeira versão deste *Opticário* foi publicada na revista *Cultura Brasileira Contemporânea*. Ano 2, número 2, dezembro de 2007.

Bibliografia

ADORNO, Theodor. *Dialética do Esclarecimento*. Trad. Guido Almeida. Rio de Janeiro: Jorge Zahar, 1985.
ADORNO, Theodor. *Televisão e Formação. Educação e Emancipação*. Trad. W. Leo Maar. São Paulo: Paz e Terra, 1995.
ADORNO, Theodor. A televisão e os padrões da Cultura de Massa. In *Cultura de Massa*. Org. B. Rosenberg e D. M. White (org.). São Paulo: Cultrix, 1973.
ADORNO, Theodor. *Mínima Moralia. Reflexões a partir da vida danificada*. Trad. Luiz Bicca. São Paulo: Ática, 1992.
AGAMBEN, Giorgio. *Estado de exceção*. Trad. Iraci Poleti. São Paulo: Boitempo, 2004.
AGAMBEN, Giorgio. *Homo Sacer. O Poder Soberano e a Vida Nua I*. Trad. Henrique Burigo. Belo Horizonte: UFMG, 2002.
ARBEX, José. *O Poder da TV*. São Paulo: Scipione, 2002.
AUERBACH, Erich. *Figura*. Trad, Duda Machado. São Paulo: Ática, 1997.
AZEVEDO, Wilton. Escritura em expansão: a não diacronia da poesia digital. In *Ciberespaço: Mistificação e Paranoia*. Londrina: Universidade Estadual de Londrina, 2008.
AZEVEDO, Wilton. *Linguagem, Hipermídia e Narrativa*. Outubro de 2008. CD-ROM.
BARBROOK, Richard. *Futuros Imaginários. Das máquinas pensantes à aldeia global*. São Paulo: Peirópolis, 2009.
BARRETO, Marco Heleno. *Imaginação Simbólica. Reflexões Introdutórias*. São Paulo: Loyola, 2008.
BENJAMIN, Walter. *A Obra de Arte na Era de Sua Reprodutibilidade Técnica*. Trad. Sérgio P. Rouanet. São Paulo: Brasiliense, 1985.
_____. Onirokitsch. In *Onirokitsch, Walter Benjamin y el surrealismo*. Ibarlucía, Ricardo. Buenos Aires: Manantial, 1998.
BERLO, David. K. *O Processo da Comunicação. Introdução à teoria e à prática*. Trad. Jorge Fontes. São Paulo: Martins Fontes, 2003.
BERNARDO, Gustavo. *A Dúvida de Flusser. Filosofia e Literatura*. Rio de Janeiro: Globo, 2002.
BOLAÑO, César Ricardo Siqueira; Brittos, Valério Cruz. *A televisão brasileira na era digital. Exclusão, esferas públicas e movimentos estruturantes*. São Paulo: Paulus, 2007.

BORGES, Jorge Luis. La Biblioteca de Babel. In *Ficciones* (Obras Completas). Buenos Aires: Emecé, 1974.
BOURDIEU, Pierre. *Sobre a Televisão*. Trad. Maria Lúcia Machado. Rio de Janeiro: Jorge Zahar, 1997.
COMOLLI, Jean-Louis. *Ver e Poder. A inocência perdida: cinema, televisão, ficção e documentário*. Belo Horizonte: UFMG, 2008.
COSTA, Mario. *L'estetica della comunicazione. Come il medium ha polverizzato il messaggio. Sull'uso estetico della simultaneità a distanza*. Roma: Castelvecchi, 1999.
COSTA, Mario. *O Sublime Tecnológico*. Trad. Dion David Macedo. São Paulo: Experimento, 1995.
CRARY, Jonathan. *Techniques of the Observer*. Cambridge: The MIT Press, 1992.
CRARY, Jonathan. *Suspensions of Perception. Attentions, Spectacle and Modern Culture*. Cambridge: The MIT Press, 2001.
DEBORD, Guy. *A sociedade do espetáculo*. Trad. Estela dos Santos Abreu. Rio de Janeiro: Contraponto, 1997.
DEBRAY, Régis. *Curso de Midiologia Geral*. Trad. Guilherme Teixeira. Petrópolis: Vozes, 1993.
DEBRAY, Régis. *Manifestos Midiológicos*. Trad. Guilherme Teixeira. Petrópolis: Vozes, 1995.
DEBRAY, Régis. *Vida e Morte da Imagem. Uma história do olhar no Ocidente*. Trad. Guilherme Teixeira. Petrópolis: Vozes, 1993.
DERRIDA, Jacques. *Força de Lei*. Trad. Leyla Perrone-Moisés. São Paulo: WMF Martins Fontes, 2007.
DIAS, Maria Helena Pereira. http://www.unicamp.br/~hans/mh/principal.html – *Encruzilhadas de um labirinto eletrônico – Uma experiência hipertextual*.
DUARTE, Rodrigo. *Teoria Crítica da Indústria Cultural*. Belo Horizonte: UFMG, 2003.
DUARTE, Rodrigo. *Dizer o que não se deixa dizer. Para uma filosofia da expressão*. Chapecó: Argos, 2008.
DUARTE, Rodrigo. Indústria Cultural Hoje. In *A Indústria Cultural Hoje*. Org. Fábio Durão, Antonio Zuin e Alexandre Vaz. São Paulo: Boitempo, 2008.
DUMÉZIL, Georges. *Do Mito ao Romance*. Trad. Álvaro Cabral. São Paulo: Martins Fontes, 1992.
ECO, Umberto. *Apocalípticos e Integrados*. São Paulo: Perspectiva, 1976.
FLUSSER, Vilém. *Filosofia da Caixa Preta*. Rio de Janeiro: Relume-Dumará, 2002.
FLUSSER, Vilém. *O mundo codificado*. São Paulo: Cosac Naify, 2007.
FLUSSER, Vilém. O *Universo das Imagens Técnicas. Elogio da Superficialidade*. São Paulo: Annablume, 2008.
FOUCAULT, Michel. *Nascimento da Biopolítica*. Trad. Eduardo Brandão. São Paulo: Martins Fontes, 2008.
FOUCAULT, Michel. *Vigiar e Punir*. Trad. Raquel Ramalhete. Petrópolis: Vozes, 1998.

GIANNETTI, Claudia. *Estética Digital: Sintopia da arte, a ciência e a tecnologia*. Belo Horizonte: C/Arte, 2006.
GORZ, André. *O Imaterial. Conhecimento, Valor e Capital*. Trad. Celso Azzan Jr. São Paulo: Annablume, 2005.
HEGEL, G. W. F. *Fenomenologia do Espírito*. Trad. Paulo Meneses e José N. Machado. Petrópolis: Vozes, 1992.
HOFSTADTER, Douglas R. *Gödel, Escher, Bach. Un eterno y grácil Bucle*. Tusquets Editores, 1987.
KRACAUER, Siegfried. *O ornamento da massa*. São Paulo: Cosac Naify, 2009.
LACAN, Jacques. *O Seminário. Livro 11. Os quatro conceitos fundamentais da psicanálise*. Trad. M. D. Magno. Rio de Janeiro: Jorge Zahar, 1998.
LACROIX, Michel. *O Culto da Emoção*. Trad. Vera Ribeiro. Rio de Janeiro: José Olympio, 2006.
LEAL FILHO, Laurindo. *A TV sob controle. A resposta da sociedade ao poder da televisão*. São Paulo: Summus Editorial, 2006.
LEÃO, Lúcia. *O Labirinto da Hipermídia. Arquitetura e Navegação no Ciberespaço*. São Paulo: Fapesp; Iluminuras, 2005.
LUHMANN, Niklas. *Sociedad y Sistema: la ambición de la teoría*. Barcelona: Paidós, 1990.
LUHMANN, Niklas. *A Realidade dos Meios de Comunicação*. Trad. Ciro Marcondes Filho. São Paulo: Paulus, 2005.
MACHADO, Arlindo. *Arte e Mídia*. Rio de Janeiro: Jorge Zahar, 2007.
MACHADO, Arlindo. Atualidade do Pensamento de Flusser. In *Vilém Flusser no Brasil*. BERNARDO, Gustavo e MENDES, Ricardo (org.). Rio de Janeiro: Relume-Dumará, 1999.
MACHADO, Arlindo. *O Sujeito na Tela. Modos de enunciação no cinema e no ciberespaço*. São Paulo: Paulus, 2007.
MACHADO, Arlindo. *O Quarto Iconoclasmo. E outros ensaios hereges*. Rio de Janeiro: Rios Ambiciosos, 2001.
MACHADO, Arlindo. *A Televisão levada a sério*. São Paulo: Editora Senac/SP, 2005.
MATURANA, Humberto; VARELA, Francisco. *A árvore do conhecimento. As bases biológicas da compreensão humana*. Trad. Humberto Mariotti e Lia Diskin. São Paulo: Palas Athena, 2001.
MARTIN, Sylvia. *Video Art*. Colônia: Taschen, 2006.
NASIO, Juan-David. *A Alucinação e outros estudos lacanianos*. Trad. Lucy Magalhães. Rio de Janeiro: Jorge Zahar, 1997.
NEGROPONTE, Nicholas. *A Vida Digital*. Trad. Sérgio Tellaroli. São Paulo: Companhia das Letras, 1995.
NOVAES, Adauto (org.). *Rede Imaginária. Televisão e Democracia*. São Paulo: Companhia das Letras, Secretaria Municipal de Cultura, 1991.
PARENTE, André (org.). *Imagem Máquina. A Era das Tecnologias do Virtual*. São Paulo: Ed. 34, 2008.

PELLEGRINI, Tânia. (et. al.). *Literatura, Cinema e Televisão*. São Paulo: Ed. Senac, Instituto Itaú Cultural, 2003.
PLANT, Sadie. *Mulher Digital. O feminino e as novas tecnologias*. Trad. Ruy Jungmann. Rio de Janeiro: Rosa dos Tempos, 1999.
QUINET, Antonio. *Um olhar a mais. Ver e ser visto em Psicanálise*. Rio de Janeiro: Jorge Zahar, 2002.
RANCIÈRE, Jacques. *A partilha do sensível*. Trad. Mônica Costa Neto. São Paulo: Ed. 34, 2005.
SANTOS, Laymert Garcia dos. *Politizar as Novas Tecnologias. O Impacto Sócio-Técnico da Informação Digital e Genética*. São Paulo: Ed. 34, 2003.
SHOHAT, Ella; STAM, Robert. *Crítica da Imagem Eurocêntrica. Multiculturalismo e Representação*. Trad. Marcos Soares. São Paulo: Cosac Naify, 2006.
SODRÉ, Muniz. *A Máquina de Narciso. Televisão, Indivíduo e Poder no Brasil*. São Paulo: Cortez, 1994.
SONTAG, Susan. *Diante da Dor dos Outros*. Trad. Rubens Figueiredo. São Paulo: Companhia das Letras, 2003.
SONTAG, Susan. *Sobre a Fotografia*. São Paulo: Companhia das Letras, 2004.
TÜRCKE, Christoph. *Sociedade Excitada. Filosofia da sensação*. Trad. Antonio Zuin (*et. al.*). Campinas: Unicamp, 2010.
VATTIMO, Gianni. *A Sociedade Transparente*. Lisboa: Relógio d'Água, 1992.
VIRILIO, Paul. *A máquina de visão*. Trad. Paulo Roberto Pires. Rio de Janeiro: José Olympio, 2002.
WARHOL, Andy. *The Philosophy of Andy Warhol. From A to B and Back Again*. Londres: Penguin, 2007.
WOLTON, Dominique. *É preciso salvar a comunicação*. Trad. Vanise Pereira Dresch. São Paulo: Paulus, 2006.
WOLTON, Dominique. *Internet, e depois? Uma teoria crítica das novas mídias*. Trad. Isabel Crossetti. Porto Alegre: Sulina, 2007.
WOLTON, Dominique. *Elogio do Grande Público. Uma teoria crítica da televisão*. Trad. José Rubens Siqueira. São Paulo: Ática, 1996.
WUNENBURGER, Jean-Jacques. *O homem na era da televisão*. São Paulo: Loyola, 2005.
ZUMTHOR, Paul. *Escritura e Nomadismo*. Trad. Jerusa Ferreira e Sônia Queiroz. Cotia (São Paulo): Ateliê Editorial, 2005.
ZUMTHOR, Paul. *Performance, recepção, leitura*. Trad. Jerusa Ferreira e Suely Fenerich. São Paulo: Cosac Naify, 2007.

Índice remissivo

A
a fond perdu, 32
abismo tecnológico, 28
abordagem ontológica, 65
Adorno, T., 43, 48, 61, 204, 240, 286, 295, 304,
afirmação da igualdade *veja* ética
Agamben, G., 66, 67, 97, 98, 123, 154-158, 162, 163, 171, 172, 256
Alien óptico, 108
alienado, 197
alucinação de vídeo, 120, 123
ambiente doméstico, 21, 44, 219
analfabetismo imagético, 38
análise filosófica da televisão, 9
anamorfose, 130, 166, 190, 205, 295, 303, 318
antiutopia, 247
aprisionamento
    do não-imagético, 159
    do olho, 143
arbitragem-vídeo, 165
Aristóteles, 15, 265
arquivo televisivo, 30
arte televisual, 25, 54
assujeitado, 213
atenção aguda, 128
ato
    corporal-gnosiológico, 66
    de ver-se vendo-o, 189
    performativo puro, 222, 223
audiência, 18, 32, 33, 36, 75, 87, 144, 149, 167, 172, 195, 204, 216, 218, 222, 242, 243, 248, 263, 274, 297, 300
Aumont, J., 231
autodevoração do olhar, 132
autoenunciação, 41

autoritarismo, 38, 47, 49, 299
avidez escópica, 232

B
Baitello, N., 55
Barthes, R., 65, 92, 166, 199, 304
Bataille, G., 73, 74, 76, 112
Benjamin, W., 65, 67, 84, 127-132, 140, 154, 156, 160, 171, 185, 202
biopolítica, 156, 225
blog, 26, 31, 35
Bordieu, P., 15, 50
Brand, N., 117
Buck-Morss, S., 120, 127, 133, 134, 135, 149, 227

C
caixa de Pandora do Espetáculo, 110
Calvino, I., 17, 304
câmera de celular, 26, 27
campo da estética, 207
campo da visão, 67, 68, 205
capital cinematográfico, 185
capitalismo, 257
caráter
    concreto-abstrato, 167
    de anamorfose, 166
    "expressivo" da televisão, 25
    hermenêutico da análise, 54
    precário, 21
caricatura, 148, 172
categoria freudiana do *Unheimlich*, 70
CAVE (Cave Automatic Virtual Environment), 156
cavidade ocular, 12, 65
celebridades, 165, 190
cena cinematográfica, 231-232
Cerne da Indústria Cultural, 66
Cézanne, 203, 204
Chat, 29
cinema, 21, 43, 57, 66, 74, 92, 101, 112, 127-131, 134, 149, 163, 172, 178, 202, 229
"ciúme" no universo das paixões, 22
Coccia, E., 66, 69, 97, 129, 133, 143, 193, 270
Comolli, J.-L., 95, 187, 211, 228, 230, 237

comunidade
    inoperante, 46, 149
    transcendental do olhar, 35
    voyeuse, 33
conceito
    hermenêutico, 29
    televisão, 29
condição
    da pertença, 14
    subjetiva-objetiva, 84
consciência
    filosófica, 90
    gnosiológica, 212
consistência ontológica, 90
contexto epistemológico da polaridade, 195
conto de Kafka, 153
    função da lei no, 163
corpo-espectador, 227-246
corporeidade passiva, 49
Crary, J., 198
    criadora, 26
Cristo Pantocrator das igrejas românicas, 91
Cronenberg, D., 115, 116, 121, 123
Cubas, B., 13, 16, 18
culto
    da imagem, 19
    do "estrelato", 186
cultura
    da retenção, 107
    de massas, 21
    do ódio intelectual, 22
    televisiva, 54

D
dadaísmo, 128
Daguerre, 108
Darger, H., 25
Debord, G., 15, 66, 192, 211, 220, 292, 317
Debray, R., 48, 56, 91, 112, 127, 270, 298
decisão instituinte, 221
decreto estético existencial, 158
democracia dos meios tecnológicos, 28, 38

Derrida, J., 159, 165, 167, 220, 221, 274
  questionamento de, 222
desaconchego concreto, 208
Descartes, R., 20, 21, 27, 40, 100, 212
desejo
  do reconhecimento, 165
  voyeurista, 72
desencontro antifilosófico, 19
desprezo pela escrita, 19
dessensibilização, 117
dessubjetivação, 80-81
devoração, 74
Dhalia, H., 70
dialética hegeliana, 82-83
Dictoclastas, 307
Didi-Huberman, G., 80, 94, 139
diferença entre o espectador de cinema e o de televisão, 237
Diógenes, 57
direito ordinário, 256
dispositivo
  da autocompreensão social, 165
  sensorial, 15
distância, 193-209
distorção anamórfica de um rosto real, 148
dogma inquestionado, 212
dom de parecer, 207

E
educação
  sentimental, 50
  televisual, 39
efeito de vitrine, 93
ego paranoico, 181
elaboração tecnológica, 28
emoção oceânica, 32
enfraquecimento da função-espectador, 228
enquadramento e desenquadramento no cinema, 233
ensaio, 13, 16
epifania
  do inapreensível, 98
  espectral, 216
era digital, 21, 254, 264

escolhas, 20, 49
esnobismo em estado puro, 239
espectador, 211, 253
    como testemunha, 211-225
    da arte, 208
    selvagem, 45
espectro, 171
espetáculo, 49, 66, 211
espírito interno da televisão, 184
esquizografia, 247-266
estado
    de exceção, 154
    de sitio, 151-164
    de sítio da imagem, 99
estatuto
    da imagem, 193
    da visualidade televisiva, 81
    ontológico, 9
estética pura, 134
    estético, 16
estetização da cognição, 134
estranheza da arte, 205
éthos, 114
ética, 24, 39, 43, 46, 47, 51, 136, 157, 204, 207, 208, 211
eticopolítica, 47
evento do movimento, 130
evolução do homem como animal tecnológico, 121
experiência
    de pensamento, 21
    particular de pensamento, 14
    televisual, 80
experimentum filosófico, 154

F
fantasmagoria, 20, 90, 169, 216, 266, 272, 275
fascinação admirativa, 167
fast thinker, 50
felicidade vídeo, 93
fenomenologia do telespectador-pesquisador, 46, 120
fetichização, 135
ficção filosófica, 19
figura da dessubjetivação, 45

figurações, 206
filosofia, 53, 275, 284
    de Kant, 224
    do futuro, 47
    moderna, 13
Flusser, V., 55, 69, 90, 113, 126, 185, 193
foco, 92
fólio organizado, 27
fome autofágica, 112
Força de Lei, 159, 161
forma televisiva, 163
forma-cinema, 234
fotografia, 30, 55, 66, 92, 110, 113, 127, 166, 175, 203, 207, 230, 273, 278, 282, 290, 310
Foucault, 66, 156, 176
Freud, 93, 96, 100, 107, 217, 261, 288

G
gesto protopassivo, 214
ghost writer, 27
globos oculares, 11
glutão ótico, 112
gozo escópico, 112
grafosfera, 92
grande tela, 21, 134, 136
Grandville, 76
grau de maturidade das investigações, 16

H
hacker, 29
heterotopia, 47
hiperestimulação dos desejos escópicos, 129, 228
hipertrofia mórbida da faculdade fantástica, 97
hipnose, 113, 143
histeron proteron, 80
história
    da televisão, 54
    da transmissão da imagem, 29
    da visão humana, 15
    do ceticismo, 94
    do olho, 92
homo-vídeo, 76
Huang, A., 11, 105

I
iconoclastia, 309
iconofilia, 309
Iconosfera, 91
Idade dos ícones *veja* iconosfera
ideia na forma de *eidolon*, 92
idolatria das imagens, 133
Igreja Missão dos Raios Catódicos, 120
Imagem
    crítica, 177
    nietzschiana para o pretenso sujeito do conhecimento, 80
    técnica, 41
    televisiva, 193, 206
Imagopolítica, 227
incitações visuais, 91
inconsciente conceitual, 278
Indústria Cultural do Cinema, 21, 247
Industrialização
    da cultura, 272
    da experiência, 15-16
    da imagem, 16
inflação
    icônica, 48
    imagética, 48
inocência perdida, 237
inoperância, 240
Instituto Goethe de São Paulo, 55
Internet, 26-27, 29, 33, 39, 41, 119, 184, 185, 223, 314
intersubjetividade, 105, 113, 197
inveja, 22, 100, 106-109, 111 112, 135-136, 167, 250, 315
invenção da televisão colorida, 56
ironia filosófica, 42

J
Joyce, J., 81
justiça, 211, 217, 263, 270

K
Kahlo, F., 91
Kant, I., 35, 41, 75, 224, 235, 285
Kojève, A., 64, 83, 239
Kracauer, S., 13

L
Le Goff, 95, 101-104
lei
    da opacidade, 151-164, 170
    da tela, 158
    do fantasma, 220
leitor ético, 42
leitura próxima, 194
Levi, P., 155
liame fantasmático, 214
liberdade de expressão televisual, 24-25
linguagem de Foucault e Agamben, 66
lógica do espectro, 36, 165-173, 214
lugares do espectador, 228

M
Machado, A., 15, 24, 43, 52, 54, 155, 168, 244, 279
maniqueísmo, 42
máquina
    de Narciso, 14
    de visão, 14
    panóptica, 14
Marx, 93, 197
materialidade real, 19
matriz oculta, 67
mecanismo
    de relação pela visão, 195
    óptico-eletrônico, 93
mecanismos de guerrilha comunicacional, 29
mediação contrária à imediatidade, 200
Medusa, 89, 139
    cabeça da, 89, 142
    olhos da, 89, 90
    olhar da, 143, 150
    máscara da, 146
    mito da, 150
    rosto da, 140
meio de comunicação, 37, 65, 177
    de massa, 65
mera vida, 84
merchandising, 258
Merleau-Ponty, 81

Metafísica
    de Schopenhauer, 87
    platônica, 82
metamorfose, 27, 288
    histórica, 15
metaprograma, 196
miasma, 72
microprograma, 26
mídia, 22
midiologia, 270
mil olhos da multidão, 75
mirabilia, 89-104
mirabilis, 95
mirada cega, 147
mirari (olhar), 103
modelo subjetivação-individualização, 195
modem, 29
morte da carne, 122
MSN, 29
mundo
    da imagopolítica, 38
    de *voyeurs*, 84
    nazista da mídia, 60
    schopenhaueriano, 73
Mutarelli, L., 70

N
Nancy, J.-L., 46, 149
não-eu, 80
narcisismo, 184, 252
Narciso, 12, 14, 89, 90
narrativa filosófica, 14, 16
narrativas ficcionais, 19
Nasio, J. D., 96, 98, 100
Nietzsche, 42, 79, 266
niilismo, 38, 266
nível transcendental de experiência, 81
nova lógica do olhar, 95

O
objeto cultural capaz de produzir bens culturais, 69
Oblivion (esquecimento), 117

olhar
    biopoliticamente controlado, 9
    fascista, 181
    na tensão entre indivíduo e meio, 161
    no amplo sentido estético, 79-80
olhário, 313
olhar-mercadoria, 228
olho
    da consciência, 75
    de vidro, 104
    orgânico, 65, 146
    televisivo, 185
olho-corpo capturado, 203
olho-quadro, 111
olho-tela, 197, 213
onirokitsch, 171
ontologia
    da alucinação, 122
    da imagem, 54
opacidade, 169
opticário, 9, 301, 303, 304, 313
órganon fundamental, 66
ortodoxia, 161, 162, 171
oximóron, 172

P
Pál Pélbart, P., 184, 271
panoptikon, 179
panoptismo televisivo, 87, 93
paradigma
    biopolítico do moderno, 67
    da imagem total, 231
    da medialidade, 66
partilha
    do sensível, 86
    do visível, 79-88
Peixoto, N. B., 243, 244
pensamento
    autoconsciente, 53
    platônico, 87
    reflexivo, 56
pensar *in vivo*, 50

percepção hegeliana, 82
perda iniciática, 233
performativos ditatoriais, 221
perguntas de teor hipercrítico, 52
perigo político, 149
Perseu, 89
perspectiva neoetimológica, 199
phallus, 100
Phármakon, 40
plano da exposição, 13
Platão, 40, 57
play scene, 251
poder mistificatório, 20
político de produção da imagem, 15
posição
    de "*capo*", 181
    de um *inside-out*, 68
potência cognitiva, 195, 197-198
prática
    do telespectador, 187
    estética, 97
    fantasmática, 97
prazeres do pensamento, 21
precário poder ilusionista, 168
preconceito intelectuaL, 21
prepotência gnosiológica, 17
processo de mimetismo, 144
produção
    audiovisual, 38
    de mercado, 53
    televisual, 52, 53
produtos televisuais, 24
projeção, 89
projeto de regulamentação das relações *veja* justiça
prótese
    cinemática, 135
    cognitiva, 149, 160, 175, 186, 213
    da consciência, 75
    do conhecimento, 139
    do mundo, 133
protolinguístico, 212
proxemia, 199
psicologia da percepção, 49

público-alvo, 33
Punctum, 92
puro olho do mundo, 238

Q
qualidade de superfície, 131
quebra da experiência, 237
quid médium, 97
Quinet, A., 105-106
quintessência das velhas formas, 202

R
Rancière, J., 47, 86
realidade virtual, 185
reality shows, 145, 163
recursos televisivos, 252
reflexividade, 270
regra no âmbito estético, 156

S
satélites de teletransmissão, 29
Schmitt, K., 154, 158
Schopenhauer, A., 87, 236-237
senso comum, 34
Ser Metafísico, 15
síndrome do humor negro, 97
sistema
    de transmissão *wi-fi*, 31
    produtivo de imagens, 18
    televisivo, 22
    televisual, 45
sistemas de expressão, 15
sistemática dos conteúdos de televisão, 46
sociedade
    digital, 91
    excitada, 129
    visual, 9
Sodré, M., 14, 93, 201
sono dogmático, 196
spectare (espectador), 103

speculum (espelho), 103
subjetividade, 51
    criadora, 26
sujeição, 94
sujeito
    "enfraquecido pelo sono", 99
    "in-vejante", 150
    "in-vidente", 150
    do "corpo mole", 239, 240
superaparelho *veja* metaprograma
supersticioso, 217

T
teaser, 27
teatro filosófico, 276
tecnologia
    da teletransmissão, 33
    da televisão, 35
    de contato, 33
    de transmissão, 36
    morta, 31
teleobservador, 199
telerrealização do mundo, 255
telespectador, 132, 201
televigilância, 148
televisão
    como "programação", 184
    como aparelho em vias de desconstrução epistemológica e social, 54
    como *inside-out*, 76
    função da, 72
tele-visão, 15
televisualidade, 21, 76
telinha, 21, 22, 59, 136
tempo real, 30-31
teoria
    crítica da televisão, 54
    da televisão menosprezada, 53
    de Flusser, 120
    do espectador, 117
terra de ninguém, 155
tessitura, 19
testemunha, 216
texto de Forma TV, 54

tópos simbólico melancólico, 97
totalitarismo, 38
transformação do espectador no puro olho do mundo, 240
transmissão
    "ao vivo", 32
    à distância, 32
trauma, 261
trípticos medievais, 91
Truffaut, F., 175-178, 182, 183, 187, 189
Türcke, C., 71, 129, 149
turista da realidade de outros, 262
Twitter, 29

V
valor de distração, 128
vantagem *avant la lettre*, 23
Vattimo, G., 47, 266
ver de longe, 198
ver de perto, 198
Vernant, J.-P., 140-143, 147
    análise de, 143
vida
    da percepção, 15
    na unidimensionalidade do visual, 76
    televisiva, 16
    tout court, 16
vídeo de arte, 30
video ergo sum (vejo, logo existo), 212
videoarte, 28, 29, 31
videodrome, 116
videogramáticos, 17
videomanipulação, 49
videosfera, 298
videre (ver), 114
Virilio, P., 14, 93, 227, 292
visão, 79
"visiônica", 291
vítima do mau-olhado, 106

W
Weir, P., 247, 250, 251
Wolton, D., 22, 37, 54

Y
YouTube, 26, 29, 32, 47, 114, 132

Z
zapping, 14, 33, 241-246
    compulsão do, 214
zona
    cinzenta, 155
    limítrofe, 155